Karl-Heinz Gosmann

Anwenderhandbuch HP-41C/CV

Karl-Heinz Gosmann

Anwenderhandbuch HP-41 C/CV

Mit 26 vollständigen Programmen
und deren Auflistung im Bar-Code

Springer Fachmedien Wiesbaden GmbH

CIP-Kurztitelaufnahme der Deutschen Bibliothek

Gosmann, Karl-Heinz:
Anwenderhandbuch HP-41C/CV: mit 26 vollst.
Programmen u. deren Auflistung in Bar-Code/
Karl-Heinz Gosmann.

ISBN 978-3-528-04215-8   ISBN 978-3-322-93802-2 (eBook)
DOI 10.1007/978-3-322-93802-2

Das hierin enthaltene Programm-Material ist mit keiner Verpflichtung oder Garantie irgendeiner Art verbunden. Der Autor übernimmt infolgedessen keine Verantwortung und wird keine daraus folgende oder sonstige Haftung übernehmen, die auf irgendeine Art aus der Benutzung dieses Programm-Materials oder Teilen davon entsteht.

1983

Alle Rechte vorbehalten
© Springer Fachmedien Wiesbaden 1983
Ursprünglich erschienen bei Friedr. Vieweg & Sohn Verlagsgesellschaft mbH, Braunschweig 1983

Die Vervielfältigung und Übertragung einzelner Textabschnitte, Zeichnungen oder Bilder, auch für Zwecke der Unterrichtsgestaltung, gestattet das Urheberrecht nur, wenn sie mit dem Verlag vorher vereinbart wurden. Im Einzelfall muß über die Zahlung einer Gebühr für die Nutzung fremden geistigen Eigentums entschieden werden. Das gilt für die Vervielfältigung durch alle Verfahren einschließlich Speicherung und jede Übertragung auf Papier, Transparente, Filme, Bänder, Platten und andere Medien.

Satz: I. Junge, Düsseldorf

ISBN 978-3-528-04215-8

Vorwort

Die Benutzer von Taschenrechnern werden durch den Trend zu immer leistungsfähigeren Produkten motiviert, stets noch weiterreichende Wünsche zu äußern. Noch sind die letzten Röhrenfernseher und Dampfradios aus der guten Stube nicht verschwunden, da ruft mancher bereits nach der IBM 360 in der Größe einer Streichholzschachtel und mit der Betriebszuverlässigkeit eines Radiergummis!

Ganz so weit sind wir aber noch nicht. Einerseits konnte durch die Minaturisierung und die Großserienherstellung von Bauteilen der Elektronik die Leistungsfähigkeit der Rechner stark anwachsen; besonders deutlich zeigte sich dies im stetigen Vergrößern des verfügbaren Speicherplatzes (RAM-Bereich), aber auch in den „ausgeklügelten" Programmiermöglichkeiten, wie Speicherarithmetik, indirekte und relative Adressierung. Andererseits wurde als Folge der Miniaturisierung mit Read Only Memories (ROM) eine Verbesserung der Algorithmen erreicht, so daß die heutigen Taschen- und Kleinrechner einen derartig hohen technischen Standard besitzen, wie er vor 10 Jahren selbst von „ausgewachsenen" Tischcomputern nicht erreicht wurde.

Einer dieser hochkomfortablen Rechner in Taschenformat ist der programmierbare Taschenrechner HP-41C/CV, der durch die Kombination mit zusätzlicher Peripherie zu einem außergewöhnlich leistungsfähigen und flexiblen Computersystem erweitert werden kann. Das einzigartige Tastenfeld des HP-41C/CV erlaubt dem Anwender, die Tasten und deren Funktionen seinen Kenntnissen und persönlichen Erfordernissen anzupassen. Die eingegebenen Daten und Programme bleiben durch einen „Permanent-Speicher" auch nach dem Abschalten des Rechners gespeichert. Über die Ein-/Ausgabeanschlüsse (bidirektionale Datenanschlüsse) können Peripheriegeräte (z.B. Drucker, Kartenleser, Bar-Code-Leser), sowie Software-Module mit einer Speicherkapazität bis 8K BYTE pro Modul angeschlossen werden.

Ziel dieses Anwenderhandbuches ist es, dem Benutzer ein Arbeitsmittel in die Hand zu geben, um die täglichen Routineberechnungen und die daraus resultierenden Programme zu optimieren. An zahlreichen Beispielen und Aufgabenstellungen aus den Anwendungsbereichen der Natur- und Wirtschaftswissenschaften wird nach einer kurzen Einführung in die Theorie der jeweiligen Problemstellung der Lösungsalgorithmus entwickelt, das Programm dargestellt und ausführlich dokumentiert. Die dabei entwickelten Programmiertechniken haben den Zweck, die Erstellung spezieller, auf die eigene Problemstellung zugeschnittener Programme zu erleichtern. Bei den verwendeten Aufgabenstellungen wurden die mathematischen Kenntnisse möglichst gering gehalten; deshalb kann dieses Anwenderhandbuch von Ingenieuren, Lehrern, Studenten, Schülern der Sekundarstufe II, sowie von allen, die Spaß am Programmieren haben, nutzbringend eingesetzt werden.

Dieses Anwenderhandbuch wendet sich auch an die Benutzer des Rechners, die mit der Bedienung des HP-41C/CV gewisse Schwierigkeiten haben. In Abschnitt I wird deshalb auf das manuelle Rechnen und die Handhabung des Rechners eingegangen. An einer Reihe von Beispielen und Diagrammen werden der Rechneraufbau, die Rechenabläufe und die vier Rechner-Modi gezeigt. Allerdings werden dabei wie auch in den folgenden Abschnitten die Grundregeln für die Bedienung des Rechners als bekannt vorausgesetzt.

Die Abschnitte II und III behandeln die einzelnen Programmiertechniken, sowie die Einführung in die synthetische Programmierung. Abschnitt IV schließlich, weist den Leser anhand von Programmen in die Anwendungsmöglichkeiten des HP-41C/CV-Computersystems ein. Sämtliche Programme liegen in Form von Barcode-Listen vor (Abschnitt V), so daß sie direkt mit dem Bar-Code-Leser in den Rechner eingelesen werden können. In diesem Anwenderhandbuch wurde auf eine ausführliche Beschreibung der Peripheriegeräte verzichtet, da sie den Umfang des Buches sprengen würden.

Dank gebührt Herrn Dipl.-Kfm. Georg Enders für das Korrekturlesen des Manuskriptes, sowie Herrn Klaus Böttner für die Übernahme des Teils der synthetischen Programmierung. Weiter habe ich Fräulein Annegret Patzelt für die Übernahme der Zeichen- und Schreibarbeiten zu danken. Schließlich möchte ich den Mitarbeitern der Firma Helwett-Packert für fruchtbringende Fachdiskussionen und den Mitarbeitern im Verlag Vieweg für gute Zusammenarbeit bei der Herstellung des Buches danken.

Karl-Heinz Gosmann

Büdingen, August 1982

Inhaltsverzeichnis

1.	**Manuelles Rechnen**	1
1.1	Anzeigenkorrektur und Löschbefehle	1
1.2	HP-41C-Konfiguration	2
1.2.1	Stack-Register	2
1.2.2	LAST X-Register	3
1.2.3	Alpha-Register	4
1.2.4	Hauptspeicher	4
1.2.5	Programmspeicher	5
1.2.6	Datenspeicher	6
1.3	Die Funktionsverzeichnisse	9
1.4	Ausführung von Funktionen	11
1.4.1	Funktionen einer Veränderlichen	12
1.4.2	Funktionen von zwei Veränderlichen	12
1.5	Übungsaufgaben	16
1.6	Alpha-Modus	18
1.7	User-Modus	19
2.	**Programmierung**	21
2.1	Grundlagen des Programmierens	21
2.1.1	Grundsätzliches	21
2.2	Programmaufbau	21
2.2.1	Lokale Marken	21
2.2.2	Globale Marken	21
2.2.3	Programmzeilen	22
2.2.4	Programmausführung	22
2.3	Programmkorrektur	24
2.4	Programmunterbrechungen	25
2.5	Entwickeln eines Flußdiagrammes	26
2.6	Programmverzweigungen	26
2.6.1	Vergleichsoperationen und bedingte Programmverzweigung	29
2.7	Steuerung von Programmschleifen	35
2.8	Unterprogramme	37
2.8.1	Grenzen bei der Verwendung von Unterprogrammen	40
2.8.2	Standard-Unterprogramm-Routinen	41
2.9	Flags	45
2.9.1	HP-41C/CV Anwender und Systemflags	47
2.10	Indirekte Adressierung	50
3.	**Synthetische Programmierung**	53
3.1	Interner Aufbau des HP-41C/CV	53
3.1.1	Daten- und Programmregister	53
3.1.2	Statusregister	54
3.1.3	Der RAM-Bereich	55

3.2	Was ist synthetische Programmierung?	55
3.2.1	Die Hex-Code-Tabelle	56
3.2.2	Arbeitsweise des Byte Jumpers	57
3.3	Anwendungsmöglichkeiten	58
3.4	Direktzugriff auf ROMs	59
3.4.1	Speicherung von Daten in ROMs	60
3.4.2	Aufbau des Adresspointers	60
3.5	Programmbeispiel	61
4.	**Anwendungen**	70
4.1	Anwendungen mit dem Drucker 82143A	70
4.1.1	Vorstellung des Druckers 82143A	70
4.1.2	Plotten von 2 Variablen	71
4.1.3	Biorhythmus	73
4.1.4	Wortratespiel	77
4.1.5	Kalender	80
4.2	Mathematik	82
4.2.1	Sortieren von Daten	82
4.2.2	Primfaktorzerlegung	84
4.2.3	Numerische Integration	85
4.2.4	4 X 4 Matrix	90
4.2.5	Fourier-Analyse	95
4.3	Elektrotechnik	99
4.3.1	Bode-Diagramm von Butterworth- und Tschebyscheff-Filtern	99
4.3.2	Entwurf von Butterworth- und Tschebyscheff-Filtern	103
4.3.3	Entwurf aktiver Filter	111
4.3.4	Eingangsimpedanz einer verlustbehafteten Übertragungsleitung	113
5.	**Bar-Codes**	118
5.1	Was sind Bar-Codes?	118
5.2	Aufbau des HP-Bar-Code	120
5.2.1	Bar-Code-Typen	121
5.2.2	Bestimmung der Prüfsumme	128
5.3	Erzeugung von Bar-Codes	130
5.4	Bar-Code-Tastenfeld des HP-41C/CV	132
5.5	Programmauflistung in Bar-Code	134
Literaturverzeichnis		172
Sachwortverzeichnis		173

1 Manuelles Rechnen

Die Vorstufe zur Programmierung ist das sichere manuelle Rechnen und die Handhabung des Rechners. An einer Reihe von Beispielen und Diagrammen sollen der Rechneraufbau, die Rechenabläufe und die vier Rechner-Modi gezeigt werden. Diese Kenntnisse sind erforderlich, um Programme zu erstellen und so den Rechner für eigene Problemlösungen optimal einsetzen zu können.

1.1 Anzeigenkorrektur und Löschbefehle

Wenn Sie Ihren HP-41C einschalten und Zahlen oder Alphazeichen eingeben, erscheint in der Anzeige ein Unterstreichungszeichen. Dieses Zeichen gibt an, daß Ihre Eingabe noch nicht beendet ist. Bei Fehleingabe einer Zahl oder eines Alphazeichens haben Sie die Möglichkeit, mit der Taste [←] (Korrektur) die Löschung der am weitesten rechts stehenden Ziffer bzw. des am weitesten rechts stehenden Zeichens durchzuführen.

Im Normal-Modus löscht ■ [CLX] den gesamten Inhalt des X-Registers und ersetzt ihn durch Null.

Im Alpha-Modus löscht ■ [CLA] das gesamte Alpha-Register, auch den Teil, der nicht in der Anzeige zu sehen ist.

Erscheint kein Unterstreichungszeichen in der Anzeige (wenn die Zahlen-/Zeicheneingabe abgeschlossen wurde), hat die Taste [←] dieselbe Wirkung wie ■ [CLX] oder ■ [CLA].

Um sämtliche Speicherregister, Programme sowie alle Informationen zu löschen, die das Continuous Memory aufrecht erhält, gehen Sie wie folgt vor:

1. Schalten Sie den Rechner aus.
2. Halten Sie [←] gedrückt und drücken Sie [ON].
3. Lassen Sie [←] los.

In der Anzeige erscheint MEMORY LOST; der HP-41C/CV ist so auf seine Ausgangskonfiguration gesetzt.

1.2 HP-41C-Konfiguration

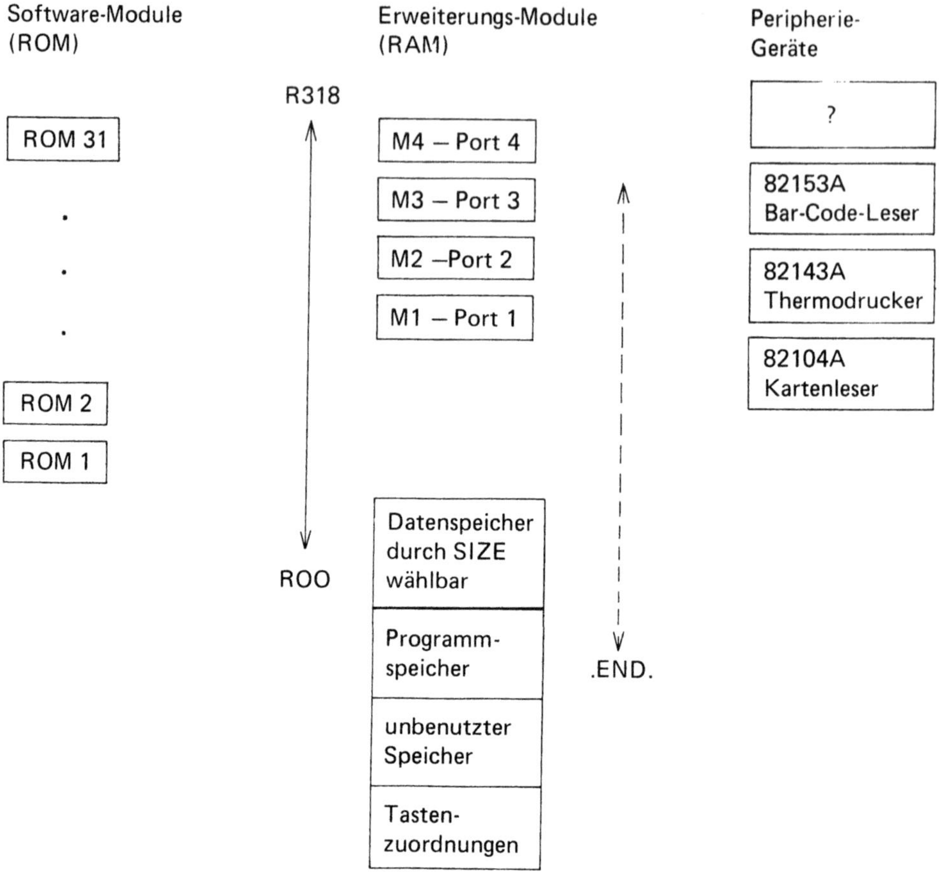

Software-Module (ROM)

ROM 31

.
.
.

ROM 2
ROM 1

Erweiterungs-Module (RAM)

R318

M4 — Port 4
M3 — Port 3
M2 — Port 2
M1 — Port 1

R00

Datenspeicher durch SIZE wählbar

Programmspeicher

unbenutzter Speicher

Tastenzuordnungen

.END.

Peripherie-Geräte

?

82153A Bar-Code-Leser

82143A Thermodrucker

82104A Kartenleser

1.2.1 Stack-Register

Die von HP verwendeten Rechenregister-Stapel, Stack-Register genannt, sind wie folgt angeordnet:

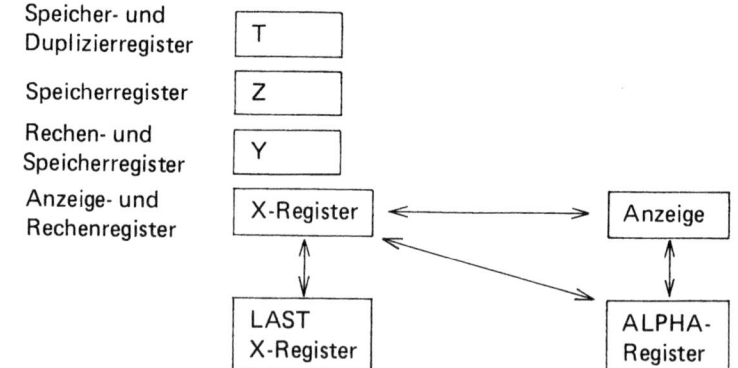

Bei der Eingabe einer Zahl wird diese im X-Register angezeigt und gespeichert. Durch Drücken von [ENTER↑] wird der Inhalt vom X- in das Y-Register kopiert, wobei der Ursprungswert zur optischen Kontrolle im X-Register bestehen bleibt. Automatisch werden die Inhalte der anderen Stack-Register um eine Stufe nach oben verschoben (automatischer Stack-Lift). Nun kann eine weitere Variable eingegeben werden, die den Inhalt des X-Registers überschreibt. Wird eine der Funktionstasten ([+], [−], [x], [÷]) gedrückt, so wird diese Operation zwischen den Inhalten des X- und Y-Registers ausgeführt. Das Ergebnis steht im X-Register und wird direkt angezeigt.

Außerdem schiebt der Rechner nach Ausführung einer dieser Funktionen die Inhalte der Stack-Register selbständig um eine Position nach unten. Zur bildlichen Veranschaulichung betrachten Sie die Inhalte der Stack-Register bei der Berechnung von 4 [(3,4 + 2) x (1,8 x 5)]:

T										
Z				5,4	5,4					
Y		3,4	3,4	5,4	1,8	1,8	5,4		48,6	
X	3,4	3,4	2	5,4	1,8	1,8	5	9	48,6	4	194,4
Taste	3,4 [ENTER↑]	2	[+]	1,8 [ENTER↑]	5	[x]	[x]	4	[x]

Aus diesem Beispiel ist ersichtlich, wie [ENTER↑] zwei aufeinanderfolgend eingegebene Zahlen trennt und wie die Inhalte des Stacks automatisch verschoben werden. Zusätzlich ergibt sich die Möglichkeit, durch die Funktionen [R↓], [R↑], [x⇄y] gespeicherte Zwischenergebnisse umzuordnen, ohne daß die Zahlen neu eingegeben werden müssen.

Die Besonderheiten des T-Registers

Wie Sie bereits gesehen haben, wurden durch Verknüpfung der beiden Register X und Y die Inhalte der anderen Register um eine Position nach unten verschoben. Demnach wird der Inhalt von T nach Z, von Z nach Y usw. verschoben. Da kein neuer Wert in das T-Register nachrücken kann, wird der Inhalt des T-Registers kopiert und bleibt dadurch gleichzeitig im T-Register erhalten. Diese sogenannte „Stack"-Bewegung kann dazu verwendet werden, eine Konstante in eine Rechnung einzufügen. Dazu ist es erforderlich, zunächst die gewünschte Konstante über das Tastenfeld und dreimaliges Drücken der Enter-Taste in das T-Register zu heben. Die Konstante steht dann über die R↓-Taste zur Verfügung, solange sie benötigt wird.

1.2.2 LAST X-Register

Neben den vier Registern X, Y, Z und T, die den automatischen Stack bilden, verfügt der HP-41C/CV über ein weiteres Register, das sogenannte LAST X-Register. Dort befindet sich jeweils der Wert, der sich vor der Ausführung der letzten Funktion im angezeigten X-Register befand. Wenn Sie diesen Wert in das Anzeigeregister X zurückrufen möchten, drücken Sie ■ [LAST x]. Diese Taste wird häufig beim Korrigieren von Fehlern, wie das versehentliche Drücken einer falschen Funktionstaste, verwendet. Wird eine Zahl öfter benötigt (Konstante), so kann für solche Rechnungen das LAST X-Register verwendet werden. Sie können sich so das erneute Eintasten der Zahl ersparen, indem Sie den Wert aus dem LAST X-Register in die Anzeige (X-Register) zurückrufen.

1.2.3 Alpha-Register

Das Alpha-Register ist ein separates Register, das die Alpha-Zeichen des Alpha-Tastenfeldes aufnehmen kann. Das Alpha-Register kann maximal 24 Alpha-Zeichen enthalten; dabei zählen auch Punkt, Doppelpunkt, Komma und Leerzeichen als ein Zeichen. Befindet sich der Rechner im Alpha-Modus, so kann die Anzeige nur 12 Zeichen des Alpha-Registers gleichzeitig anzeigen (bzw. 11 plus das Unterstreichungszeichen; jedoch zählen hierbei Punkt, Doppelpunkt, Komma nicht dazu, da sie zwischen den anderen Zeichen stehen).

1.2.4 Hauptspeicher

Der Hauptspeicher des HP-41C/CV wird zur Datenspeicherung (Zahlen, Ergebnisse, Konstanten, Alphazeichen etc.), Programmspeicherung und der Speicherung der User-Modus-Tastenzuordnung verwendet. Der Anwender kann die Aufteilung Programm- und Datenspeicher durch die Funktion SIZE, aufgerufen durch [XEQ] [ALPHA] SIZE [ALPHA], selbst bestimmen. Dabei verlangt SIZE die Eingabe einer dreistelligen Zahl (00 bis 318), die dann die Anzahl der zum Datenspeicher zugewiesenen Register festlegt.

In der Grundkonfiguration des HP-41C hat der Anwender auf 63 Register zu je 7 Byte direkten Zugriff. Wenn der Anwender nicht durch SIZE eingreift, setzen sich diese aus 17 Datenspeicher- und 46 Programmspeicherregister zusammen. Das 64. Register enthält eine End-Anweisung, die der Rechner für das Ende seiner Programmausführung benötigt.

Jedes zusätzliche Speichererweiterungs-Modul, das in den Rechner eingesteckt wird, vergrößert den Hauptspeicher um weitere 64 Register. Mit dem Einstecken von bis zu vier Speichererweiterungs-Modulen kann so der Hauptspeicher auf maximal 319 Register $\hat{=}$ 2237 Byte erweitert werden. Es ist wichtig, daß beim Anschluß von Peripherie-Geräten die Speichererweiterungs-Module zuerst in Buchse 1, dann in Buchse 2 usw. eingesteckt werden. Weitere Peripherie-Geräte sollten in die höher numerierten Buchsen gesteckt werden.

Rechner und zusätzlich ... Speichererweiterungsmodule	höchste Anzahl verfügbarer Datenspeicher-	Anfangskonfiguration Zuweisung als		höchste Anzahl verfügbarer Programmspeicher-
		Datenspeicherregister	Programmspeicherregister	register
Grundgerät	63	17	46	63 (445 Bytes)
1 Modul	127	81	46	127 (893 Bytes)
2 Module	191	145	46	191 (1341 Bytes)
3 Module	255	209	46	255 (1789 Bytes)
4 Module	319	273	46	319 (2237 Bytes)

Da der HP-41C über vier Buchsen für Erweiterungsmöglichkeiten verfügt, werden bereits bei voller Ausbaustufe (Erweiterung auf 319 Register) sämtliche Buchsen belegt, so daß keine Peripherie-Geräte mehr angeschlossen werden können.

Die Tabelle auf der vorhergehenden Seite zeigt die Grundkonfiguration des HP-41C und die Ausbaustufen mit den zugehörigen Wahlmöglichkeiten für die Anzahl der Datenspeicher- und Programmspeicherregister.

Wird der gesamte Hauptspeicher (also die maximale Ausbaustufe) benötigt, so ist es ratsam, einen HP-41CV (enthält in der Grundkonfiguration 319 Register) oder ein Quadro-Speichererweiterungs-Modul (mit 256 Registern) zu benutzen, da dann vier bzw. drei Anschlüsse für weitere Peripheriegeräte zur Verfügung stehen.

1.2.5 Programmspeicher

Wird ein Teil des Speicherplatzes dem Programmspeicher zugewiesen, so speichert der Rechner in diese Register die Programminformationen ab. Jedes Speicherregister enthält sieben Bytes. Wird eine einzelne vollständige Operation in den Programmspeicher eingegeben, so wird diese als Anweisung oder Zeile bezeichnet. Diese Zeilen werden fortlaufend numeriert, wobei jedes Programm mit Zeile 1 beginnt. Die Anzahl der Programmzeilen hängt von der Anzahl der Funktionen, Zahlen und Alpha-Ketten ab. Jede Programmzeile kann bis zu 15 Bytes enthalten. Die Bytes, die durch eine Anweisung in einer Programmzeile belegt werden, müssen nicht unbedingt im selben Register enthalten sein. In der folgenden Abbildung belegt z. B. die Anweisung LBL^{T}ABCD die letzten drei Bytes in einem Register und die ersten fünf Bytes im nächsten Register. Die restlichen verbleibenden Bytes in diesem Register werden durch die nächste Anweisung belegt.

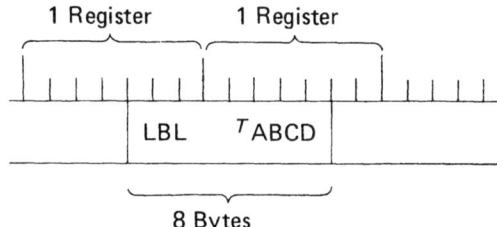

Es ist möglich, daß einige Bytes in einem Register unbelegt bleiben. Dies geschieht dann, wenn Anweisungen, die in einem Register Bytes belegten, gelöscht und Funktionen, Zahlen oder Alpha-Ketten in ein Programm eingefügt werden. Sind bei Einfügen einer Anweisung an der betreffenden Stelle keine unbenutzten Bytes vorhanden, so werden sämtlich folgende Anweisungen um sieben Bytes nach unten im Programm verschoben. Sämtliche im Programmspeicher unbenutzten Bytes können durch die Funktionen [XEQ] [ALPHA] PACK [ALPHA] oder ■ [GTO] [·] [·] gepackt werden. Dabei werden die Anweisungen im Programm nach oben in unbenutzte Bytes geschoben. So werden je nach Anzahl freier Bytes zusätzliche Register zur Programmspeicherung verfügbar. Die Meldung, daß keine freien Programmspeicher mehr verfügbar sind, erfolgt durch TRY AGAIN in der Anzeige. Zunächst hilft dann das vorher erwähnte Packen. Sollte dann der Programmspeicher trotz des Packens voll sein und werden für weitere Programmzeilen zusätzliche Register benötigt, muß mit SIZE die dem Programmspeicher ursprünglich zugewiesene Registeranzahl erhöht werden. Dabei ist aber zu beachten, daß SIZE die Anzahl der Datenspeicherregister festlegt und deshalb mit SIZE_ _ _ deren verringerte Anzahl einzugeben ist. Nach jedem Packen zeigt der Rechner die Anzahl der noch verfügbaren Programmspeicherregister an.

Wenn Sie noch keine Programme gespeichert und auch durch SIZE nicht die ursprüngliche Speicherzuweisung verändert haben, zeigt deshalb der Rechner im PRGM-Modus auf
- [GTO] [·] [·] in der Anzeige 00 REG 46.

1.2.6 Datenspeicher

Die Speicherregister des HP-41C/CV dienen dem Abspeichern und Zurückrufen von Daten und Alpha-Ketten, die in späteren Berechnungen oder Programmen benötigt werden. Sämtliche Informationen im Speicherregister bleiben durch den Permanent-Speicher auch nach Abschalten des Rechners erhalten. Wird der Versuch unternommen, in ein Register zu speichern oder aus einem Register, das bei einer gegebenen Speicherplatzzuordnung nicht vorhanden ist, Daten zurückzurufen, erscheint die Meldung NONEXISTENT in der Anzeige. Werden mehr Datenregister benötigt, als vorhanden sind, so muß die Zuweisung zu Lasten der Programmspeicherregister verändert werden. Es genügt in diesem Fall durch SIZE_ _ _ die Anzahl der Datenspeicherregister neu festzulegen.

Um eine Zahl, die im X-Register steht, in einen der Datenspeicher zu schreiben, drücken Sie [STO] und geben anschließend die gewünschte Registeradresse (00 bis 99) an. Die Adresse muß aus zwei Ziffern, z. B. 05, 08 oder 45 bestehen. Mit dem HP-41C und dessen Grundkonfiguration können Sie als Registeradresse natürlich nur den Bereich 00 bis 16 wählen. Die Operation wird ausgeführt, nachdem Sie die zweite Ziffer eingegeben haben. Zu beachten ist, daß die ersten 100 Datenregister (00 bis 99) direkt adressiert werden können (man spricht deshalb von Primär-Datenregistern) und die restlichen Datenregister indirekt (siehe 2.10).

Das Zurückrufen von Daten aus den Speicherregistern in das angezeigte X-Register geschieht auf ähnliche Weise wie die Abspeicherung: Um eine Zahl aus einem Primär-Datenspeicherregister (00 bis 99) zurückzurufen, drücken Sie [RCL] mit der entsprechenden Registeradresse. Die Adresse muß ebenfalls aus zwei Ziffern, z. B. 05, 08 oder 45 bestehen. Der Rückruf eines Wertes aus einem Datenspeicher verändert den gespeicherten Wert nicht.

Bei Berechnung des Wertes

$$z = 4 \times \left(0{,}5 + \frac{3 \times \pi}{4}\right) + \frac{3}{5 + \frac{1}{2} \times \left(0{,}5 + \frac{3 \times \pi}{4}\right)}$$

$$- 2 \times \left(0{,}5 + \frac{3 \times \pi}{4}\right)^2 + \frac{7}{0{,}5 + \frac{3 \times \pi}{4}}$$

ist zu beachten, daß der Term $0{,}5 + 3 \times \frac{\pi}{4}$ an vier verschiedenen Stellen der Gleichung steht. Es erscheint daher sinnvoll, die Berechnung in zwei wesentlich einfachere Teilrechnungen aufzugliedern.

$$y = 0{,}5 + \frac{3 \times \pi}{4}$$

$$z = 4 \times y + \frac{3}{5 + \frac{y}{2}} - 2 \times y^2 + \frac{7}{y}$$

Den Zahlenwert y können Sie im Rechner in einem der Datenspeicher aufbewahren und von dort jederzeit zur Weiterverarbeitung wieder in das X-Register zurückrufen.

1. Abspeichern des Zahlenwertes y

■ [π] 3 [×] 4 [÷] 0,5 [+] [STO] 00. Der Wert für y (hier = 2,8562), der nicht abgelesen werden muß, steht im Speicher 00.

2. Berechnung von z

[RCL] 00; 2 [÷] 5 [+] [$\frac{1}{x}$] 3 [×]   (In der ersten Zeile kann [RCL] 00 fehlen, da der Wert im X-Register steht)

[RCL] 00; 4 [×] [+]

[RCL] 00 ■ [x^2] 2 [×] [−]

7 [RCL] 00 [÷] [+]

Als Ergebnis erscheint z = − 1,9734 (falls als Anzeigeformat das Festkommaformat mit 4 Dezimalstellen gewählt wurde).

Um sämtliche Speicher zu löschen, wird die Funktion CLRG ausgeführt. Soll nur ein einzelner Speicher gelöscht werden, so geschieht das durch Einspeichern des Wertes 0. Für einzelne Speichergruppen gelten Sonderregelungen, die hier nicht näher erläutert werden sollen.

Beispiel 1-1

Es soll eine Quadratwurzel $x = \sqrt{a}$ (ohne Benutzung der Taste $\sqrt{x}$) berechnet werden. Ist x_1 ein erster grob geschätzter Näherungswert für x, dann berechnen Sie den zweiten Näherungswert nach der Vorschrift

$$x_2 = \frac{3a + x_1^2}{3x_1 + \frac{a}{x_1}}$$

Den errechneten Wert x_2 nehmen Sie als neuen Ausgangswert für eine weitere Rechnung usw. Rechnungsmethoden dieser Art, die in der numerischen Mathematik häufig benutzt werden, nennt man Iterationsmethoden bzw. -verfahren. Die Folge $x_1, x_2, x_3 \ldots$, die man nach der obigen Vorschrift erhält, konvergiert gegen den Grenzwert $x = \sqrt{a}$.

Für a = 6,5 mit dem geschätzten Anfangswert $x_1 = 2$ wird die Rechnung so oft iteriert, bis die gewünschte Genauigkeit erreicht ist.

Speicherplan: a → (01) = 6,5
x → (02) = 2

Anzeigeformat: Festkommaformat mit 9 Dezimalzahlen ■ [FIX] 9

Nachdem a und x_1 eingespeichert wurden, benutzen Sie die Tastenfolge:

[RCL] 01 [RCL] 02 [÷] 3 [RCL] 02 [×] [+] [$\frac{1}{x}$]

3 [RCL] 01 [×] [RCL] 02 ■ [x^2] [+] [×] [STO] 02.

Nach diesem Rechenvorgang steht jetzt im Speicher (02) der Wert von x_2. Eine Wiederholung des Rechenvorganges führt dann zu x_3 usw.

Sie erhalten auf diese Weise als erste vier Glieder der Folge:

2,000000000; 2,540540540; 2,549509729; 2,549509757.

Speicherarithmetik

Bei den Rechnern HP-41C/CV werden mathematische Operationen in der Regel zwischen den Werten x im X-Register und y im Y-Register durchgeführt. Zusätzlich ist es jedoch möglich, mathematische Operationen zwischen dem x-Wert im X-Register und dem Inhalt eines Datenspeichers mn direkt durchzuführen. Diese Methode kann zu wesentlichen Verkürzungen der Programme führen, da sie die direkte Bildung von Summen, Differenzen, Produkten und Quotienten in den Speichern möglich macht.

Die Wirkung der vier erweiterten Einspeicherungsbefehle ist wie folgt:

Die Anweisung

[STO] [+] mn

addiert zu dem Wert, der im Speicher mn enthalten ist, den Wert des X-Registers (Anzeige) und speichert das Ergebnis (Summe) im Speicher mn ab,

[STO] [÷] mn

dividiert den Wert, der im Speicher mn enthalten ist, durch den Wert des X-Registers und speichert das Ergebnis (Quotient) im Speicher mn ab.

Entsprechendes gilt für [STO] [−] mn und [STO] [×] mn. Der Wert im X-Register bleibt dabei immer erhalten.

Beispiel 1-2

Von den natürlichen Zahlen 1 bis 6 sollen die Summe, die Summe der Quadrate und die Summe der dritten Potenzen gebildet werden. Zwischensummen und Ergebnisse werden in den Speichern 00, 01 und 02 gebildet. Vorher werden die Speicher mit der Funktion CLRG von möglichen vorherigen Werten gelöscht. Die Befehlsfolge, die mit den sechs Ausgangswerte durchgeführt werden muß, heißt:

1 [STO] [+] 00 [↑] ■ [x^2] [STO] [+] 01 [x] [STO] [+] 02

2 [STO] [+] 00 − − −

Nach Ausführung der sechsten Zeile finden Sie die Ergebnisse durch [RCL] 00, [RCL] 01 und [RCL 02], nämlich 21, 91 und 441. Sie werden später sehen, daß diese Methode gerade in einem Programm sehr vorteilhaft ist.

Abspeichern und Rückruf von Daten im Stack-Register

Daten lassen sich auch im Stack-Register abspeichern. Die entsprechende Adresse X, Y, Z, T und L (Last X-Register) wird durch

[STO] [·] [X] bzw. [STO] [·] [Y] usw.

gewählt. Dabei bedeutet [·] die Dezimalpunkttaste. Für X, Y, Z, T, L ist es in diesem Fall nicht erforderlich, den Alpha-Modus zu wählen; es genügt, diejenigen Tasten zu drücken, die blau mit den entsprechenden Buchstaben beschriftet sind.

Der Rückruf in die Anzeige erfolgt z. B. durch

[RCL] [·] [Z]

1.3 Die Funktionsverzeichnisse

Der HP-41C verfügt über drei Funktionsverzeichnisse:

Catalog 1 (CAT 1)

Dieses Verzeichnis enthält eine Liste aller globalen Marken und End-Anweisungen der vom Anwender geschriebenen Programme.

Catalog 2 (CAT 2)

Dieses Verzeichnis enthält eine Liste sämtlicher Funktionen und Programme der Peripherie-Geräte, die zusätzlich an den Rechner angeschlossen sind (z. B. Kartenleser, Drucker, Software-Module). Die Liste dieser Funktionen ist nach den jeweiligen Erweiterungen gruppiert.

Catalog 3 (CAT 3)

Dieses Verzeichnis enthält eine alphabetisch geordnete Liste aller Standardfunktionen, die im Rechner integriert sind.

Funktion	Bezeichnung	Funktion	Bezeichnung
+	Addition	CLRG	Löschen sämtlicher Speicherregister
−	Subtraktion		
×	Multiplikation	CLΣ	Löschen der Statistik-Register
/	Division		
1/X	1 durch X (Kehrwert)	CLST	Löschen der Stack-Register
10↑X	10 hoch X		
ABS	Absolutwert	CLX	Löschen des X-Registers
ACOS	Arcus cosinus	COPY	Kopieren von Software-Modul-Programmen
ADV	Papiervorschub		
AOFF	Alpha aus	COS	Kosinus
AON	Alpha ein	D-R	Grad-Bogenmaß-Umwandlung
ARCL	Alpha zurückrufen		
ASHF	Alpha nach links schieben	DEC	Oktal-Dezimal-Umwandlung
ASIN	Arcus sinus	DEG	Grad-Modus
ASN	Zuordnen	DEL	Löschen von Programmzeilen
ASTO	Alpha speichern		
ATAN	Arcus tangens	DSE	Dekrement und Sprung, wenn gleich
AVIEW	Alpha betrachten		
BEEP	Summer	END	Programmende
BST	Einzelschritt zurück	ENG	Technisches Anzeigeformat
CAT	Verzeichnisausgabe		
CF	Löschen der Flageingabe	ENTER↑	Y-Register
CHS	Vorzeichenwechsel	E↑X	Exponentialfunktion zur Basis e
CLA	Löschen des Alpharegisters		
		E↑X−1	Exponentialfunktion für Argumente nahe 0
CLD	Löschen der Anzeige (Umkehrung von VIEW bzw. AVIEW)	FACT	Fakultät
		FC?	Flag gelöscht?
CLP	Löschen eines Programmes	FC?C	Flag gelöscht − Abfrage und Flag löschen

Funktion	Bezeichnung	Funktion	Bezeichnung
FIX	Festkomma-Eingabe	PSE	Pause
FRC	Dezimalteil einer Zahl	R↑	zyklisches Vertauschen nach oben
FS?	Flag gesetzt?		
FS?C	Flag gesetzt – Abfrage und Flag löschen	R-D	Bogenmaß-Grad-Umwandlung
		R-P	Koordinaten-Umwandlung (rechtwinklig → polar)
GRAD	Neugrad-Modus		
GTO	Sprungbefehl		
HMS	Umwandlung von Dezimalstunden in Stunden, Minuten, Sekunden	RAD	Radian-Modus
		RCL	Zurückrufen
		RDN	zyklisches Vertauschen nach unten
HMS+	Addition von Stunden, Minuten, Sekunden	RND	Rundung
HMS–	Subtraktion von Stunden, Minuten, Sekunden	RTN	Rücksprung
		SDEV	Standardabweichung
HR	Umwandlung von Stunden, Minuten, Sekunden in Dezimalstunden	SCI	Wissenschaftliches Anzeigeformat
		SF	Setzen eines Flag
INT	ganzzahliger Teil einer Zahl	Σ+	Summe plus
		Σ–	Summe minus
ISG	Inkrement und Sprung, wenn größer	ΣREG	Definieren des Statistikblocks
		SIN	Sinus
LASTX	Zurückrufen des Last X-Registers	SIGN	Vorzeichen von X
		SIZE	Speicherregisterzuweisung
LBL	Programmarke		
LN	Natürlicher Logarithmus	SQRT	Quadratwurzel
		SST	Einzelschritt vorwärts
LN1+X	Natürlicher Logarithmus für Argumente nahe 1	ST+	Registerarithmetik (Addition)
LOG	Dekadischer Logarithmus	ST–	Registerarithmetik (Subtraktion)
MEAN	Mittelwert	ST/	Registerarithmetik (Division)
MOD	Modulo (Rest)		
OCT	Dezimal-Oktal-Umwandlung	ST*	Registerarithmetik (Multiplikation)
OFF	Strom aus	STO	Speichern
ON	Strom ständig ein	STOP	Stop
P-R	Koordinanten-Umwandlung (polar → rechtwinklig)	TAN	Tangens
		TONE	Tonhöhe des Summers
PACK	Packen des Programmspeichers	VIEW	Betrachten der Registerinhalte
%	Prozent	X=0?	Abfrage ob X gleich Null
%CH	Berechnung prozentualer Unterschiede (Δ%)	X≠0?	Abfrage ob X ungleich Null
PI	Pi, π	X<0?	Abfrage ob X kleiner als Null
PROMPT	Textausgabe		

Funktion	Bezeichnung	Funktion	Bezeichnung
X<=0?	Abfrage ob X kleiner oder gleich Null	X<=Y?	Abfrage ob X kleiner oder gleich Y
X>0?	Abfrage ob X größer als Null	X<>	X austauschen mit anzugebenden Registern
X=Y?	Abfrage ob X gleich Y	X<>Y	X austauschen mit Y
X≠Y?	Abfrage ob X ungleich Y	XEQ	Ausführen
X<Y?	Abfrage ob X kleiner als Y	X↑2	X hoch 2 (Quadrat)
		Y↑X	Y hoch X (Potenzen)

Wenn Sie ■ [CATALOG] drücken, gefolgt von 1, 2 oder 3, wird das entsprechende Verzeichnis aufgelistet. Durch Drücken einer beliebigen Taste, mit Ausnahme von [ON] und [R/S], wird die Taktfrequenz verlangsamt. [R/S] hält die Auflistung an. Dann kann durch [SST] oder ■ [BST] die nächste bzw. vorherige Zeile des Verzeichnisses in die Anzeige gebracht werden. Durch nochmaliges Drücken von [R/S] wird der Ablauf fortgesetzt.

1.4 Ausführung von Funktionen

Der HP-41C/CV verfügt über 130 Funktionen und Operationen, von denen 68 durch das Drücken einer Funktionstaste unmittelbar ausgeführt werden können. Die restlichen Funktionen werden entweder durch Aufruf in die Anzeige oder durch vorausgegangene Tastenzuordnung im User-Modus ausgeführt. Funktionen, die unmittelbar über eine Taste aufgerufen werden können, werden im folgenden stets in eckige Klammern gesetzt, z. B. [$1/_x$]; wo ein Aufruf über [XEQ] bzw. [ASN] erforderlich ist, wird nur der Funktionsname in Großbuchstaben genannt, z. B. SIZE.

Sie drücken [XEQ] und geben dann im Alphamodus die Funktionsbezeichnung ein; z. B.

    [XEQ] [ALPHA] OKT [ALPHA]

für die Umwandlung einer Dezimalzahl, die zuvor in das X-Register eingegeben wurde, in die entsprechende Oktalzahl. Nach Ausschalten des Alpha-Modus wird die Funktion sofort ausgeführt, falls kein Parameter erforderlich war. Benötigt die Funktion einen Parameter — dies ist z. B. bei TONE, FC? oder SIZE der Fall —, so verschwindet nach dem Ausschalten des Alpha-Modus XEQ aus der Anzeige und die Funktion wird angezeigt, gefolgt von Unterstreichungszeichen, deren Anzahl die erforderliche Ziffernanzahl des Parameters zeigt.

Eine weitere Möglichkeit, Funktionen aufzurufen, besteht darin, daß mit [ASN] die gewünschte Funktion einer Tastenposition zugeordnet wird; z. B.

    ■ [ASN] [ALPHA] OKT [ALPHA] [$1/_x$]

oder

    ■ [ASN] [ALPHA] OKT [ALPHA] ■ [ENG]

Der Aufruf von OKT erfolgt dann durch [USER] [$1/_x$] bzw. [USER] ■ [ENG]. Im User-Modus wird diese aktivierte Funktion dann direkt über den Tastenbefehl ausgeführt (siehe Abschnitt 1.7). Steht der aufgerufene Funktionsname nicht im Funktionsverzeichnis, so wird NONEXISTENT angezeigt.

Die Anzeige NONEXISTENT kommt ebenfalls zur Anzeige, wenn unzulässigerweise eine Funktion zusammen mit einem Parameter einer Taste zugeordnet wird; z. B.

- [ASN] [ALPHA] TONE 1 [ALPHA]

oder wenn bei der Eingabe des Funktionsnamens ein Fehler unterläuft, z. B.

- [ASN] [ALPHA] PROMT [ALPHA]

anstelle von

- [ASN] [ALPHA] PROMPT [ALPHA]

Eine erfolgte Zuordnung kann natürlich auch wieder aufgehoben werden. In unserem obigen Beispiel wurde die Funktion OKT der Taste [$1/_x$] zugeordnet. Dies wird durch

- [ASN] [ALPHA] [ALPHA] [$1/_x$]

rückgängig gemacht. Danach wird mit [$1/_x$] auch im User-Modus nicht mehr die Funktion OKT, sondern die Reziprokwertfunktion aufgerufen.

1.4.1 Funktionen einer Veränderlichen

Logarithmen zur Basis e und 10 und die entsprechenden Potenzen können ebenso gebildet werden wie die trigonometrischen Funktionen und ihre Umkehrfunktionen. Dabei verdrängt die Funktion das Argument im X-Register. Bei den trigonometrischen Funktionen muß beachtet werden, daß als Argument das Bogenmaß (RAD), Altgrad (DEG) und Neugrad (GRAD) benutzt werden können. Der Rechner geht von der Eingabe des Winkelargumentes in Altgrad aus, es sei denn, daß Sie durch RAD oder GRAD einen der anderen trigonometrischen Modi vorgeschrieben haben. Dies steht dann als Indikator in der Anzeige und bleibt solange erhalten, bis Sie den Winkel-Modus wieder ändern.

Beispiel 1-3

Der Ausdruck

$$4 \text{ arc sin } \frac{\sqrt{1 + 0{,}25^2}}{2} - \text{arc tan } \frac{5}{12}$$

soll berechnet und von Altgrad in Bogenmaß umgewandelt werden. Tastenfolge:

0,25 ■ [x^2] 1 [+] [$\sqrt{x}$] 2 [÷] ■ [SIN^{-1}] 4 [x] 5 [ENTER↑] 12 [÷] ■ [TAN^{-1}] [−]

Ergebnis: 101,4738

Tastenfolge für die Umwandlung Altgrad in Bogenmaß ist D-R ausgeführt durch:

[XEQ] [ALPHA] D ■ [−] R [ALPHA]

Ergebnis: 1,7711

Die Umwandlung zurück in Altgrad erfolgt durch R-D:

[XEQ] [ALPHA] R ■ [−] D [ALPHA]

1.4.2 Funktionen von zwei Veränderlichen

Bei vielen Rechnungen ist die Potenzbildung (beliebiger Exponent bei positivem Argument) durch einen einfachen Tastendruck eine wesentliche Erleichterung. Dabei bedient man sich der Funktion ■ [y^x] des Rechners. Soll z. B. die fünfte Wurzel aus 150 gezogen werden, so verwendet man wegen $\sqrt[5]{150} = 150^{1/5}$ die Tastenfolge

150 [ENTER↑] 5 [$^1/_x$] ■ [y^x]

und erhält als Ergebnis 2,7241.

(Falls nicht anders angegeben, wird im folgenden als Anzeigeformat stets Festkommaformat mit 4 Dezimalstellen ■ [FIX] 4 gewählt.)

Beispiel 1-4

$$\frac{4 \times 1{,}385^3 + 4{,}26^{\frac{42}{31}}}{\sqrt[3]{14}}$$

4 [ENTER↑] 1,385 [ENTER↑] 3 ■ [y^x] [x] 4,26 [ENTER↑] 42 [ENTER↑] 31 [÷] ■ [y^x] [+] 14 [ENTER↑] 3 [$^1/_x$] ■ [y^x] [÷]

Ergebnis: 7,3653

Eine weitere sehr wichtige Funktion von zwei Veränderlichen ist die Koordinatentransformation von rechtwinkligen in Polarkoordinaten und umgekehrt. Die Befehle lauten [P→R] (polar to rectangular) für die Zerlegung und [R→P] (rectangular to polar) für die Zusammensetzung der Komponenten.

Beispiel 1-5

Wandeln Sie die rechtwinkligen Koordinaten X=4 und Y=3 in Polarkoordinaten um, wobei der Winkel im Bogenmaß auszudrücken ist.

Tastenfolge:

[XEQ] [ALPHA] RAD [ALPHA] 3 [ENTER↑] 4 ■ [R→P]

Ergebnis: Betrag r = 5,0000 [x⇌y] : Winkel Θ = 0,6435

Rechner zurückschalten in den Altgrad-Modus: [XEQ] [ALPHA] DEG [ALPHA]

Die Funktion [Σ+] ist ebenfalls eine Funktion von zwei Veränderlichen X und Y. Sie nimmt insofern eine Sonderstellung ein, als bei Betätigung des Summenzeichens [Σ+] gleichzeitig mehrere Summen und Produkte der Inhalte des X- und Y-Registers berechnet werden. Um diese für die verschiedenen statistischen Funktionen benötigten Werte zu erhalten, werden sie automatisch in einen aus sechs Registern bestehenden Datenblock R_{11} bis R_{16} gespeichert (Statistikregister).

Wenn Sie jedoch einen anderen Datenblock definieren möchten, geben Sie mit der ΣREG-Funktion die entsprechende Anfangsdatenregisteradresse an; diese Funktion wird mit [XEQ] [ALPHA] ■ [CLΣ] REG [ALPHA] aufgerufen. Im einzelnen werden bei Betätigung der Summentaste die Werte X, X^2, Y, Y^2, X ✱ Y und N aufsummiert. Diese Werte sind für statistische Untersuchungen von großer Bedeutung. Sie können aber zum Teil auch in anderen Zusammenhängen sehr nützlich sein, wie das nächste Beispiel zeigt.

Beispiel 1-6

Es soll die geometrische Summe $\underline{Z}$ der beiden komplexen Zahlen $\underline{Z}_1 = 40e^{j35°}$ und $\underline{Z}_2 = 60e^{j110°}$ gebildet werden. Die komplexen Zahlen sind in der geometrischen Form gegeben. Sie müssen zunächst in die arithmetische Form umgewandelt werden, die Komponenten sind dann einzeln zu summieren und anschließend muß wieder die geometrische Endform gebildet werden. Die zugehörigen Gleichungen lauten:

$a_1 = Z_1 \cos \varphi_1$ $\quad\quad a = a_1 + a_2$
$b_1 = Z_1 \sin \varphi_1$ $\quad\quad b = b_1 + b_2$
$a_2 = Z_2 \cos \varphi_2$ $\quad\quad Z = \sqrt{a^2 + b^2}$
$b_2 = Z_2 \sin \varphi_2$ $\quad\quad \varphi = \arctan \frac{b}{a}$

Tastenfolge zu Beispiel 1-6

Tasten-folge	Anzeige				Datenregister		
	X	Y	Z	T	R_{11} (x)	R_{13} (y)	R_{16} (n)
35	35						
[ENTER↑]	35.0000	35					
40	40	35					
∎ [P→R]	32.7661	22.9431					
[Σ+]	1.0000	22.9431			32.7661	22.9431	1.0000
110	110	22.9431			32.7661	22.9431	1.0000
[ENTER↑]	110.0000	110	22.9431		32.7661	22.9431	1.0000
60	60	110	22.9431		32.7661	22.9431	1.0000
∎ [P→R]	−20.5212	56.3816	22.9431		32.7661	22.9431	1.0000
[Σ+]	2.0000	56.3816	22.9431		12.2449	79.3246	2.0000
[RCL] 13	79.3246	56.3816	22.9431		12.2449	79.3246	2.0000
[RCL] 11	12.2449	79.3246	56.3816	22.9431	12.2449	79.3246	2.0000
∎ [R→P]	80.2641	81.2248	56.3816	22.9431	12.2449	79.3246	2.0000
[x⇆y]	81.2248	80.2641	56.3816	22.9431	12.2449	79.3246	2.0000

Das Ergebnis ist die Größe $\underline{Z} = 80{,}2641 e^{j81{,}2248°}$ mit dem Betrag 80,2641 und dem Winkel 81,2248° oder in vereinfachter Schreibweise $\underline{Z} = 80{,}2641\ \angle 81{,}2248°$. Bei Betätigung der Summentaste wurden die Inhalte der Stackregister X und Y in den Summenspeichern R_{11} (für x-Werte) und R_{13} (für y-Werte) aufsummiert. Im Anschluß daran erscheint im X-Register eine Zahl, die angibt, wieviele Wertepaare bzw. Einzelwerte (wenn y nicht benutzt wird) abgespeichert sind (n wird für weitere Berechnungen in R_{16} gespeichert).

Vor weiteren Berechnungen mit dem Statistikregister R_{11} bis R_{16} ist es ratsam, die Register mit

∎ [CLΣ] zu löschen.

Mittelwert

Sie können den Mittelwert (das arithmetische Mittel) der mit [Σ+] eingegebenen Daten berechnen, indem Sie die Funktion MEAN ausführen.

1. Mit den Daten aus den Registern R_{11} und R_{16} (Σx, n) wird der Mittelwert der x-Werte berechnet.

$$\bar{x} = \frac{1}{n} \sum_{i=1}^{n} x_i \quad \left(= \frac{R_{11}}{R_{16}} \right) \quad \text{Das Ergebnis } \bar{x} \text{ erscheint in der Anzeige (X-Register).}$$

2. Mit den Daten aus den Registern R_{13} und R_{16} (Σy, n) wird der Mittelwert der y-Werte berechnet.

$$\bar{y} = \frac{1}{n} \sum_{i=1}^{n} y_i \qquad \left(= \frac{R_{13}}{R_{16}} \right)$$

Das Ergebnis $\bar{y}$ erscheint im Y-Register und wird mit der Taste [x ⇄ y] in die Anzeige gebracht.

Standardabweichung

Mit Hilfe der Funktion SDEV können Sie die Standardabweichung (als Maß für die Streuung um den Mittelwert) der in den Statistik-Registern summierten Werte berechnen.

1. Mit den Daten aus den Registern R_{12} (Σx^2), R_{11} (Σx) und R_{16} (Σn) wird die Stichproben-Standardabweichung s_x nach der Formel

$$s_x = \sqrt{\frac{\Sigma x^2 - \frac{(\Sigma x)^2}{n}}{n - 1}}$$

berechnet.

Das Ergebnis s_x steht im X-Register (Anzeige).

2. Mit den Daten aus den Registern R_{14} (Σy^2), R_{13} (Σy) und R_{16} (Σn) wird die Stichproben-Standardabweichung s_y nach der Formel

$$s_y = \sqrt{\frac{\Sigma y^2 - \frac{(\Sigma y)^2}{n}}{n - 1}}$$

berechnet.

Die Standardabweichung s_y steht nach Ausführung der Rechnung im Y-Register und wird mit der Taste [x ⇄ y] in die Anzeige gebracht.

Beispiel 1-7

Die folgende Aufstellung gibt für sieben Mitarbeiter die jeweils geleisteten Arbeitsstunden pro Woche und die von ihnen getätigten Monatsumsätze an. Wieviel Arbeitsstunden werden durchschnittlich pro Woche geleistet und wie groß ist der durchschnittliche Monatsumsatz?

Mitarbeiter	Stunden/Woche	Umsatz/Monat
1	32	17 000 DM
2	40	25 000 DM
3	45	26 000 DM
4	40	20 000 DM
5	38	21 000 DM
6	50	28 000 DM
7	35	15 000 DM

Zur Berechnung von durchschnittlicher Arbeitszeit und Umsatz

drücken Sie	Anzeige	
■ [CLΣ]	0.0000	löschen der Summationsregister
32 [ENTER↑] 17000 [Σ+]	1.0000	erste Eingabe
40 [ENTER↑] 25000 [Σ+]	2.0000	zweite Eingabe
45 [ENTER↑] 26000 [Σ+]	3.0000	dritte Eingabe
40 [ENTER↑] 20000 [Σ+]	4.0000	vierte Eingabe
38 [ENTER↑] 21000 [Σ+]	5.0000	fünfte Eingabe
50 [ENTER↑] 28000 [Σ+]	6.0000	sechste Eingabe
35 [ENTER↑] 15000 [Σ+]	7.0000	Gesamtzahl der Eingaben
[XEQ] [ALPHA] MEAN		
[ALPHA]	21714.2857	Mittlerer Monatsumsatz
[x⇄y]	40.0000	Mittlere Arbeitsstundenzahl pro Woche

Mit den aufsummierten Daten aus diesem Beispiel können Sie jetzt die Standardabweichung als Maß für die Streuung um den jeweiligen Mittelwert berechnen:

drücken Sie	Anzeige	
[XEQ] [ALPHA] SDEV		
[ALPHA]	4820.5908	DM Standardabweichung
[x⇄y]	6.0277	Stunden Standardabweichung

Beachten Sie, daß die sieben verwendeten Mitarbeiter als eine Stichprobe aufzufassen sind. Hätten Sie alle Mitarbeiter berücksichtigt, wären die Daten als Grundgesamtheit und nicht als Stichprobe anzusehen.

Nachfolgend ist der Zusammenhang zwischen der Stichproben-Standardabweichung (s) und der Standardabweichung einer Grundgesamtheit (s') gegeben:

$$s' = s \sqrt{\frac{n-1}{n}}$$

Da n (Gesamtzahl der Eingaben) im Register R_{16} gespeichert sind, können Sie die Standardabweichung der Grundgesamtheit leicht aus der Stichproben-Standardabweichung berechnen. Da der Wert für s = 6.0277 bereits in der Anzeige steht,

drücken Sie	Anzeige	
[RCL] 16	7.0000	Zahl der Eingaben
1 [−]	6.0000	n − 1
[RCL] 16 [÷]	0.8571	
[√] [x]	5.5806	Standardabweichung der Grundgesamtheit (s')

1.5 Übungsaufgaben

Notieren Sie die vollständige Tastenfolge für die jeweilige Aufgabe, bevor Sie mit dem Eintasten beginnen.

Aufgaben:

a) $\dfrac{6{,}5 + 3 \times 1{,}4^2}{2{,}6}$

b) $\dfrac{0{,}65 + \dfrac{0{,}86}{\sqrt{1{,}47} - 0{,}92}}{0{,}0584}$

c) $\dfrac{768 + 3 \times \sqrt{1025}}{2 \times (7{,}8 + 5 \times 3{,}1)^2}$

d) $\dfrac{25{,}8 - \dfrac{18{,}7}{1{,}02 - 0{,}34}}{(2{,}1 + 6{,}8) \times \sqrt{0{,}746} + 0{,}132}$

e) $\dfrac{6 \times 1{,}34^{1{,}72} + 5 \times \sqrt[4]{20{,}63}}{0{,}65^{(7{,}21 + 5{,}43)}}$

f) $\dfrac{4 \times \sqrt[5]{2{,}38} + 1{,}41^{3{,}68} + 1}{(4{,}08^2 \times 0{,}81 + \sqrt{18{,}3})^2 + 2}$

g) $\ln(14{,}2 - 2{,}5 \times 8{,}4^{\frac{1}{3}}) + 2 \times e^{-\sqrt{0{,}876}}$

h) $10^{14{,}9} \times \ln \dfrac{0{,}41}{8023}$

i) $\dfrac{\pi}{2} \times 7{,}81^2 \times \left(\sqrt{\left(\dfrac{7{,}6}{2}\right)^2 + \dfrac{1}{3} + 5^4} \right)^{\frac{1}{5}}$

Ergebnisse zu a) bis i):

a) 4,7615   b) 30,9867   c) 0,7958   d) −0,2039
e) 4767,1819   f) 0,0211   g) 2,9947   h) $-7{,}8493 \cdot 10^{15}$
i) 182,8204

j) Berechnen Sie für einen geraden Kreiskegel mit dem Durchmesser d = 18,4 dm und der Höhe h = 12,3 dm

   die Mantelfläche $A_M = \dfrac{\pi}{2} \times d \times S = \dfrac{\pi}{2} \times d \times \sqrt{\left(\dfrac{d}{2}\right)^2 + h^2}$

   die Oberfläche $A = \dfrac{\pi}{4} \times d^2 + A_M$

   das Volumen $V = \dfrac{\pi}{12} \times d^2 \times h$

   Geben Sie A_M und A in dm² und V in dm³ an.
   Ergebnisse: A_M = 443,9451 dm²
              A = 709,8495 dm²
              V = 1090,2080 dm³

k) Berechnen Sie für $z_1 = 8$; $z_2 = 4$; $z_3 = 2$ Ergebnisse:
   $s_1 = z_1 - z_2$; $s_2 = z_1^2 + z_2^2 + z_3^2$;
   $P = z_1^2 \times z_2^2 \times z_3^2$; $q = (z_1/z_2)/z_3$; $s_1 = 4$ $s_2 = 84$ p = 4096
   $r = s_1 \times s_2 \times q \times \sqrt[6]{p}$ $q = 1$ $r = 1344$

1.6 Alpha-Modus

Wird der HP-41C/CV durch Drücken der Alpha-Taste oder im Programm-Modus mit AON in den Alpha-Modus geschaltet, so ist das Alpha-Tastenfeld aktiv, d. h., die Tastenoberseiten erhalten eine andere als die aufgedruckte Bedeutung. Dieses Tastenfeld ist auf der Unterseite des Rechners abgebildet. Zeichen und Funktionen, die auf die Oberseite der Tasten aufgedruckt sind, werden im Alpha-Modus so ausgeführt, daß zuvor die ■-Taste gedrückt wird. In der Anzeige wird anstelle des X-Registers das Alpha-Register angezeigt.

Ist für den Rechner gleichzeitig der Programm-Modus und der Alpha-Modus gewählt, so werden eingegebene Zeichen (maximal 15) als Daten in eine Programmzeile geschrieben. Wenn anschließend diese Zeile (Alpha-Kette) im Programm ausgeführt wird, so wird das Alpha-Register gelöscht, und diese Daten werden in das Alpha-Register übernommen.

Anzeige des Alpha-Registers

Im Alpha-Modus werden die ersten 12 Zeichen von links des Alpha-Registers angezeigt. Die restlichen Zeichen des Alpha-Registers (sofern welche bestehen) werden durch die Anzeige geschoben. Werden mehr als 24 Zeichen eingegeben, so ertönt ein Summton als Warnung, daß die Eingabe eines weiteren Zeichens das erste Zeichen aus dem Alpha-Register hinausschiebt und dieses somit verlorengeht.

Um den Inhalt des Alpha-Registers anzuzeigen, führen Sie [ALPHA] ■ [VIEW] [ALPHA] aus (Funktion AVIEW).

Korrektur von Alpha-Ketten

Wenn die Alpha-Eingabe noch nicht beendet ist, so können Sie weitere Alpha-Zeichen durch Drücken der entsprechenden Tasten eingeben. Möchten Sie jedoch weitere Alpha-Zeichen anhängen oder korrigieren, wenn bereits die Alpha-Eingabe beendet wurde (das Unterstreichungszeichen erscheint nicht mehr in der Anzeige), so können Sie die Eingabe durch die Funktion APPEND wieder reaktivieren. Diese Funktion wird im Alpha-Modus mit ■ K aufgerufen. Das Unterstreichungszeichen steht dann wieder in der Anzeige.

Soll ein Programm (Programmzeile mit maximal 15 Zeichen) weitere Zeichen an eine schon im Alpha-Register stehende Alpha-Kette anhängen, so geben Sie mit APPEND im Programm-Modus die entsprechenden Zeichen ein. Die Anzeige dieser Programmzeile zeigt ein ⊢ an. Dieses bedeutet, daß diese Alpha-Kette an die schon im Alpha-Register stehende angehängt wird.

Abspeichern und Zurückrufen von Daten aus dem Alpha-Register

Daten (numerische oder Alphadaten) im Alpha-Register können in jedes Daten- bzw. Stackregister oder ins LAST X-Register mit ASTO abgespeichert werden; ASTO wird mit [ALPHA] ■ [STO] [ALPHA] aufgerufen. Um die am weitesten links stehenden Zeichen aus dem Alpha-Register in ein Datenregister abzuspeichern, rufen Sie ASTO auf und geben anschließend direkt oder indirekt die gewünschte Registeradresse an. Die Funktion ASTO kopiert die sechs am weitesten links im Alpha-Register stehenden Zeichen in das angegebene Datenregister.

Sollen weitere Zeichen aus dem Alpha-Register abgespeichert werden, führen Sie ASHF aus, um die nächsten sechs Zeichen an das linke Ende des Alpha-Registers zu bringen; anschließend folgt ASTO mit der gewünschten Registeradresse. Die wiederholte Ausführung von ASHF und ASTO speichert die nächsten sechs Zeichen aus dem Alpha-Register und die nochmalige Ausführung speichert die letzten sechs Zeichen. Da jedes Datenregister maximal sechs Zeichen aufnehmen kann, muß nach jedem ASTO eine andere Registeradresse angegeben werden.

Numerische-Daten oder Alpha-Daten, die aus dem Alpha-Register mit ASTO abgespeichert wurden, werden vom Rechner nur als alphanumerische Daten behandelt. Sie können also nicht für mathematische Operationen verwendet werden. Bei Ausführung einer Operation mit alphanumerischen Daten zeigt der Rechner „Alpha DATA" als Fehlermeldung an.

Um Daten aus einem Register in das Alpha-Register (Anzeige) zurückzurufen, wählen Sie ARCL ([ALPHA] ▪ [RCL] [ALPHA]) und geben anschließend direkt oder indirekt die gewünschte Registeradresse an. Die zurückgerufenen Daten werden automatisch an die rechte Seite des bestehenden Inhalts des Alpha-Registers angehängt. Ist die sich ergebene Alpha-Kette länger als 24 Zeichen, so bleiben die 24 am weitesten rechts stehenden Zeichen im Alpha-Register, die übrigen Zeichen gehen verloren.

Beispiel 1-8

Um in der Anzeige (Alpha-Register) Steuer 1,1550 zu erhalten, geben Sie den Wert 1,1550 ins X-Register ein; anschließend das Wort ‚Steuer' ins Alpha-Register

[ALPHA] STEUER [ALPHA]

und rufen dann den Wert des X-Registers ins Alpha-Register mit

[ALPHA] ▪ [RCL] [·] X.

In der Anzeige (Alpha-Register) erscheint STEUER 1.1550.

1.7 User-Modus

Wenn Programme, Unterprogramme und Funktionen des Rechners und von Peripherie-Geräten den einzelnen Tasten des HP-41C/CV zugeordnet wurden, wird durch Drücken von [USER] diese Tastenzuordnung aktiviert. Sie haben nun die Möglichkeit, durch Tastenfeldmasken und Aufkleber den HP-41C/CV zu Ihrem persönlichen Rechner umzugestalten. Der User-Modus bleibt nach Ausschalten des Rechners erhalten und steht Ihnen nach Einschalten sofort wieder zur Verfügung.

Um eine Funktion einer Taste zuzuordnen, verfahren Sie folgendermaßen:

1. Drücken Sie ▪ [ASN] im Normal- oder User-Modus.
2. Drücken Sie [ALPHA], um den Rechner in den Alpha-Modus zu schalten.
3. Tasten Sie die Funktionsbezeichnung ein, die zugeordnet werden soll.
4. Drücken Sie nochmals [ALPHA], um die Alpha-Eingabe zu beenden.
5. Drücken Sie die Taste (oder ▪ und die Taste), der Sie die Funktion zuordnen möchten. Halten Sie die Taste kurz gedrückt, so erscheint die Funktionsbezeichnung und der Tasten-Code der neu zugeordneten Taste in der Anzeige.

Jede Funktion, die Sie einer Taste zugeordnet haben, wird im User-Modus bei Drücken dieser Taste direkt ausgeführt. Diese Funktionsausführung ist gleichbedeutend derjenigen, die im Normal-Modus nach dem Aufruf durch [XEQ] [ALPHA] . . . [ALPHA] erfolgt.

Auf gleiche Weise kann einer Taste ein Programm (Programmname, Programmmarke, Programmadresse) zugeordnet werden; bei Drücken dieser Taste im User-Modus wird dann das Programm (bzw. der Programmteil ab der entsprechenden Marke) ausgeführt.

Wenn einer Taste keine Funktion oder Programmarke (Programmname) zugeordnet wurde, wird auf Tastendruck auch im User-Modus die auf der Taste angegebene Funktion ausgeführt (Ausnahme: lokale Marken, siehe 2.2.1).

Um zu überprüfen, ob einer Taste eine Funktion oder ein Programm zugeordnet wurde, drücken Sie die entsprechende Taste und halten Sie diese gedrückt, bis Null erscheint (Funktion wird nicht ausgeführt). In der Anzeige erscheint dann die Funktionsbezeichnung bzw. der Programmname, der dieser Taste zugeordnet wurde.

Zuordnungen von Funktionen, die im Funktionsverzeichnis (Catalog) 2 oder 3 aufgeführt sind, benötigen ein Register (sieben Bytes) für jede ungerade Anzahl von Zuordnungen. Beispielsweise benötigt die erste Zuordnung ein Register, die zweite Zuordnung keinen zusätzlichen Speicherplatz, die dritte Zuordnung wieder ein Register und die vierte Zuordnung keinen zusätzlichen Speicherplatz usw.

Die Zuordnung von Programmen, die in Catalog 1 enthalten sind, benötigen keinen Speicherplatz.

2 Programmierung

2.1 Grundlagen des Programmierens

2.1.1 Grundsätzliches

Ein Programm ist nichts weiter als eine Folge von Tastenbefehlen, die im Rechner gespeichert werden. Nachdem Sie die zur Lösung des Problems erforderlichen Tastenfolge bestimmt und in den Programmspeicher eingegeben haben, kann dieses Programm über eine definierte Taste immer wieder benutzt werden. Der Vorteil besteht darin, daß Sie jetzt bei mehrmaligem Abarbeiten weiterer Berechnungen erheblich Zeit einsparen und daß Fehler, die durch falsches Eintasten der Funktionen entstehen, ausgeschlossen werden.

2.2 Programmaufbau

Um ein Programm als Einheit deutlich zu kennzeichnen, wird die Programmadresse mit einer Marke (Label, ■ [LBL]) versehen. Diese Marken können bei dem HP-41C/CV entweder aus zweistelligen Zahlen (numerische Marken) oder aus Alpha-Zeichen bestehen.

2.2.1 Lokale Marken

Die lokalen numerischen Marken bestehen aus zwei Ziffern, die nach LBL 00 bis 14 (benötigen ein Byte Programmspeicherplatz) und LBL 15 bis 99 (benötigen zwei Byte Programmspeicherplatz) unterschieden werden. Die lokalen Alpha-Marken mit einem einzelnen Buchstaben A bis J und a bis e benötigen ebenfalls zwei Byte Programmspeicherplatz. Diese Marken sollten nicht als Programm-Marken, sondern nur innerhalb eines Programmes verwendet werden, da sie nicht gefunden werden, wenn der Programmzeiger in einem anderen Programm steht. Desweiteren werden sie nicht im Catalog 1 aufgeführt und können nicht von einer beliebigen Stelle im Programmspeicher angesteuert werden.

2.2.2 Globale Marken

Die globalen Alpha-Marken können aus jeder Kombination von bis zu sieben Alpha-Zeichen bestehen (inklusive Ziffern). Zur Kennzeichnung dieser globalen Marken steht in der Anzeige des HP-41C/CV zwischen dem LBL und den weiteren Alpha-Zeichen ein T. Diese globalen Marken benötigen vier Byte Programmspeicherplatz für die ■ [LBL] Anweisung plus ein weiteres Byte für jeden Buchstaben.

Ein Programm sollte grundsätzlich mit einer globalen Marke beginnen, da sie von jedem Punkt des Programmspeichers aus angesteuert werden kann, da sie in Catalog 1 erscheint und da sich nur ein Programm mit einer solchen Marke einer Taste (wirksam im User-Modus) zuordnen läßt. Die globale Marke kann somit als Name des Programmes angesehen werden.

Eingeben eines einfachen Programmes

Um ein Programm in den Rechner einzugeben, drücken Sie zunächst die [PRGM]-Taste. Dadurch wird der HP-41C/CV in den Programm-Modus geschaltet. Durch Drücken der

Tastenfolge ∎ [GTO] [·] [·] wird der Rechner auf einen freien Teil des Programmspeichers gesetzt. In der Anzeige wird 00 REG angezeigt, gefolgt von einer zwei- oder dreistelligen Zahl, die die Anzahl der unbesetzten Register im Programmspeicher angibt. Weiterhin überprüft diese Funktion, ob das zuletzt eingegebene Programm mit einer END-Anweisung abgeschlossen wurde. Wenn diese END-Anweisung fehlt, fügt der Befehl [GTO] [·] [·] die Anweisung automatisch ein, so daß das zuletzt eingegebene Programm im Speicher von den Programmen, die danach eingegeben werden, getrennt wird. Zusätzlich wird der Programmspeicher gepackt. Das bedeutet, daß Programmanweisungen nach oben in unbenutzte Bytes geschoben werden, die sich im Programmspeicher befanden (z. B. durch Löschen von Programmzeilen). Auf diese Weise verwaltet der HP-41C/CV automatisch seinen Programmspeicher.

2.2.3 Programmzeilen

Eine Anweisung oder Programmzeile besteht aus einer Tastenfolge, die eine vollständige Operation in einem Programm bildet. Diese Anweisung kann aus einer Funktion, einer Alpha-Kette bis 15 Byte oder einer 10stelligen numerischen Eingabe bestehen. Die Zeilen werden mit dem Eingeben der Anweisungen automatisch mit einer Zeilennummer versehen, die gleichzeitig in der Anzeige erscheint. Jedes einzelne Programm beginnt mit der Zeilennummer 01.

Beispiel:

Die Fläche eines gleichseitigen Dreiecks berechnet sich nach der Formel

$$F_\triangle = \frac{a^2}{4} \sqrt{3} \qquad (a = \text{Seitenlänge})$$

Drücken Sie: ∎ [LBL] [ALPHA] ABC [ALPHA]
∎ [x^2]
[4]
[÷]
[3]
[$\sqrt{x}$]
[×]
∎ [GTO] [·] [·].

Der Befehl ∎ [GTO] [·] [·], [XEQ] [ALPHA] END [ALPHA] oder [RTN] beendet die Ausführung eines Programmes. Im Programmspeicher ist also ein Rechenablauf zwischen der Programmadresse (Label) und dem END/RTN abgespeichert.

Da bei der Ausführung von CLP immer von der globalen Marke, die nach CLP eingegeben wird, bis zur nächsten END-Anweisung gelöscht wird, empfiehlt es sich, ein Programm grundsätzlich mit einer END-Anweisung abzuschließen.

2.2.4 Programmausführung

Um ein Programm zu starten, wird im Rechner zuerst der Programm-Modus durch Drücken der Taste [PRGM] beendet. Das Programm kann entweder mit Hilfe von [XEQ], gefolgt von der globalen Marke des Programmes, oder nach Zuordnung einer Taste durch ∎ [ASN] (im User-Modus) ausgeführt werden. Während der Ausführung eines Programms erscheinen in der Anzeige der PRGM-Indikator und das Zeichen —)—.

Verwenden Sie das von Ihnen erstellte Programm ABC, um die Flächenberechnung von zwei gleichseitigen Dreiecken mit den Seitenlängen a_1 = 4 cm und a_2 = 7,65 cm durchzuführen.

Geben Sie zuerst 4 ein und starten Sie dann das Programm mit der Tastenfolge:

[XEQ] [ALPHA] ABC [ALPHA]

zeigt dann als Ergebnis 6.9282 an.

Die Fläche dieses gleichseitigen Dreiecks ist also 6,9282 cm². Mit der Eingabe 7,65 und erneutem Programmablauf erhalten Sie als Ergebnis 25,3410 cm².

Durch ■ [ASN] [ALPHA] ABC [ALPHA] [LN] wird die Programmadresse ABC der Taste [LN] zugeordnet. Durch Drücken der [USER]-Taste wird das Programm, das Sie der Taste [LN] zugeordnet haben, wirksam. Beachten Sie, daß eine Programmadresse, die einer Taste zugeordnet werden soll, eine globale Marke sein muß.

Um die Fläche der Dreiecke zu berechnen, geben Sie zuerst 5 ein und drücken Sie dann die Taste [LN], Sie erhalten dann als Ergebnis 10,8253 cm², mit 8,4 folgt als Ergebnis 30,5534 cm².

Beispiel 2-1

Die hyperbolischen Funktionen berechnen sich nach den Formeln:

$$\sinh x = \frac{e^x - e^{-x}}{2}$$

$$\cosh x = \frac{e^x + e^{-x}}{2} \qquad \text{Hinweis: } e^{-x} \triangleq \frac{1}{e^x}$$

$$\tanh x = \frac{e^x - e^{-x}}{e^x + e^{-x}}$$

Als globale Marken verwenden Sie für

sinh x	SH
cosh x	CH
tanh x	TH

Anweisungsliste zu Beispiel 2-1

```
01◆LBL "SH"      11 ENTER↑       21 -
02 F?X           12 1/X          22 ENTER↑
03 ENTER↑        13 +            23 ENTER↑
04 1/X           14 2            24 LASTX
05 -             15 /            25 2
06 2             16 RTN          26 *
07 /             17◆LBL "TH"     27 +
08 RTN           18 E↑X          28 /
09◆LBL "CH"      19 ENTER↑       29 .END.
10 E↑X           20 1/X
```

Benutzeranleitung

Variable eingeben und das Programm starten durch Drücken der Tastenfolge [XEQ] [ALPHA] SH [ALPHA] für sinh x. Wiederholung der Tastenfolge mit Änderung der Programmadresse für cosh x und tanh x. Durch Drücken z. B. der Tastenfolge ■ [ASN] [ALPHA] SH [ALPHA] [√x] wird das Programm SH der Taste [√x] im User-Modus zugeordnet.

23

Mit diesen Programmen können Sie z. B. die folgende Wertetabelle ermitteln:

sinh	2,5	6,0502
sinh	1,5	2,1293
cosh	5,9	182,5201
cosh	3,2	12,2866
tanh	1,3	0,8617
tanh	1,9	0,9562

2.3 Programmkorrektur

Positionieren mit ■ [GTO] *und* ■ [GTO] [·]

Der Befehl ■ [GTO], gefolgt von einer globalen Alpha-Marke setzt den Rechner im Programmspeicher an die betreffende Stelle – unabhängig davon, ob der HP-41C/CV sich im Programm-Modus befindet oder nicht. Die Suche nach dieser Marke beginnt am Ende des Programmspeichers in Richtung Anfang. Der Rechner hält an, sobald er diese aufgerufene Marke gefunden hat. Findet er diese Marke nicht, wird NONEXISTENT angezeigt, und der Rechner steht wieder am vorhergehenden Punkt im Programmspeicher. Wird der Befehl ■ [GTO] [·] gefolgt von einer dreistelligen Zahl eingegeben, so springt der Rechner an diese Zeilennummer in dem Programm, indem er sich augenblicklich befindet. Ist jedoch die Zeilennummer größer als 1000, so muß diese Zahl mit [EEX] gefolgt von den letzten drei Ziffern der gewünschten Zeilennummer eingegeben werden, also ■ [GTO] [·] [EEX]. In der Anzeige erscheint dann GTO. 1_ _ _.

Positionieren mit ■ [RTN]

Befindet sich der Rechner nicht im Programm-Modus, so können Sie mit dem Befehl ■ [RTN] den Rechner an die Zeile 00 des gegenwärtigen Programms stellen.

Positionieren mit ■ [CATALOG]

Um den Rechner an eine Programmzeile mit einer globalen Alpha-Marke zu positionieren, drücken Sie ■ [CATALOG] 1 und [R/S]. Sie haben nun die Möglichkeit, mit den Befehlen [SST] oder ■ [BST] sich die nachfolgende oder vorhergehende Alpha-Marke anzusehen. Der Rechner befindet sich jeweils an der Stelle im Programmspeicher, deren globale Marke oder END-Anweisung er gerade anzeigt. Diese beschriebene Art der Positionierung ist die einzige Möglichkeit, in ein Programm zu kommen, das versehentlich ohne globale Marke geschrieben wurde. Soll eine globale Marke in das Programm eingefügt oder die END-Anweisung gelöscht werden, so positionieren Sie den Rechner auf die END-Anweisung des Programms, das keine globale Marke aufweist. Schalten Sie nun den Rechner in den PRGM-Modus (Anzeige END). Mit [BST] oder [GTO] [·] . . . haben Sie jetzt die Möglichkeit, die fehlende globale Marke einzufügen.

Löschen eines gesamten Programms

Programme lassen sich auf zweierlei Arten löschen:

a) dadurch, daß Sie, wie vorstehend beschrieben, mit ■ [CATALOG] den Rechner auf das Programm positionieren, das gelöscht werden soll; mit

[XEQ] [ALPHA] CLP [ALPHA] [ALPHA]

erfolgt dann die Löschung dieses Programmes (von der globalen Marke bis zur zugehörigen END-Anweisung).

b) Eine weitere Möglichkeit besteht darin, ohne vorherige Positionierung die Löschung durch Angabe der globalen Marke des Programmes (Programmname) vorzunehmen. Lautet diese z. B. PROG1, so wird folgendermaßen gelöscht:

[XEQ] [ALPHA] CLP [ALPHA] [ALPHA] PROG1 [ALPHA]

Löschen einzelner Anweisungen

Wenn Sie eine einzelne Zeile im Programm löschen möchten, schalten Sie den Rechner in den Programm-Modus, positionieren den Rechner an die gewünschte Programmzeile und drücken [←]. Möchten Sie jedoch mehrere Programmzeilen löschen (Zeilenblock), so führen Sie die Funktion DEL, gefolgt von einer dreistelligen Zahl, aus. Der Rechner löscht ab der angezeigten Zeile so viele Zeilen, wie angegeben werden, höchstens jedoch bis zur nächsten END-Anweisung. Sämtliche folgenden Zeilennummern werden um die Anzahl der gelöschten Zeilen reduziert.

Einfügen von Anweisungen

Um eine Anweisung in ein Programm einzufügen, positionieren Sie den Rechner auf die Programmzeile, nach der die Anweisung eingefügt werden soll. Wenn Sie die neue Anweisung eingegeben haben, zeigt der Rechner die neue Zeile an, wobei sämtliche nachfolgende Zeilennummern jeweils um eins erhöht werden. Stehen nicht mehr genügend Bytes im Programmspeicher zur Verfügung, packt der Rechner den Programmspeicher und zeigt PACKING und danach TRY AGAIN an. Zeigt der Rechner nach einem weiteren Eingabeversuch abermals TRY AGAIN an, so können keine weiteren Anweisungen mehr eingegeben werden. Möchten Sie jedoch weitere Anweisungen eingeben, so muß eine andere SIZE-Konfiguration gewählt oder andere Programme müssen gelöscht werden.

2.4 Programmunterbrechungen

STOP und [R/S]

Im Programm-Modus kann eine STOP-Anweisung durch Drücken der [R/S]-Taste oder durch Eingeben von [XEQ] [ALPHA] STOP [ALPHA] eingegeben werden. Enthält ein Programm eine dieser Anweisungen, so wird die Ausführung des Programmes an dieser Stelle angehalten. Läuft das Programm nicht, so startet [R/S] das Programm beginnend mit der Zeile, in der der Rechner gerade steht. Der Programmstop dient zur Dateneingabe wie auch zur Ausgabe von Teilergebnissen. Die Funktion [R/S] ist daher eine wichtige Hilfe beim Erstellen übersichtlicher Programme.

PROMPT

Eine PROMPT-Anweisung im Programm hält ein laufendes Programm an und zeigt den Inhalt des Alpha-Registers. Ebenso wie AVIEW zeigt PROMPT nur den Inhalt des Alpha-Registers an, schaltet jedoch den Rechner nicht in den Alpha-Modus. Diese Funktion wird häufig bei der Aufforderung zur Dateneingabe eingesetzt (z. B. ZINS? STO 12).

PSE (Pause)

Wenn ein laufendes Programm eine PSE-Anweisung durchführt, hält das Programm für ca. 1 Sekunde an. Während dieser Pause zeigt der Rechner entweder das X-Register oder (wenn sich der Rechner im Alpha-Modus befindet) das Alpha-Register an. Zeigt jedoch die Anzeige den Inhalt eines Registers aufgrund einer VIEW oder AVIEW-Anweisung, verlängert PSE diese Anzeige nur. Bei jeder PSE-Anweisung, die ausgeführt wird, blinkt der PRGM-Indikator einmal. Während der Pause ist das gesamte Tastenfeld aktiv, und es können numerische Daten oder Alphadaten in den Rechner eingegeben werden.

2.5 Entwickeln eines Flußdiagramms

Eine wertvolle Hilfe bei der Entscheidung, wie ein bestimmtes Problem gelöst werden soll, ist die Darstellung des Programmablaufs in Form eines Flußdiagramms. Bei der Entwicklung des Flußdiagramms ist es aufgrund der Übersichtlichkeit noch sehr einfach, Änderungen am Lösungsgang vorzunehmen oder logische Fehler zu erkennen. Wenngleich jede mögliche Darstellung dieser Ablaufdiagramme möglich ist, sollten doch gewisse Konventionen bei der Erstellung berücksichtigt werden.
Dazu gehören folgende Symbole:

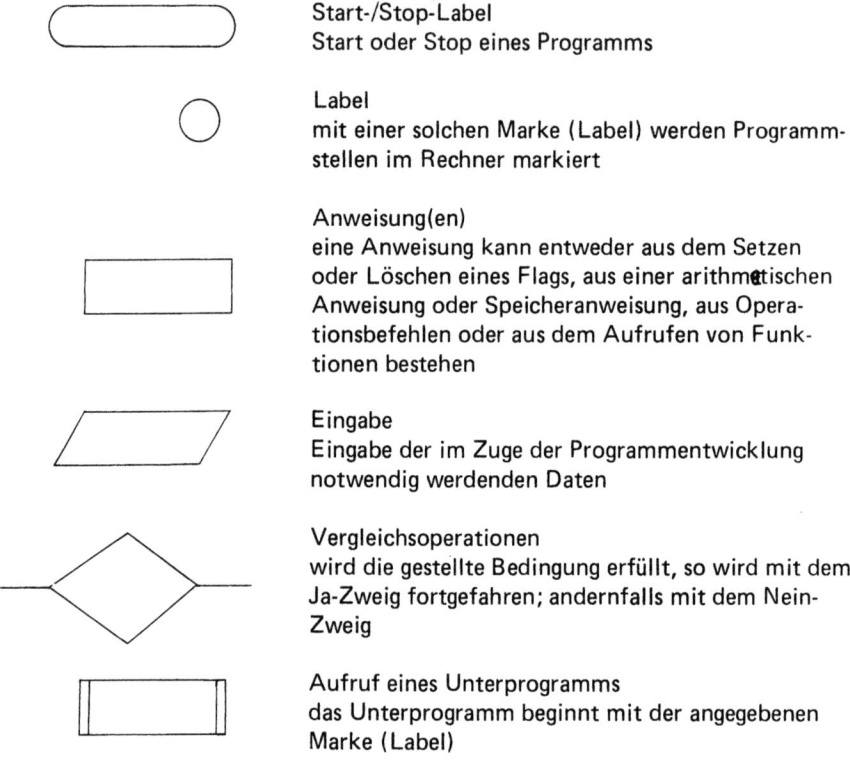

Start-/Stop-Label
Start oder Stop eines Programms

Label
mit einer solchen Marke (Label) werden Programmstellen im Rechner markiert

Anweisung(en)
eine Anweisung kann entweder aus dem Setzen oder Löschen eines Flags, aus einer arithmetischen Anweisung oder Speicheranweisung, aus Operationsbefehlen oder aus dem Aufrufen von Funktionen bestehen

Eingabe
Eingabe der im Zuge der Programmentwicklung notwendig werdenden Daten

Vergleichsoperationen
wird die gestellte Bedingung erfüllt, so wird mit dem Ja-Zweig fortgefahren; andernfalls mit dem Nein-Zweig

Aufruf eines Unterprogramms
das Unterprogramm beginnt mit der angegebenen Marke (Label)

Beim Zeichnen des Flußdiagrammes wird der Programmablauf als lineare Folge einzelner Schritte dargestellt. Mit Pfeilen wird angedeutet, in welcher Richtung die Ausführung des Programms fortschreitet.

2.6 Programmverzweigungen

Unbedingte Sprünge und Programmschleifen

Die Verwendung der ■ [GTO]-Anweisung als Bestandteil eines Programms kann nur dann im Rechner gespeichert werden, wenn im Anschluß an ■ [GTO] als „Sprungadresse" eine Marke eingetastet wird.

Wenn der Rechner während der Ausführung eines Programms auf die Anweisung
■ [GTO] 02 trifft, wird die Programmausführung unterbrochen und der Programmspeicher nach dieser Marke nur innerhalb des augenblicklich laufenden Programms abgesucht. Hat der Rechner die Marke (Label) gefunden, setzt er die sequentielle Ausführung des Programms ab dieser Stelle fort. Auf diese Weise können Sie die Programmausführung mit
■ [GTO], gefolgt von einer lokalen Marke, zu einer beliebigen Stelle innerhalb des laufenden Programms verzweigen; mit einer globalen Marke ist dies zu jedem beliebigen Programm des Programmspeichers möglich.

```
01   LBL T EDE
02   ...
03   ...
04   GTO  02 ─┐
05   ...      │    Die Programmausführung
06   ...      │    verzweigt zum nächsten LBL 02
07   LBL  02 ◄┘
08
```

Existiert keine Marke der angegebenen Bezeichnung, so wird die Programmausführung angehalten, und der HP-41C/CV meldet NONEXISTENT in der Anzeige.

Die GTO-Anweisung wird häufig zur Programmierung sogenannter „Programmschleifen" verwendet. Das folgende Programm verwendet eine solche Programmschleife zur Zinseszinsberechnung nach der Formel

$$FV = PV (1 + i)^n,$$

wobei   FV = zukünftiger oder Endbetrag der Spareinlage
         PV = Anfangswert
         i = Periodenzinssatz (als dezimaler Wert einzugeben, 5% = 0,05)
         n = Anzahl der Zinsperioden (z. B. Anzahl der Jahre).

Das Programm führt die Berechnung des Kontostandes für aufeinanderfolgende Jahre so lange aus, bis Sie auf dem Tastenfeld [R/S] drücken, bzw. ein Rechner-Überlauf eintritt.

Beispiel 2-2

Anfangswert PV = 1.000,00 DM
Zins   i = 5%

Anweisungsliste zu Beispiel 2-2

```
01◆LBL "ZINS"      09 1              17 "FV="
02 "PV= ?"         10 ST+ 03         18 ARCL X
03 PROMPT          11 RCL 01         19 AON
04 STO 00          12 +              20 PSE
05 "I= ?"          13 RCL 03         21 AOFF
06 PROMPT          14 Y↑X            22 GTO 01
07 STO 01          15 RCL 00         23 .END.
08◆LBL 01          16 *
```

Benutzeranleitung

Programm eintasten
Programm starten durch Drücken der Tastenfolge

    [XEQ] [ALPHA] ZINS [ALPHA]

PV eingeben   [R/S]
i eingeben   [R/S]

Lokale Marken

Die Suche nach lokalen Marken wird nur im laufenden Programm durchgeführt, d. h. in dem Programm, das der Rechner gerade ausführt oder in dem er sich befindet. Um die lokale Marke zu finden, sucht der Rechner die nachfolgenden Programmzeilen ab. Wird die angegebene Marke nicht vor dem Ende des Programms gefunden, so wird, wie das folgende Bild zeigt, die Suche nach der Marke am Anfang des Programmes fortgesetzt, bis die angegebene Marke gefunden wird. Aufgrund dieses Suchprozesses können lokale Marken mehrmals im selben Programm verwendet werden.

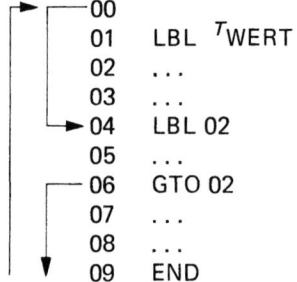

```
00
01    LBL TWERT
02    ...
03    ...
04    LBL 02
05    ...
06    GTO 02
07    ...
08    ...
09    END
```

Die Suche nach einer lokalen Marke kann abhängig von der Länge des Programms erhebliche Zeit beanspruchen. Um die Suchzeit zu optimieren, merkt sich der Rechner beim ersten Suchvorgang, wo sich die Marke befindet, so daß die Programmausführung sofort mit der entsprechenden Zeile fortgesetzt werden kann. Dadurch wird die Ausführungszeit erheblich verkürzt.

Ausnahmen bilden die Marken 00 bis 14 (Kurzform-Marken), wenn sie weiter als 112 Bytes von der GTO-Anweisung entfernt stehen. Diese Marken müssen in diesem Fall nach jedem GTO gesucht werden.

Diese Kurzform-Marken benötigen nur ein Byte Speicherplatz, die dazugehörige GTO-Anweisung zwei Bytes. Lokale Alpha-Marken und numerische Marken benötigen zwei Bytes und die dazugehörige GTO-Anweisung drei Bytes. Um Programmplatz einzusparen, sollten also Kurzform-Marken verwendet werden, jedoch können diese — abhängig von ihrer Entfernung von der GTO-Anweisung — die Rechenzeit verlängern.

Globale Marken

Um eine globale Marke zu finden, sucht der Rechner zuerst alle Marken im Programmspeicher, dann die der Speichererweiterungs-Module und Peripheriegeräte und zuletzt die Standardfunktion des HP-41C/CV ab. Setzt sich eine globale Alpha-Marke aus denselben Buchstaben wie eine der Standardfunktionen zusammen, so interpretiert der Rechner die Buchstabenfolge als Marke. Wird jedoch diese Marke im Programmspeicher nicht gefunden, so wird die Standardfunktion (CATALOG 3) ausgeführt.

Im Programmspeicher beginnt die Suche mit der letzten globalen Marke. Es wird der Programmspeicher nach oben abgesucht, wobei die Anweisungen zwischen den globalen Marken ausgelassen werden, bis der Rechner den Anfang des Programmspeichers erreicht oder die angegebene Marke gefunden hat.

Wird die Marke gefunden, so wird das Programm ab dieser Stelle ausgeführt.

2.6.1 Vergleichsoperationen und bedingte Programmverzweigungen

Der HP-41C/CV besitzt die Fähigkeit, bei der Programmausführung in Abhängigkeit vom Ergebnis eine Entscheidung über den weiteren Verlauf der Berechnung zu treffen. Welcher Zweig gewählt wird, hängt vom jeweiligen Vergleichszustand oder der Flagprüfung ab. In der einfachsten Form ist das ein Vergleich zwischen zwei Größen x und y. Die Frage kann z. B. lauten $x \neq y$? Wird die Frage positiv beantwortet (Bedingung erfüllt), so fährt das Programm mit der sequentiellen Ausführung der Programmschritte fort. Ist die Antwort dagegen nein, so überspringt das Programm den nachfolgenden Schritt.

Ein Beispiel zeigt das folgende Bild.

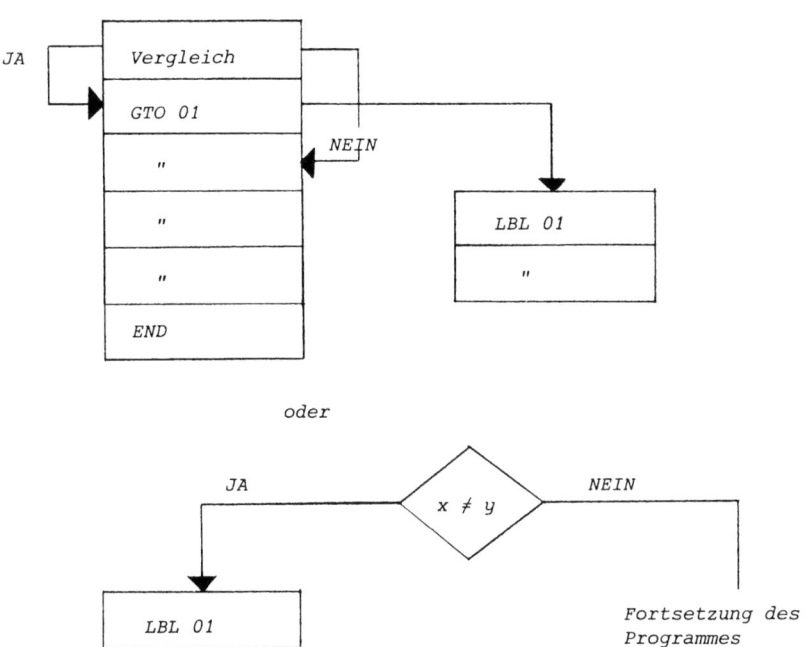

Der auf den Vergleichsbefehl folgende Programmschritt kann eine beliebige Programmanweisung sein; in der Regel wird an dieser Stelle ein Sprungbefehl GTO stehen. Der HP-41C/CV verfügt über zehn Vergleichsoperationen, um innerhalb eines Programmes Entscheidungen zu treffen.

Die erste Gruppe vergleicht die Größen im X- und Y-Register. Folgende Vergleiche sind möglich:

$x = y?;\ x > y?;\ x < y?;\ x \leq y?;\ x \neq y?$

Die zweite Gruppe vergleicht die Größe x mit 0.

$x = 0?;\ x > 0?;\ x < 0?;\ x \leq 0?;\ x \neq 0?$

Bei zwei Vergleichsoperationen, nämlich $x = y$ und $x \neq y$, ist es unerheblich, ob es sich bei den Inhalten um numerische Werte oder Alpha-Strings handelt; allerdings müssen die beiden Inhalte, die verglichen werden sollen, vom gleichen Typ sein, d. h. es müssen entweder beide Inhalte numerische Werte sein, oder beide müssen aus Alpha-Zeichen bestehen.

Die dritte Gruppe von Entscheidungen ist abhängig von einem manuell oder durch das Programm gesetzten Signal (Flag siehe Abschnitt 2.9).

Beispiel 2-3

Der Wert der Eulerschen Zahl e wird auf Tastendruck [1] ■ [e^x] durch den Rechner HP-41C/CV direkt angezeigt. Das folgende Programm berechnet diese Konstante über eine Reihenentwicklung.

$$e = 1/0! + 1/1! + 1/2! + \ldots + 1/n!$$

Nach jedem Schleifendurchlauf wird die neue Näherungslösung angezeigt und mit dem im Rechner gespeicherten Wert für e verglichen. Wenn beide Werte gleich sind, verläßt das Programm die Iterationsschleife und hält an.

Anweisungsliste zu Beispiel 2-3

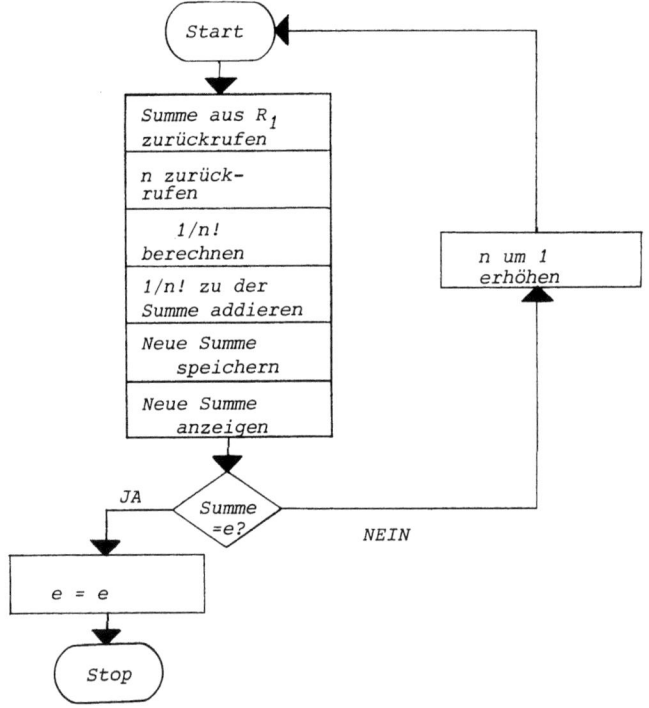

Benutzeranleitung

1 eingeben in das X-Register

Programm eintasten.

Starten des Programmes durch Drücken der Tastenfolge

[XEQ] [ALPHA] EULER [ALPHA]

Anmerkung:

Überprüfen Sie vor dem Programmstart, ob der Speicher R_{00}, in dem die Anzahl n der Schleifendurchläufe geführt wird, gelöscht ist; der Speicher R_{01} muß ebenfalls gelöscht sein.

Beispiel 2-4

Größter gemeinsamer Teiler

Als größter gemeinsamer Teiler der beiden natürlichen Zahlen n und m bezeichnet man die größte Zahl, die sowohl Teiler von n als auch Teiler von m ist. Für n $>$ m gilt ggT (n,m) = ggT (n−m,m). Hiermit läßt sich der größte gemeinsame Teiler nach dem Euklidischen Algorithmus ermitteln.

m wird so oft von n subtrahiert, bis der Rest $r_1 <$ m bleibt. Ist r_1 = 0, so ist ggT (n,m) = m. Für $r_1 \neq 0$; wird r_1 so oft von m subtrahiert, bis ein Rest $r_2 < r_1$ bleibt. Ist r_2 = 0, so ist ggT (n,m) = r_1 usw.

Zur Erläuterung diene das folgende Beispiel für n = 84 und m = 35:

84 − 35 = 49 $>$ 35; 49 − 35 = 14 $<$ 35; 35 − 14 = 21 $>$ 14; 21 − 14 = 7 $<$ 14; 7 − 7 = 0, also ggT (84,35) = 7

Anweisungsliste zu Beispiel 2-4

```
01♦LBL "GGT"      07 X<Y?
02♦LBL 00         08 GTO 00
03 -              09 X<>Y
04 X=0?           10 GTO 00
05 GTO 02         11♦LBL 02
06 LASTX          12 LASTX
                  13 END
```

Benutzeranleitung

Nr.	Anweisung	Tasten
1	Programm eingeben	
2	Variable n und m eingeben	n [ENTER] m
3	Programm starten	[XEQ] [ALPHA] GGT [ALPHA]
4	Ergebnis r	

Zahlenbeispiele:

n	m	ggT
84	35	7
374	231	11
452	184	4
1023	581	1
7803	2046	3
95139	54033	93

Beispiel 2-5

Kreis, durch drei Punkte bestimmt

Ein Kreis mit den Mittelpunktskoordinaten a und b und dem Radius R wird durch die Gleichung beschrieben

$$(x - a)^2 + (y - b)^2 = R^2.$$

Sind umgekehrt 3 Punkte (x_1, y_1), (x_2, y_2) und (x_3, y_3) gegeben, so lassen sich die Achsabstände a und b des Mittelpunktes sowie der Radius R des Kreises berechnen.

Es ist

$$2a = \frac{A}{B}$$

mit

$$A = y_1 (x_3^2 - x_2^2 + y_3^2 - y_2^2)$$
$$+ y_2 (x_1^2 - x_3^2 + y_1^2 - y_3^2)$$
$$+ y_3 (x_2^2 - x_1^2 + y_2^2 - y_1^2)$$

und

$$B = y_1 (x_3 - x_2) + y_2 (x_1 - x_3) + y_3 (x_2 - x_1)$$

Entsprechend gilt

$$2b = \frac{x_1^2 - x_3^2 + y_1^2 - y_3^2 + 2a(x_3 - x_1)}{y_1 - y_3}$$

oder

$$2b = \frac{x_2^2 - x_3^2 + y_2^2 - y_3^2 + 2a(x_3 - x_2)}{y_2 - y_3}$$

$$R = \sqrt{(x_1 - a)^2 + (y_1 - b)^2}$$

Für $x_1 = x_2 = x_3$ oder $y_1 = y_2 = y_3$ liegen die Punkte auf einer Geraden, können also nicht durch einen Kreis mit endlichen a, b und R beschrieben werden. Falls aber lediglich $y_1 = y_3$ oder $y_2 = y_3$ ist, muß nur die passende Gleichung für b mit einem Nenner ungleich Null gewählt werden.

Der Ablaufplan hat folgendes Aussehen:

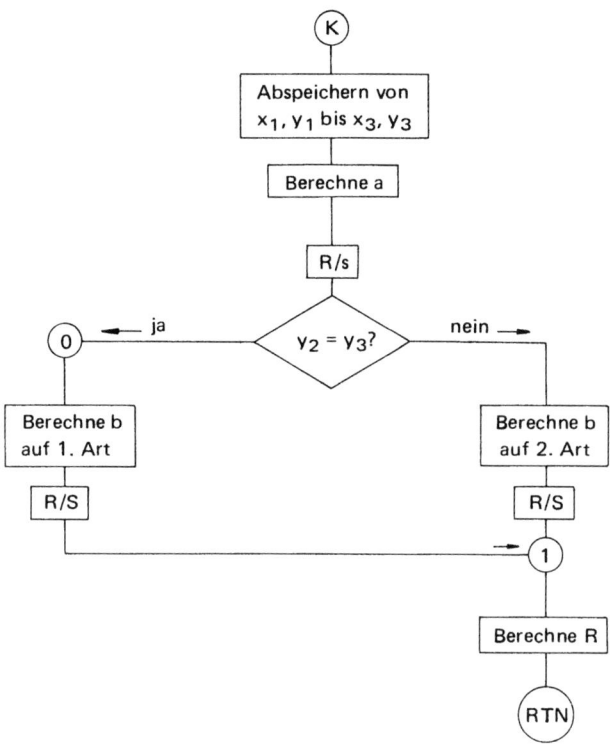

Das Programm berechnet den Mittelpunktabstand a, dann nach Drücken von [R/S] b und den Radius R. Nach der Berechnung können auf Label DE vorgegebene x-Werte des Kreises eingegeben werden. Das Programm berechnet dann die zugehörigen Funktionswerte des Kreises y_1 und y_2:

$$y_1 = b + \sqrt{R^2 - (x-a)^2}$$

sowie nach [R/S]

$$y_2 = b - \sqrt{R^2 - (x-a)^2}$$

Anweisungsliste zu Beispiel 2-5

```
01♦LBL "KREIS"      09 STO 02        17 "Y2 ?"        25 X↑2
02 "X1 ?"           10 X↑2           18 PROMPT        26 STO 09
03 PROMPT           11 STO 03        19 STO 06        27 "Y3 ?"
04 STO 10           12 "X2 ?"        20 X↑2           28 PROMPT
05 X↑2              13 PROMPT        21 STO 07        29 STO 10
06 STO 01           14 STO 04        22 "X3 ?"        30 X↑2
07 "Y1 ?"           15 X↑2           23 PROMPT        31 STO 11
08 PROMPT           16 STO 05        24 STO 08        32 RCL 07
```

```
33 -            73 -            113◆LBL 01      153 STOP
34 RCL 09      74 RCL 10       114 RCL 00      154 GTO 01
35 +           75 *            115 RCL 12      155◆LBL 02
36 RCL 05      76 +            116 -           156 ARCL X
37 -           77 /            117 X↑2         157 AVIEW
38 RCL 02      78 2            118 RCL 02      158 RTN
39 *           79 /            119 RCL 13      159◆LBL "DE"
40 RCL 01      80 STO 12       120 -           160 ENTER↑
41 RCL 09      81 "A="         121 X↑2         161 RCL 12
42 -           82 XEQ 02       122 +           162 -
43 RCL 03      83 STOP         123 SQRT        163 X↑2
44 +           84 RCL 06       124 STO 14      164 CHS
45 RCL 11      85 RCL 10       125 "R="        165 RCL 14
46 -           86 X=Y?         126 XEQ 02      166 X↑2
47 RCL 06      87 GTO 00       127 RTN         167 +
48 *           88 RCL 05       128◆LBL 00      168 SQRT
49 +           89 RCL 09       129 RCL 01      169 RCL 13
50 RCL 05      90 -            130 RCL 09      170 X<>Y
51 RCL 01      91 RCL 07       131 -           171 +
52 -           92 +            132 RCL 03      172 "Y1="
53 RCL 07      93 RCL 11       133 +           173 XEQ 02
54 +           94 -            134 RCL 11      174 STOP
55 RCL 03      95 RCL 08       135 -           175 LASTX
56 -           96 RCL 04       136 RCL 08      176 CHS
57 RCL 10      97 -            137 RCL 00      177 RCL 13
58 *           98 RCL 12       138 -           178 +
59 +           99 *            139 RCL 12      179 "Y2="
60 RCL 08      100 2           140 *           180 XEQ 02
61 RCL 04      101 *           141 2           181 END
62 -           102 +           142 *
63 RCL 02      103 RCL 06      143 +
64 *           104 RCL 10      144 RCL 02
65 RCL 00      105 -           145 RCL 10
66 RCL 08      106 /           146 -
67 -           107 2           147 /
68 RCL 06      108 /           148 2
69 *           109 STO 13      149 /
70 +           110 "B="        150 STO 13
71 RCL 04      111 XEQ 02      151 "E="
72 RCL 00      112 STOP        152 XEQ 02
```

Das Programm benötigt 15 Daten- und 36 Programmregister

Benutzeranleitung

Nr.	Anweisung	Tasten
1	Datenregister bestimmen	[XEQ] [ALPHA] SIZE [ALPHA] 015
2	Programm eingeben	
3	Programm starten	[XEQ] [ALPHA] KREIS [ALPHA]
4	Eingabe der gefragten Daten	
	$x_1; y_1$	[R/S]
	. .	.
	. .	
	$x_3; y_3$	[R/S]
5	Anzeige von A = ...	[R/S]
6	Anzeige von B = ...	[R/S]
7	Anzeige von R = ...	[R/S]
8	Eingabe der x-Werte des Kreises	[XEQ] [ALPHA] DE [ALPHA]
9	Berechnung des zugehörigen Funktionswertes des Kreises y_1	[R/S]
10	Berechnung des zugehörigen Funktionswertes des Kreises y_2	

Es werden die drei Wertepaare eingegeben:

$x_1 = 3; y_1 = 1$
$x_2 = 1; y_2 = 3$
$x_3 = 5; y_3 = 3$

Tastenfolge	Anzeige
[XEQ] [ALPHA] KREIS [ALPHA]	X1?
[3] [R/S]	Y1?
[1] [R/S]	X2?
[1] [R/S]	Y2?
[3] [R/S]	X3?
[5] [R/S]	Y3?
[3] [R/S]	A = 3.0000
[R/S]	B = 3.0000
[R/S]	R = 2.0000

Nach der Berechnung von a, b und R werden über [LBL] DE verschiedene X-Werte eingegeben.

| [1] [XEQ] [ALPHA] DE [ALPHA] | Y_1 = 3.0000 |
| [R/S] | Y_2 = 3.0000 |

Entsprechend werden drei weitere Wertepaare als Punkte auf einem anderen Kreis eingegeben:

$x_1 = 1;$ $y_1 = 1$ Ergebnis: A = 6,4458
$x_2 = 3,5;$ $y_2 = -7,6$ B = -2,0803
$x_3 = 12;$ $y_3 = 0,8$ R = 6,2566

2.7 Steuerung von Programmschleifen

Bei der Lösung von Aufgaben – z. B. Iterationsverfahren, Reihenentwicklungen etc. – kommt es häufig vor, daß der Anfangs- und Endwert vorgegeben und ein bestimmter

Rechenzyklus mehrfach zu durchlaufen ist. Zur Lösung solcher Aufgaben verfügt der HP-41C/CV über zwei Funktionen ISG (increment and skip if greater — Verzweige, falls größer) und DSE (decrement and skip if equal — Verzweige, falls gleich). Beide Funktionen enthalten interne Zähler, die eine Schleifensteuerung unter verschiedenen Bedingungen erlauben. Dieser Zähler kann als Kontrollzahl in jedem Stack- oder Datenregister sowie im LAST X vorgegeben werden. Das Register, das diese Kontrollzahl enthält, wird angegeben, wenn der Rechner nach ISG oder DSE nach einer Eingabe fragt. Die Kontrollzahl hat folgendes Format:

    iiiii.fffcc

wobei iiiii dem Anfangswert der Laufvariablen entspricht, der mit dem Befehl ISG bzw. DSE inkrementiert (erhöht) bzw. dekrementiert (vermindert) wird.

fff entspricht dem Endwert der Laufvariablen, mit dem iiiii nach jedem ISG bzw. DSE verglichen und entsprechend der Bedingung (größer bzw. gleich) verzweigt wird.

cc entspricht der Schrittweite des Inkrements bzw. Dekrements. Wird keine Schrittweite angegeben, so dekrementiert bzw. inkrementiert der HP-41C/CV automatisch um eins (cc = 01).

Die DSE-Anweisung bewirkt, daß der Rechner die Zahl im Kontrollregister iiiii um cc dekrementiert. Gleichzeitig wird überprüft, ob iiiii gleich oder kleiner fff ist. Trifft dies zu, so überspringt der Rechner die nächste Programmzeile.

Wird die ISG-Anweisung ausgeführt, so wird die Zahl im Kontrollregister iiiii um cc inkrementiert. Gleichzeitig wird überprüft, ob iiiii größer als fff ist. Wenn dies der Fall ist, überspringt der Rechner die nächste Programmzeile.

Soll z. B. eine Schleife programmiert werden, die mit dem Zählwerk 8 beginnt, jedesmal um 3 erhöht wird und bis zum Wert 23 laufen soll, so ist in ein beliebiges Register (angenommen 01) der Wert 8,02303 einzutasten. Jedesmal, wenn die Funktion ISG 01 ausgeführt wird, wird zu dem Zählwerk eine 3 hinzuaddiert (8, 11, 14 . . . etc.) und mit dem Wert 23 auf „größer" verglichen. Der letzte Zählwert wäre also 23, denn beim darauffolgenden Mal würde er 26 annehmen, was größer als 23 ist, und somit eine Verzweigung veranlassen.

Beispiel 2-6

Eine beliebig eingegebene positive Zahl soll etwa im Sekundentakt bis auf Null gezählt werden. Nach Ablauf des Programms steht in der Anzeige eine Null, jedoch im X-Register die vorher eingegebene Zahl. Das Programm zeigt neben der Schleifensteuerung die Anwendung der Funktion [VIEW].

Anweisungsliste zu Beispiel 2-6

```
01♦LBL "SCHL"
02 ENTER↑
03 ENTER↑
04♦LBL 01
05 CLX
06 7
07 VIEW Y          ───── Tastendruck ■ [VIEW] [·] [Y] ohne Alpha-Modus
08♦LBL 02
09 DSE X           ───── Tastendruck [XEQ] [ALPHA] DSE [ALPHA] [·] [X]
                                                     ohne Alpha-Modus
```

```
10 GTO 02
11 DSP Y
12 GTO 01
13 VIEW Y
14 RCL Z
15 END
```

Benutzeranleitung

Nr.	Anweisung	Tasten
1	Programm eingeben	
2	Startwert eingeben (z. B. 10)	[10]
3	Programm starten	[XEQ] [ALPHA] SCHL [ALPHA]
4	Im Sekundentakt wird bis auf Null gezählt (Anzeige 0,0000)	

Die Funktion [←] beendet das Anzeigen und bringt den Inhalt des X-Registers (eingegebener Endwert) wieder in die Anzeige.

2.8 Unterprogramme

Es kommt häufig vor, daß sich innerhalb eines Programms eine bestimmte Tastenfolge mehrmals wiederholt. Wenn es sich dabei um identische aufeinanderfolgende Programmschritte handelt, kann dieser Teil als Unterprogramm ausgeführt werden. Ein solches Unterprogramm wird durch die Funktion XEQ, gefolgt von einer globalen oder lokalen Marke, aufgerufen.

Die XEQ-Anweisung bewirkt ebenso wie GTO, daß die Ausführung eines Programms zu der im Anschluß an XEQ bezeichneten Marke verzweigt. Der Unterschied zu GTO besteht darin, daß der Rechner nach Ausführung des mit dieser Marke gekennzeichneten Unterprogramms beim nächsten RTN oder END nicht anhält, sondern in das Hauptprogramm zurückspringt. Diese Ausführung des Hauptprogrammes wird ab der Anweisung fortgesetzt, die auf den XEQ-Befehl folgt. Das nachstehende Schema zeigt die unterschiedliche Wirkung von GTO und XEQ:

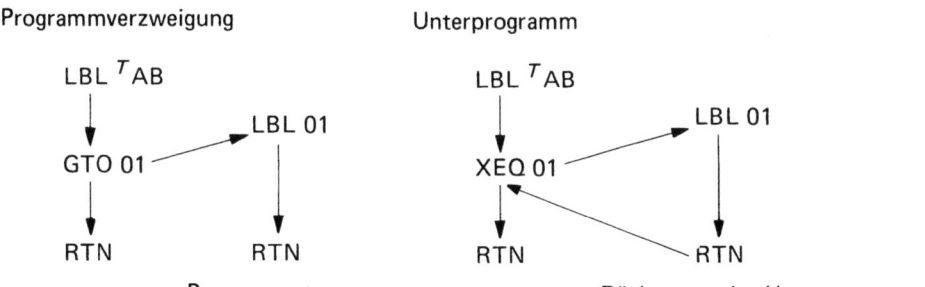

Programmverzweigung — Programmstop

Unterprogramm — Rücksprung ins Hauptprogramm

Wenn Sie anhand des linken Diagramms das Programm AB starten, führt der Rechner die aufeinanderfolgenden Programmanweisungen aus. Bei Erreichen der Anweisung GTO 01 wird die Programmausführung unterbrochen und der Speicher nach der Marke LBL 01 abgesucht. Ab dieser Stelle wird die sequentielle Ausführung aufeinanderfolgender Programmschritte fortgesetzt, bis der Rechner auf eine RTN- oder END-Anweisung trifft. Zu diesem Zeitpunkt hält der Rechner an.

Tritt im Verlauf der Programmausführung die Anweisung XEQ 01 auf, sucht der Rechner ebenfalls den Programmspeicher auf das erste Auftreten von LBL 01 ab und setzt ab dieser Stelle die Ausführung der einzelnen Programmschritte fort. Wenn der Rechner jetzt in der Folge auf eine RTN- oder END-Anweisung trifft, bricht er die Programmausführung nicht ab, sondern setzt sie im Hauptprogramm mit der nächsten auf XEQ 01 folgenden Anweisung fort.

Wie Sie sehen, besteht der einzige Unterschied zwischen dem Unterprogramm und einer normalen Programmverzweigung im anschließenden Rücksprung zum Hauptprogramm nach Ausführung von RTN oder END. Nach einer Programmverzweigung mit GTO hält RTN oder END ein laufendes Programm an; in der Folge von XEQ bewirkt die nächste RTN- oder END-Anweisung den Rücksprung in das Hauptprogramm, wo der Rechner die sequentielle Ausführung der Programmschritte bis zur nächsten RTN- oder END-Anweisung fortsetzt. Sie können die gleiche Routine innerhalb eines Programmes mit GTO als auch mit XEQ beliebig oft verwenden.

Unterprogramme und das Suchen nach Marken

Es gibt grundsätzlich zwei Arten von Unterprogrammen, die Sie in Ihren Programmen verwenden können.

1. Numerische Marken und lokale Alpha-Marken (A bis J und a bis e) werden für Unterprogramme innerhalb desselben Programmblocks verwendet. Der Rechner sucht den Programmspeicher nach diesen Marken nur innerhalb des augenblicklich laufenden Programms ab. Diese Unterprogramme, die sich innerhalb des Hauptprogrammes befinden, werden mit einer RTN-Anweisung abgeschlossen. Der Grund hierfür liegt darin, daß das Hauptprogramm eine eigene Anfangsmarke hat und mit einer END-Anweisung abgeschlossen wurde. Wenn sich jedoch das Unterprogramm am Ende des Hauptprogrammes befindet, kann es durch die END-Anweisung abgeschlossen werden.

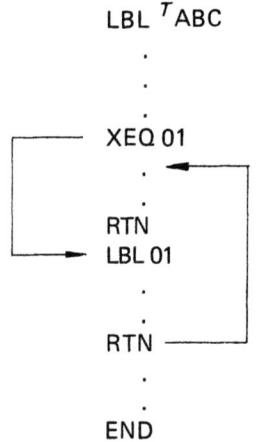

Dieses Unterprogramm hat eine numerische Marke und wird mit RTN abgeschlossen.

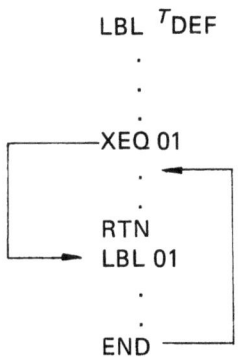

Dieses Unterprogramm hat eine numerische Marke; da es sich jedoch am Ende des Hauptprogrammes befindet, wird es mit END abgeschlossen.

2. Alpha-Marken werden im allgemeinen für Unterprogramme verwendet, die sich außerhalb des Hauptprogrammes befinden. Der Rechner sucht den gesamten Programmspeicher beginnend mit der letzten Alpha-Marke aufsteigend ab. Wird die gesuchte Marke nicht gefunden, so erscheint NONEXISTENT in der Anzeige. Diese Unterprogramme werden gewöhnlich mit einer END-Anweisung abgeschlossen, da sie als selbständige Programme im Programmspeicher stehen müssen.

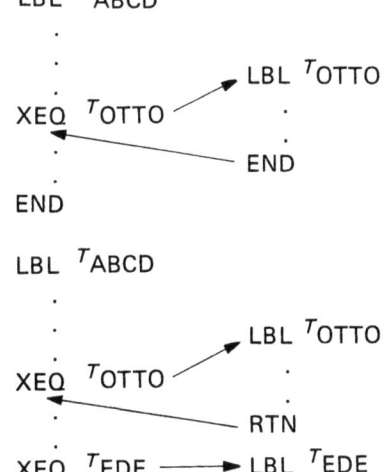

Dieses Unterprogramm hat eine Alpha-Marke und wird mit END abgeschlossen.

Diese zwei Unterprogramme haben Alpha-Marken. Sie sind aber zu einem einzigen „Programm" zusammengefaßt. In diesem Fall muß nur das letzte Unterprogramm mit einer END-Anweisung abgeschlossen werden.

Beispiel 2-7

Das folgende Programm berechnet die mittlere Steigung einer Funktion f(x) zwischen den Punkten x_1 und x_2. Die Funktion in diesem Beispiel lautet

$$f(x) = x^2 - \ln(x^2 + e^{-x})$$

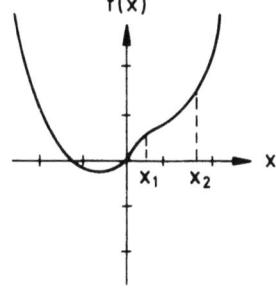

Die Lösung für die mittlere Steigung von f(x) wird wie folgt berechnet:

$$\frac{f(x_2) - f(x_1)}{x_2 - x_1} = \frac{[x_2^2 - \ln(x_2^2 + e^{-x_2})] - [x_1^2 - \ln(x_1^2 + e^{-x_1})]}{x_2 - x_1}$$

Wie aus diesem Ausdruck zu erkennen ist, beinhaltet die Lösung eine zweifache Berechnung des Ausdruckes $x^2 - \ln(x^2 + e^{-x})$. Da die Routine zur Berechnung von $f(x_1)$ einen Großteil der Programmschritte umfaßt, die auch zur Berechnung von $f(x_2)$ verwendet werden, ist es sinnvoll, für diesen Teil beider Routinen ein Unterprogramm vorzusehen.

Wenn das Programm die Anweisung XEQ 01 in Zeile 05 erreicht, wird die Programmausführung mit LBL 01 in Zeile 13 und der Berechnung von $f(x_1)$ fortgesetzt. Wenn der Rechner die END-Anweisung in Zeile 25 erreicht, erfolgt ein Rücksprung in das Hauptprogramm, wo die Ausführung mit der ersten, XEQ 01 folgenden Anweisung fortgesetzt wird. In Zeile 08 wird nach XEQ 01 wiederum die Programmausführung mit LBL 01 in Zeile 13 fortgesetzt. Nachdem der Rechner das mit LBL 01 beginnende Unterprogramm ein zweites Mal durchlaufen hat, erfolgt nach der END-Anweisung in Zeile 25 ein Rücksprung in das Hauptprogramm, wo das Programm mit der ersten Anweisung, die auf die letzte XEQ 01-Anweisung folgt, sequentiell fortgesetzt wird.

Gegeben sind die Wertepaare:

$x_1 = 0$ 0,55 1,25 2
$x_2 = 0,5$ 1,15 1,75 3

Anweisungsliste zu Beispiel 2-7

```
01◆LBL "GRPH"        09 +              17 LASTX
02 STO 00            10 RCL 00         18 X↑2
03 X<>Y              11 /              19 +
04 ST- 00            12 RTN            20 LN
05 XEQ 01            13◆LBL 01         21 CHS
06 CHS               14 ENTER↑         22 X<>Y
07 X<>Y              15 CHS            23 X↑2
08 XEQ 01            16 E↑X            24 +
                                       25 .END.
```

Benutzeranleitung

Eingeben der Wertepaare und anschließend das Programm starten

[0] [ENTER] [0] [·] [5]
[XEQ] [ALPHA] GRPH [ALPHA]
[0] [·] [5] [5] [ENTER] [1] [·] [1] [5]
[XEQ] [ALPHA] GRPH [ALPHA]   etc.

Ergebnisse: 0,8097; 0,6623; 1,8804; 4,2168

2.8.1 Grenzen bei der Verwendung von Unterprogrammen

Ein Unterprogramm kann ein zweites Unterprogramm aufrufen, das dann wiederum seinerseits ein Unterprogramm aufrufen kann. Die Verschachtelung solcher Unterprogramme ist lediglich durch die maximale Anzahl von [RTN]- oder [END]-Anweisungen eingeschränkt, die sich der Rechner intern „merken" kann. Der HP-41C/CV kann sich bis zu sechs noch auszuführende Rücksprungsbefehle merken, kann also aus einer sechsten Unterprogrammebene zum Hauptprogramm zurückkehren.

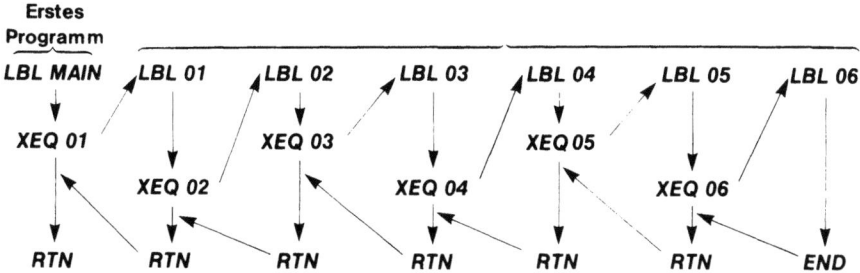

Wird ein Unterprogramm manuell vom Tastenfeld aus aufgerufen, wird ■ [RTN] gedrückt, oder wird SIZE durchgeführt, gehen alle gespeicherten, noch auszuführende RTN- und END-Rücksprunginformationen verloren.

2.8.2 Standard-Unterprogramm-Routinen

Beispiel 2-8

Unterprogramme zur Löschung von Datenblöcken

Dieses Programm löscht eine beliebige Anzahl von Datenregistern. Die Löschroutine „REG" beginnt bei R00 und wird bis R_{nn} wirksam. Bevor Sie das Programm starten, wird die Anzahl der zu löschenden Register mit [ENTER↑] ins X-Register eingegeben. Drücken Sie dann:

[XEQ] [ALPHA] REG [ALPHA]

Bei der Löschroutine „REG1" können Sie den Datenblock, der gelöscht werden soll, frei definieren. Sie geben den Anfangs- und den Endwert dieses Datenblocks im Format AAA.EEE ins X-Register ein und drücken dann:

[XEQ] [ALPHA] REG1 [ALPHA]
(AAA = Anfangswert; EEE = Endwert)

Anweisungsliste zu Beispiel 2-8

```
01♦LBL "REG"          09♦LBL "REG1"
02 STO 00             10 0
03 CLX                11♦LBL 02
04♦LBL 01             12 STO IND Y
05 STO IND 00         13 ISG Y
06 DSE 00             14 GTO 02
07 GTO 01             15 .END.
08 RTN
```

Beispiel 2-9
Unterprogramm zum Kopieren von Datenblöcken

Dieses Programm kopiert den Inhalt des gewünschten Datenblocks in einen definierten zweiten Block. Sie geben den Anfangs- und den Endwert des Datenblocks, der kopiert werden soll, im Format AAA.EEE ins X-Register ein. Anschließend drücken Sie [ENTER↑] und geben die Anfangsadresse des zweiten Datenblocks an. Drücken Sie dann:

[XEQ] [ALPHA] DUP [ALPHA]

Anweisungsliste zu Beispiel 2-9

```
01◆LBL "DUP"           06 1
02◆LBL 03              07 +
03 RCL IND Y           08 ISG Y
04 STO IND Y           09 GTO 03
05 RDN                 10 .END.
```

Beispiel 2-10
Unterprogramm zur Ermittlung der Speicherbereichsverteilung (SIZE)

Dieses Programm ermittelt Ihnen die Speicherbereichsverteilung (SIZE). Es ist direkt verwendbar für den HP-41C oder für jegliche Konfiguration durch Änderung der Zeile 3.

Erweiterungsmodule:	0	1	2	3	4
Zeile 3:	32	64	128	128	256

Starten des Programmes:

[XEQ] [ALPHA] SZ [ALPHA]

Anweisungsliste zu Beispiel 2-10

```
01◆LBL "SZ"            07 2              13 CHS
02 -1                  08 /              14 X≠0?
03 256                 09 INT            15 GTO 01
04◆LBL 01              10 SF 25          16 FS?C 25
05 ST+ Y               11 ARCL IND Y     17 SIGN
06 ABS                 12 FC? 25         18 +
                                         19 END
```

Beispiel 2-11
Unterprogramm zum Drucken von Überschriften

Mit diesem Programm haben Sie die Möglichkeit, doppelt große Buchstaben zu drucken. In Zeile 04 wird mit Flag 55 gefragt, ob der Drucker angeschlossen ist. Ist dies der Fall, wird mit dem Befehl PRA das Alpha-Register ausgedruckt. Wenn nicht, wird in Zeile 06 Flag 12 direkt gelöscht.

Eingeben von Alpha-Zeichen (z. B. Kreisbogen) und starten des Programms mit [XEQ] [ALPHA] TITEL [ALPHA]

Anweisungsliste zu Beispiel 2-11

```
01♦LBL "TITEL"              KREISBOGEN:
02 ADV
03 SF 12                    ALPH = 63,6451
04 FS? 55                   DELA = 49,1232
05 PRA                      DELE = 45,5097
06 CF 12
07 ADV                      TAUG = 28,3718
08 END                      TL   = 42,8985
                            SKR  = 96,1264
```

Beispiel 2-12

Unterprogramm zum Drucken von Text mit Ergebnis

Eingabe von Alpha-Zeichen z. B. FLAECHIN. = in das Alpha-Register und 706,8583 ins X-Register. Nach Starten des Programms mit [XEQ] [ALPHA] TE [ALPHA] erhalten Sie im Alpha-Register

```
FLAECHIN.=706.8583
WIDERSTDM.=2,650.7188
FLAECHENTR.=39,760.7820
WIDERST.=45
```

Anweisungsliste zu Beispiel 2-12

```
01♦LBL "TE"
02 ARCL X
03 PRA
04 TONE 0
05 END
```

Mit diesem Programm können Sie beliebige Texte mit Ergebnis ausdrucken. Der Befehl [ARCL] X bewirkt, daß der Wert vom X-Register ins Alpha-Register transferiert und an den bestehenden Alpha-String angefügt wird.

Anwendung im Hauptprogramm	Starten des Programmes
LBL ^{T}ABCD	[XEQ] [ALPHA] TE [ALPHA]
.	
.	
.	
OBERFLAECHE =	
XEQ TE	
VOLUMEN =	
XEQ TE	
.	
.	
.	

Beispiel 2-13
Unterprogramm zur Druckausgabeformatierung

Mit diesem Unterprogramm haben Sie die Möglichkeit, die Druckausgabe zu formatieren (Text mit Ergebnis, bzw. nur Ergebnis). Die Kontrollzahl für SKPCHR muß jeweils ins X-Register eingegeben werden. Wenn Sie z. B. das Wort „ENDWERT" eingeben und mit zwei Leerzeichen (Space) versehen, muß die SKPCHR Kontrollzahl 12 betragen, falls Sie die gesamte Breite des Druckerstreifens (24 Zeichen) ausnutzen möchten. Zur Berechnung der Kontrollzahl wurde folgende Formel verwandt:

$$S = 21 - (A + DSP)$$

A = Anzahl der Alphazeichen
DSP = Anzahl der Stellen in der Anzeige $\hat{=}$ FIX-MODE

Die Formel benutzt 21 anstatt 24 Zeichen, da 1 für das Vorzeichen von X, 1 zur Druckformatierung (z. B. 0,61) und 1 für den Dezimalpunkt verwendet werden.

Alpha-Strings mit verschiedenen Längen werden entsprechend mit Leerzeichen (Space) eingegeben, da der Print Buffer diese dann als eine gleichbleibende Länge ansieht.

Anweisungsliste zu Beispiel 2-13

```
01♦LBL "AB"        07 ASS           13 RDN
02 CF 29           08 LOG           14 ACX
03 RCL Y           09 INT           15 PRBUF
04 INT             10 -             16 SF 29
05 X=0?            11 ACA           17 RTN
06 ISG X           12 SKPCHR        18 .END.
```

Druckerausgabe zu Beispiel 2-13

```
    1.0000     2.0000           HAUPTTAN.=   124578.0000
   50.0000     0.45789630       RADIUS   =      155.3000
  250.0000     0.00023569       GAMMA    =       11.0000
 4568.0000     0.00000046       BOGEN    =      100.0000
33457.0000     0.47895260       DELA     =    89456.1200
789456.0000                     SL       =        0.0011
```

Das linke Bild zeigt die Druckausgabeformatierung ohne Alphazeichen ausgegeben. Wichtig ist, daß im Alpha-Register keine Zeichen stehen. Als Leerzeichen wurde die Kontrollzahl 10 eingegeben ($\hat{=}$ 10 Stellen vor dem Komma). Bei diesem Beispiel wurde ab der Eingabe 0,45789630 das Format FIX8 gewählt.

Im rechten Bild wurde Text mit Ergebnis ausgegeben. Sie können in der gleichen Art und Weise wie bei der Ergebnisausgabe ohne Text vorgehen, nur müssen jeweils in das Alpha-Register die Alpha-Strings eingegeben werden, die gedruckt werden sollen. Bei den folgenden Eingabebeispielen wird vorausgesetzt, daß das Programm auf die Taste [LOG] gelegt wurde; sonst muß das Programm jeweils mit [XEQ] [ALPHA] AB [ALPHA] aufgerufen werden.

Eingabebeispiel zum linken Bild:
```
   1 [ENTER↑] 10 [LOG]
  50 [ENTER↑] 10 [LOG]
 250 [ENTER↑] 10 [LOG]
4568 [ENTER↑] 10 [LOG]
```

Eingabebeispiel zum rechten Bild:

[ALPHA] HAUPTTAN. = [ALPHA] 124578   [ENTER↑] 7 [LOG]
[ALPHA] RADIUS   = [ALPHA] 155,3   [ENTER↑] 7 [LOG]   (vor = mit [ALPHA]
                                                        [SPACE] [ALPHA]
                                                        2 space eingeben)
[ALPHA] GAMMA   = [ALPHA] 11   [ENTER↑] 7 [LOG]   (vor = 3 space eingeben)
[ALPHA] BOGEN   = [ALPHA] 100   [ENTER↑] 7 [LOG]   (vor = 3 space eingeben)
.
.
.

2.9 Flags

Neben den Vergleichsbefehlen (x > y, x ≠ 0 usw.) können Sie auch sogenannte „Flags"
für die Programmierung von Verzweigungen oder bedingt auszuführenden Operationen
verwenden. Diese Flags sind rechnerinterne Einrichtungen, die wie ein Schalter funktionieren und wahlweise gesetzt oder gelöscht sein können. Sie können dann im Rahmen
eines Programms das Flag mit einer speziellen Tastenfunktion auf seinen Zustand prüfen,
d. h. feststellen, ob es gesetzt ist oder nicht. In Abhängigkeit von der Stellung des Flags
können dann innerhalb des Programms Entscheidungen getroffen und Verzweigungen
ausgeführt werden. Der HP-41C/CV verfügt über 56 Flags, die vom Anwender gesetzt,
gelöscht oder geprüft werden können. Die Flags 30 bis 55 sind jedoch Systemflags, die
zwar gesetzt, aber nicht verändert werden können. Wenn Sie Flags setzen (das heißt einschalten) möchten, müssen Sie ■ [SF] (Flag setzen) und anschließend eine zweistellige
Flagnummer (00 bis 55) eingeben. So wird beispielsweise Flag 2 mit der folgenden Tastenfolge gesetzt:

■ [SF] 02

Die Anweisung ■ [CF] (Flag löschen) wird zum Löschen der Flags verwendet. Um Flag 2
zu löschen, drücken Sie:

■ [CF] 02

Sie können bei der Verwendung von Flags mit der Anweisung ■ [FS?] (ist Flag gesetzt?)
Bedingungen programmieren, die in Abhängigkeit vom Zustand des entsprechenden Flags
erfüllt oder nicht erfüllt sind. Wenn eines der Flags mit ■ [FS?] geprüft wird, führt der
Rechner den nachfolgenden Programmbefehl aus, wenn das Flag gesetzt ist (d. h. die Antwort auf die Testfrage „Ja" lautet). Ist das entsprechende Flag dagegen gelöscht und damit die Bedingung nicht erfüllt (die Antwort auf die Testfrage also „Nein"), überspringt
der Rechner die nachfolgende Anweisung, bevor er mit der Ausführung der weiteren Programmschritte fortfährt.

Ist Flag 02 gesetzt?

Falls Ja, Programm-Ausführung mit nachfolgender Anweisung fortsetzen.

Falls Nein, eine Zeile überspringen und anschließend die Programmausführung fortsetzen.

Wird eine Flag-Abfrage manuell vom Tastenfeld ausgeführt, erscheint als Antwort YES (Ja) oder NO (Nein) in der Anzeige.

Drei weitere Flag-Funktionen sind zwar nicht dem Tastenfeld zugewiesen, können aber im User-Modus einer Taste zugeordnet werden. Diese Flag-Funktionen sind:

FC?   Flag prüfen, ob es gelöscht ist
FS?C Flag prüfen, ob es gesetzt ist und anschließend löschen
FC?C Flag prüfen, ob es gelöscht ist, und anschließend löschen

Die beiden letztgenannten Prüffunktionen enthalten neben der Prüfung der Bedingung noch eine zusätzliche Funktion. Diese — nämlich [FS?C] (= Flag prüfen, ob gesetzt, und löschen) und [FC?C] (= Flag prüfen, ob gelöscht, und löschen) — löschen das bezeichnete Flag im Anschluß an die Prüfung.

Verwendung von Flags

Wie bei den Vergleichsoperationen wird auch mit Flags die Möglichkeit geschaffen, einzelne Programmzeilen entweder auszuführen oder zu überspringen. Im Gegensatz zu den X-Y und X-0 Vergleichsoperationen, die zwei Werte miteinander vergleichen, geben die Flags Auskunft an den Rechner, ob eine bestimmte Operation oder ein bestimmter Typ von Operation stattgefunden hat oder nicht.

Beispiel 2-14

$f_1(x) = \sqrt{12{,}5 + x^2}$ und $f_2(x) = \dfrac{5}{\sqrt{12{,}5 + x^2}}$

Die Funktionen sollen mit Flags über die Label AB und DE eingegeben werden. Je nach verwendetem Flag sind verschiedene Programmabläufe möglich. Jeweils sei $\sqrt{12{,}5 + x^2}$ über Label AB und $\dfrac{5}{\sqrt{12{,}5 + x^2}}$ über Label DE aufzurufen.

Wird das Programm mit Label DE gestartet, so wird in Zeile 02 Flag 00 gesetzt. Bei der Abfrage in Zeile 08 „Ist Flag 00 gesetzt" lautet die Antwort ja; das Programm verzweigt dann in Zeile 09 mit dem Befehl GTO 01 zum Label 01 und fährt dort mit dem Programm für $f_2(x)$ fort. Das Programm zur Berechnung von $f_1(x)$ wird mit Label AB gestartet. Lautet die Antwort auf die Frage in Zeile 08 „Ist Flag 00 gesetzt" dann „Nein", so wird eine Programmzeile übersprungen und das Programm ab Zeile 10 bis zur nächsten RTN-Anweisung sequentiell abgearbeitet.

Anweisungsliste zu Beispiel 2-14

```
01*LBL "DE"        07 SQRT           13 RTN            19 ARCL X
02 SF 00           08 FS? 00         14*LBL 01         20 AVIEW
03*LBL "AB"        09 GTO 01         15 1/X            21 CF 00
04 X↑2             10 "F1="          16 5              22 END
05 12.5            11 ARCL X         17 *
06 +               12 AVIEW          18 "F2="
```

Benutzeranleitung

Nr.	Anweisung	Tasten
1	Programm eingeben	
2	Variable (x) eingeben	
3	Programm starten für $f_1(x)$	[XEQ] [ALPHA] AB [ALPHA]
	Ergebnis F1 =	
4	Variable (x) eingeben	
5	Programm starten für $f_2(x)$	[XEQ] [ALPHA] DE [ALPHA]
	Ergebnis F2 =	

Zahlenbeispiele:

x	$f_1(x)$	$f_2(x)$
2	4,0620	1,2309
5,6	6,6227	0,7550
8	8,7464	0,5717
140	140,0446	0,0357

2.9.1 HP-41C/CV Anwender- und Systemflags

Die folgenden Abkürzungen bedeuten:

S = gesetzt (set)
C = gelöscht (clear)
M = von Continuous Memory aufrechterhalten
n.a. = nicht anwendbar für den Benutzer

Flag-Nr.	Flag-Name	Beschreibung	Zustand beim Einschalten
0 bis 10	Allgemeine Anwenderflags	Status der Flags 00 bis 04 erscheint in der Anzeige als Indikator.	M
11	Autostart	War das Flag beim Ausschalten des Rechners gesetzt, beginnt die Ausführung des Programms an der Stelle, an der sich der Programmzeiger beim Ausschalten befand.	C

Flag-Nr.	Flag-Namen	Beschreibung	Zustand beim Einschalten
12	doppelt große Buchstaben	Wenn das Flag gesetzt ist, werden sämtliche Buchstaben doppelt so groß wie normal gedruckt (Thermodrucker 82143A)	C
13	Kleinbuchstaben	Wenn das Flag gesetzt ist, werden Kleinbuchstaben gedruckt (Thermodrucker 82143 A).	C
14	Magnetkarten neu überschreiben	Wenn das Flag gesetzt ist, können geschützte Magnetkarten neu überschrieben werden.	C
15 bis 20	zukünftige Peripherie-Flags	Flags für zukünftige Peripherie; können jedoch als Anwenderflags benutzt werden.	C
21	Druckersteuerungs-Flag	Wird beim Einschalten an Flag 55 angepaßt. Wenn das Flag gelöscht ist, werden sämtliche Druckeranweisungen in solche für die Anzeige umgesetzt. Ist es gesetzt, versucht der Rechner zu drucken.	C
22	Numerische Eingabe	Wird gesetzt, wenn numerische Daten vom Tastenfeld eingegeben werden.	C
23	Alpha-Zeichen Eingabe	Wird gesetzt, wenn Alpha-Zeichen vom Tastenfeld eingegeben werden.	C
24	Bereichsfehler-ignorier-Flag	Wenn gesetzt, werden Unter- oder Überlauffehlermeldungen (Out of Range) unterdrückt.	C
25	Arithmetik-ignorier-Flag	Wenn das Flag gesetzt ist, werden Fehlermeldungen (z. B. Division durch $0 => $ Data Error) ignoriert. Nach dem Auftreten des Errors wird das Flag automatisch gelöscht.	C
26	Steuerungs-Flag für akustisches Signal	Wenn das Flag gelöscht ist, wird der akustische Signalgeber unterdrückt.	S
27	User-Modus-Flag	Beim Setzen des Flags wird der User-Modus eingeschaltet.	C
28	Dezimalpunkt-Flag	Wenn das Flag gelöscht ist, erscheint Dezimalkomma (1.413,70).	M
29	Zifferngruppierungs-Flag	Wenn das Flag gelöscht ist, werden die Kommas/Punkte zwischen den Tausendergruppen unterdrückt.	M

Die nächsten Flags des HP-41C/CV sind die sogenannten Systemflags. Nur der Rechner kann sie löschen oder setzen; jedoch können diese Flags im Programm mit FS? und FC? auf ihren Zustand abgefragt werden.

Flag-Nr.	Flag-Name	Beschreibung	Zustand beim Einschalten
30	Katalog-Flag	Wird für die Katalog-Funktion verwendet.	n.a.
31 bis 35	Peripherie-Flags	Wird rechnerintern für Peripheriegeräte benötigt.	n.a.
36 bis 39	Stellenzahlflags	Zusammen verwendet zur Bestimmung der angezeigten Dezimalstellen im FIX, SCI oder ENG.	M
40	FIX-Anzeige-Flag	Wenn gesetzt, wird im FIX-Format angezeigt.	M
41	ENG-Anzeige-Flag	Wenn gesetzt, wird im ENG-Format angezeigt. (Wenn das Flag 40 und 41 gelöscht ist, erscheint das SCI-Format.)	M
42	Grad-Modus-Flag	Wenn das Flag gesetzt ist, ist der Rechner im Grad-Winkel-Modus.	M
43	Rad-Modus-Flag	Wenn gesetzt, ist der Rechner im Bogenmaß-Winkel-Modus. (Wenn Flag 42 und 43 gelöscht sind, ist der Rechner im DEG-Modus.)	M
44	Einschaltungsdauer-Flag	Wenn das Flag gelöscht ist, wird der Rechner nach ca. 10 Minuten abgeschaltet.	n.a.
45	Dateneingabe-Flag	Intern für die Dateneingabe verwendet.	n.a.
46	Tasten-Teilfolge-Flag	Intern für Ausführung von Funktionen verwendet.	n.a.
47	SHIFT-Flag	Intern für den SHIFT-Modus verwendet.	n.a.
48	Alpha-Modus-Flag	Gesetzt, falls der Rechner im Alpha-Modus ist.	C
49	Batterie-Kontroll Flag	Gesetzt, wenn die Batteriespannung zu niedrig ist (Anzeige = BAT-Indikator).	n.a.
50	Meldungs-Flag	Ist gesetzt, wenn eine Fehlermeldung im X- oder im Alpha-Register angezeigt wird.	n.a.
51	SST-Flag	Intern für Einzelschritt-Programmausführung verwendet.	n.a.

Flag-Nr.	Flag-Name	Beschreibung	Zustand beim Einschalten
52	PRGM-Modus	Kontrolle des PRGM-Modus.	C
53	Ein-/Ausgabe Flag	Ist gesetzt, wenn Peripheriegeräte bereit sind (I/O-handshake).	n.a.
54	Pause-Flag	Gesetzt, wenn PAUSE ausgeführt wird.	n.a.
55	Drucker-Anwesenheit-Flag	Arbeitet mit Flag 21 in Übereinstimmung.	C/S

Beispiel 2-15
Flag 11 (Autostart ohne Magnetkarte)

LBL ^{T}ABC	Wenn die Berechnung beendet ist, wird der Rechner durch die Funktion
SF 11	OFF ausgeschaltet. Durch Setzen des Flags 11 in Zeile 2 wird nach erneu-
.	tem Einschalten des Rechners das Programm nach dem OFF-Befehl sequen-
.	tiell fortgesetzt. Durch den daraufffolgenden Befehl GTO ^{T}ABC verzweigt
.	der Rechner wieder zum Programmanfang.
OFF	
GTO ^{T}ABC	

Beispiel 2-16
Flag 22 (Numerischer Eingabeflag)

LBL ^{T}DEG	Wird nach Drücken von [R/S] der Wert aus dem Register 00 nicht verän-
MWST =	dert (also Eingabeflag 22 nicht gesetzt), so wird das Programm sequentiell
ARCL 00	fortgesetzt. Wird dagegen der Wert aus dem Register 00 geändert (Daten-
⊢ DM?	eingabeflag 22 gesetzt), verzweigt das Programm mit dem Befehl XEQ 01
PROMPT	zur Unterprogrammrechenroutine 01.
FS?C22	Vorteil: Durch dieses Eingabeverfahren kann die Rechenzeit optimiert
XEQ 01	werden.
GVST =	
. .	

Beispiel 2-17
Flag 47 (SHIFT-Flag)

LBL 01	Bei dieser angegebenen Eingabeschleife besteht die Möglichkeit, die Vor-
PSE	taste ■ (SHIFT) zur Programmsteuerung zu nutzen. So wird die im X-Re-
FS?47	gister stehende Zahl als neue Eingabe gewertet, wenn ■ betätigt wird.
SF 22	Zu beachten ist, daß nach Beendigung des Programmablaufes SHIFT in der
FC?C22	Anzeige erhalten bleibt. Durch abermals Drücken der ■-Taste wird diese
GTO 01	gelöscht.

2.10 Indirekte Adressierung

Die indirekte Adressierung ist eine grundlegende Eigenschaft, die einem Computer oder programmierbaren Rechner ein hohes Maß an Leistungsfähigkeit verleiht. Die indirekte Adressierung erlaubt die Durchführung ganzer Programmbereiche gleicher Operationen mit unterschiedlichsten Datensätzen. Die Daten werden dabei einfach indirekt adressiert, d. h. ihre wirkliche aktuelle Adresse ist in einem anderen Register, dem Indexregister, abgespeichert. In der gleichen Art und Weise können die Daten natürlich auch abgespeichert werden. Nur durch die Änderung der Zahl im Indexregister (Ändern der Adresse) werden sofort andere Datenregister angesprochen.

Der HP-41C/CV kann jedes Register, einschließlich der Stack-Register und des Last X-Registers, als Indexregister benutzen. Mit anderen Worten: Die Adresse des tatsächlich gewünschten Registers (dort, wo der zu verwendende Datensatz abgespeichert ist) läßt sich in jedes andere Register einspeichern. Über dieses Zwischenregister — das Indexregister — läßt sich dann indirekt der gewünschte Datensatz ansprechen. In der Befehlsfolge für das indirekte Speichern oder Rufen eines Datensatzes muß lediglich nach der Taste [STO] oder [RCL] die Shifttaste ■ betätigt werden; in der Anzeige erscheint dann STO IND — —, (bzw. RCL IND — —). Die beiden markierten Freistellen (— —) weisen darauf hin, daß die Adresse des Indexregisters noch einzutasten ist.

Ein Beispiel: Zunächst wird durch 15 [STO] 05 die gewünschte Registeradresse 15 in das indirekte Adreßregister 05 gespeichert. Dann wird der Wert 1450 in die Anzeige (X-Register) eingegeben und durch die Befehlsfolge [STO] ■ (für IND) 05 der Wert von X-Register in das Register 15 abgespeichert. Umgekehrt bringt die Befehlsfolge [RCL] ■ 05 den Inhalt des Registers 15 wieder in die Anzeige.

Falls die Anzeige einen Alpha-String enthält oder ein solcher aufgerufen werden soll, ist dementsprechend [ASTO] bzw. [ARCL] einzutasten. Die indirekte Adressierung arbeitet dabei genauso wie bei den numerischen Inhalten (also über die Shift-Taste). Folgende Tastenfolge ist also zu wählen:

[ALPHA] ■ [STO] ■ — — [ALPHA]

Falls das Register, welches mit [ARCL] angesprochen wird, anstelle eines Alpha-Strings doch nur einen numerischen Wert enthält und das Anzeigeformat auf Scientific oder Engineering Notation steht, dann wird der Zehnerexponent mit einem „E" in die Anzeige gebracht. 1.450×10^3 wird also zu 1.450E03.

Beim HP-41C/CV beschränkt sich die indirekte Adressierung nicht nur auf die Befehle STO und RCL sondern auf sämtliche Befehle, die eine Adresse oder einen Befehlsindex besitzen. Das bedeutet, daß die Adresse oder der Befehlsindex in einem Zwischenregister, dem Indexregister, enthalten sein können. Enthält z. B. das Register 12 die Zahl 3, so wird mit der Befehlsfolge TONE ■ 12 die Funktion Tone 3 aufgerufen und ausgeführt. Insgesamt können folgende Operationen indirekt verwendet werden:

ARCL	Zurückrufen von Alpha-Strings in die Anzeige
ASTO	Speichern eines Alpha-Strings
CATALOG	Listet den ausgewählten Befehls-Katalog
CF	Löscht den angegebenen Flag
ENG	Schaltet auf die gewünschte Anzeigeform (Engineering Notation)
FC?	Flag-Abfrage, ob gelöscht
FC?C	Flag-Abfrage, ob gelöscht und löschen
FIX	Schaltet auf Normalanzeige mit der gewünschten Stellenzahl
FS?	Flag-Abfrage, ob gesetzt
FS?C	Flag-Abfrage, ob gesetzt und löschen
GTO	Unbedingter Sprung zu einem numerischen Label (00 bis 99)

RCL	Zurückrufen eines Datenregisters
SF	Flag setzen
SCI	Schaltet auf die gewünschte Anzeigeform (Scientific Notation)
STO	Speichern von Daten (zusätzliche Speicherarithmetik)
TONE	Erzeugt ein akustisches Signal mit den Frequenzen 0 bis 9
VIEW	Zeigt den Inhalt des gewünschten Datenregisters; der Inhalt des X-Registers geht dabei nicht verloren
XEQ	Ausführen von ...
X <> ...	Austausch des X-Registers mit einem gewünschten Datenregister
Σ REG	Definiert das Anfangsregister des Summations-Register-Blocks

Nachdem Sie erfahren haben, wie indirekte Adressierung angewendet wird, sollen weitere Rechner-Funktionen indirekt in einem Programm verwendet werden.

Funktionen wie TONE oder FIX, die eine zusätzliche Eingabe benötigen, können mittels indirekter Adressierung angeben, wie die Funktion auszuführen ist. So kann z. B. die im Index-Register gespeicherte Zahl zusammen mit einer Funktion FIX, SCI oder ENG zur Steuerung des Anzeigeformates verwendet werden. Der Inhalt des Index-Registers darf eine beliebige positive oder negative Zahl von 0 bis 9 sein. Die Tastenfolge, z. B.
■ [SCI] ■ — —, ist insbesondere als Anweisung im Rahmen eines gespeicherten Programms von großem Wert; sie kann aber auch manuell über das Tastenfeld ausgeführt werden.

Beispiel 2-18
Indirekte Steuerung des Anzeigeformates

Das nachstehende Programm druckt zu dem Anzeigeformat SCI je ein Beispiel. Es verwendet eine Unterprogrammschleife mit DSE zur automatischen Änderung der Anzahl auszudruckender Dezimalstellen.

Starten des Programms mit [XEQ] [ALPHA] ABC [ALPHA]

Anweisungsliste zu Beispiel 2-18

```
01◆LBL "ABC"
02 9
03 STO 00
04◆LBL 01
05 SCI IND 00
06 RCL 00
07 PSE
08 PRX
09 DSE 00
10 GTO 01
11 GTO "ABC"
12 END
```

```
9.000000000+00   ***
8.000000000+00   ***
7.00000000+00    ***
6.0000000+00     ***
5.000000+00      ***
4.00000+00       ***
3.0000+00        ***
2.000+00         ***
1.00+00          ***
9.000000000+00   ***
8.000000000+00   ***
7.00000000+00    ***
6.0000000+00     ***
5.000000+00      ***
4.00000+00       ***
3.0000+00        ***
2.000+00         ***
1.00+00          ***
9.000000000+00   ***
```

3 Synthetische Programmierung

Dieses Kapitel soll dem Leser zeigen, was synthetische Programmierung ist und welche Möglichkeiten sie bietet. Das geschieht anhand eines Programmbeispiels, das den Einsatzbereich dieser Art der Programmierung aufzeigt. Das gewählte Programm ist, da zu Demonstrationszwecken geschrieben, im RAM-Speicher des HP-41C/CV allerdings nicht zu benutzen.

3.1 Interner Aufbau des HP-41C/CV

Register-Byte-Bit

Der Zusammenhang zwischen diesen drei Bezeichnungen ist folgender:

    1 Register = 7 Byte = 56 Bit

Der Anwenderspeicher des HP-41C besteht aus 63 Registern in der Grundversion. Der Speicher kann auf die Kapazität des HP-41CV (= 319 Register) erweitert werden.

3.1.1 Daten- und Programmregister

Der Benutzer des Rechners kann die Verteilung des Anwenderspeichers in Daten- und Programmspeicher frei wählen. 1 Datenspeicher entspricht 1 Register. 1 Register im Programmspeicher kann 7 Ein-Byte-Funktionen aufnehmen.

Darstellung der Zahlen in den Datenregistern (incl. Stack)

Zahlen werden immer als 10stellige Mantisse mit 2stelligem Exponenten gespeichert.

Beispiel 3-1

a) 1,23

Interne Darstellung:

0000 0001 0010 0011 0000 0000 0000 0000 0000 0000 0000 0000 0000 0000
+   1   2   3   +

b) 2×10^{-3}

Interne Darstellung:

0000 0010 0000 0000 0000 0000 0000 0000 0000 0000 0000 1001 1001 0111
+   2   −   9   7

(Die Zwischenräume zwischen den Halbbytes sind lediglich zum besseren Erkennen gedacht.)
Für die Vorzeichen gilt: 0000 = + und 1001 = −

Bei negativen Exponenten wird das 100er-Komplement des Exponenten gespeichert.

Das gedachte Komma steht immer zwischen der ersten und zweiten Ziffer.

3.1.1 Die Statusregister

Die Register mit den absoluten Adressen 000–00F sind die Statusregister. Die Register 000–004 beinhalten die Stack-Register und das LAST X-Register.

Die Register 005–008 stellen das Alpha-Register dar. Das Register 009 ist ein temporäres Alpha-Register, in ihm stehen Funktionsbezeichnungen, die mit [XEQ] eingegeben werden.

Im Register 00A stehen die ungeshifteten Key-Assignments.

Die Register 00B–00C beinhalten den Addresspointer und die Unterprogrammrücksprungadressen.

Register 00D enthält die absolute Adresse des ersten Registers des Statistikblocks und die absolute Adresse des ersten Datenspeichers. Byte 3 und die erste Hälfte des Byte 4 sind immer auf 169_{BCD} gesetzt. Abweichungen von dieser Zahl verursachen MEMORY LOST (Master Clear).

Die 56 Bit des Registers 00E stellen die 56 Flags des HP-41C dar.

Flag gesetzt = 1
Flag gelöscht = 0

Im Register 00F letztlich stehen die geshifteten Key-Assignments.

In der folgenden Abbildung ist die Aufteilung der Statusregister dargestellt.

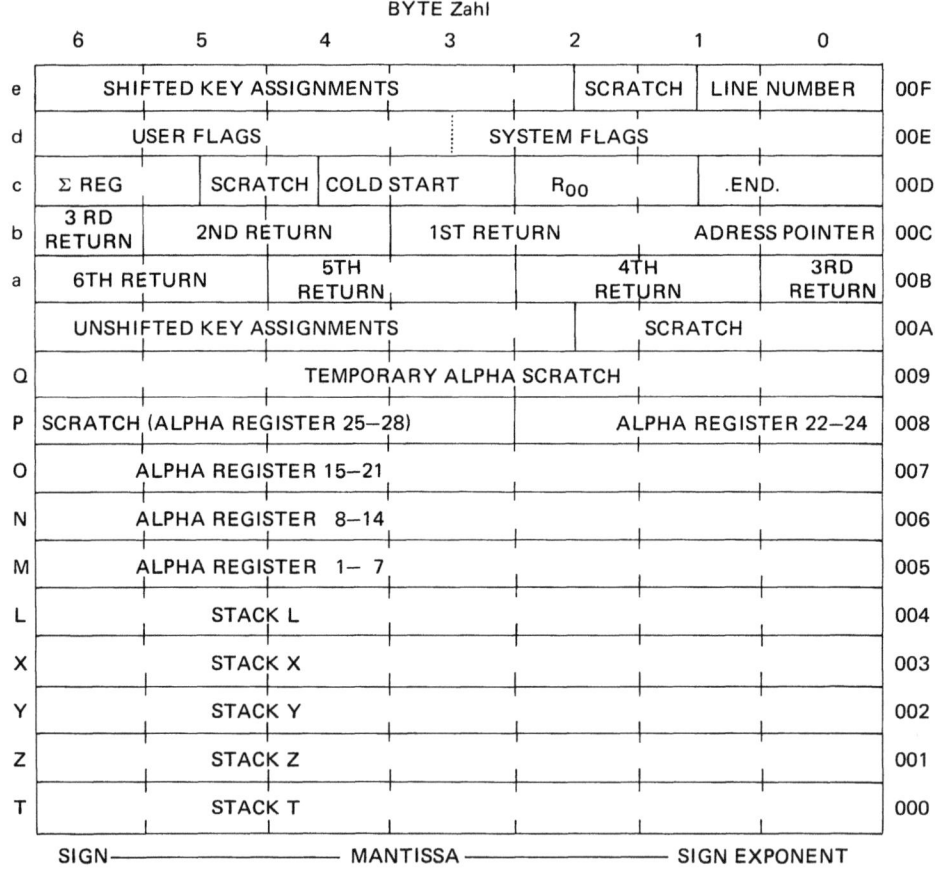

Bild 3-1: Aufteilung der Status-Register

Über folgende absolute Adressen können die Register aufgerufen werden:

000	T	005	M	00A	⊢
001	Z	006	N	00B	a
002	Y	007	O	00C	b
003	X	008	P	00D	c
004	L	009	Q	00E	d
				00F	e

Hinweis:

Wird in Zusammenhang mit Registern von Adresse gesprochen, so ist die relative Adresse gemeint, so wie sie in einem Programmlisting stehen kann. Bei RCL 00 z. B. ist 00 die relative Adresse im Gegensatz zu einer absoluten Adresse.

3.1.3 Der RAM-Bereich

Ab der absoluten Adresse 0C0 beginnt der RAM-Bereich. Zwischen den Statusregistern und dem RAM-Bereich ist eine Adressierungslücke. Bei der absoluten Adresse 0C0 beginnen die Key-Assignment-Register. Ist kein Key-Assignment vorhanden, so gehört Register 0C0 schon zum Programmspeicher. Im höchsten Register 1FF beginnt der Datenspeicher mit der höchsten relativen Adresse, er setzt sich nach unten hin fort bis zu R_{00}. Von da an beginnt der Programmspeicher, der sich auch weiter nach unten hin fortsetzt, bis er an die eventuell existierenden Key-Assignment-Register stößt. Hinter dem letzten Programm steht ein permanentes .END. . Es fungiert als Trennung zwischen Programm- und Key-Assignment-Registern.

3.2 Was ist synthetische Programmierung?

Bild 3-2 erläutert graphisch, welche drei Ebenen der Codierung der HP-41C/CV kennt. Die erste Ebene ist die Ebene, auf der sich der Benutzer mit dem Rechner „unterhält". Die zweite Ebene ist die Ebene, auf der der Rechner Mitteilungen von Peripheriegeräten erhält. Der User-Translator (Benutzer-Übersetzer) übersetzt die Mitteilungen des Benutzers in den Code der zweiten Ebene. Schließlich und endlich übersetzt der Machine-Translator (Maschinen-Übersetzer) noch den Code der zweiten Ebene in den Machine-Microcode (Maschinen-Microcode), den Code der dritten Ebene. Der User-Translator kennt nur ganz bestimmte Befehle und läßt die Eingabe anderer Befehle nicht zu. In Abschnitt 3.1.2 wurde z. B. erwähnt, daß man das Register mit der absoluten Adresse 005 über die relative Adresse M ansprechen kann. Den Befehl STO M kennt der User-Translator jedoch nicht. Folglich ist dieser Befehl für den Benutzer, der nur mit Standardbefehlen programmiert, nicht von Bedeutung.

Die Synthetische Programmierung erlaubt es nun dem Benutzer, sich mit dem Rechner auf der zweiten Ebene zu unterhalten und den User-Translator zu umgehen.

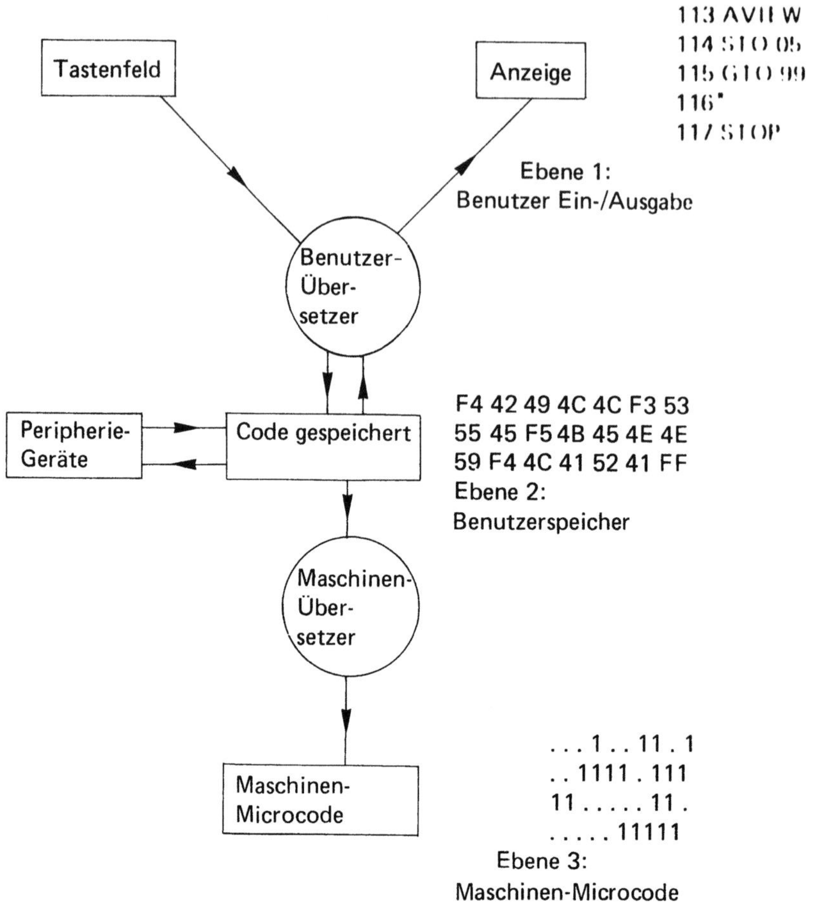

```
                                            113 AVIEW
                                            114 STO 05
Tastenfeld ────────┐      ┌──── Anzeige     115 GTO 99
                   │      │                 116 "
                   ▼      ▲                 117 STOP
                  ╱Benutzer-╲     Ebene 1:
                  │  Über-   │   Benutzer Ein-/Ausgabe
                  ╲ setzer  ╱
                       │
                       ▼
Peripherie-   ⇄   Code gespeichert    F4 42 49 4C 4C F3 53
Geräte                                55 45 F5 4B 45 4E 4E
                                      59 F4 4C 41 52 41 FF
                                      Ebene 2:
                                      Benutzerspeicher
                       │
                       ▼
                 ╱Maschinen-╲
                 │  Über-    │
                 ╲ setzer   ╱
                       │
                       ▼
                 Maschinen-        ...1..11.1
                 Microcode         ..1111.111
                                   11.....11.
                                   .....11111
                                   Ebene 3:
                                   Maschinen-Microcode
```

Bild 3-2: Die Ebenen der Codierung im HP-41C/CV

3.2.1 Die Hex-Code-Tabelle

In den Bildern 3-3 und 3-4 ist die Hex-Code-Tabelle abgebildet. Bild 3-3 (S. 68) zeigt die Bytes 00 bis 7 F, Bild 3-4 (S. 69) die Bytes 80 bis FF.

Die Inhalte der einzelnen Felder bedeuten:

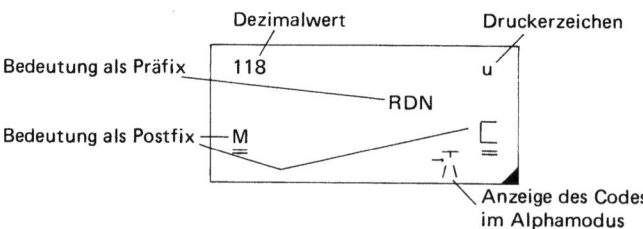

Ein schwarzes Dreieck unten in der Ecke bedeutet, daß es sich bei dem Alpha-Zeichen um ein solches handelt, das in der Anzeige nicht darstellbar ist (Ersatzzeichen ⌧).

Der linke Postfix erscheint in der Anzeige, der rechte auf dem Drucker. Unterstrichene Postfixe sind solche, die nur in Synthetischer Programmierung möglich sind.

Der Standardbefehl RCL 00 ist ein Ein-Byte-Befehl: 20. Dagegen ist der Standardbefehl RCL 20 ein Zwei-Byte-Befehl: 90 14.

Die Postfixe in der 1. Hälfte der Tabelle sind direkte Adressen, die in der 2. Hälfte indirekte.

Beispiel: RCL 20 ist 90 14 codiert, RCL IND 20 dagegen 90 94.

Um den Befehl STO M einzugeben, muß der Code 91 75 erzeugt werden. Hierzu benötigen Sie einen bestimmten Befehl, der Byte-Jumper genannt wird.

Um den Byte-Jumper zu erzeugen, müssen folgende Schritte ausgeführt werden:
1. Beim HP-41C die Erweiterungsmodule entfernen.
2. MEMORY LOST ausführen.
3. SIZE 062 bei dem HP-41C und SIZE 318 bei dem HP-41CV einstellen.
4. Anschließend die Funktion [x <>] mit [ASN] der Taste [LN] und die Funktion [SIN] der Taste [Σ+] zuordnen.
5. Im Programmmodus CATALOG 1 – Funktion ausführen und direkt [R/S] drücken. Es muß .END. REG 00 in der Anzeige erscheinen.
6. DEL 006 und anschließend DEL 001 ausführen. Es erscheint 4093 DEC in der Anzeige. Mit [BST] bis Zeile 4089 [SIN] zurückgehen und zweimal [←] drücken. ([BST] dauert etwa 5 sec)
7. Anschließend [ALPHA] A [ALPHA] einfügen und [GTO] [·] [·] drücken.
8. Auf der [Σ+]-Taste liegt nun der Byte-Jumper.

Bei dieser Methode schreibt man einen bestimmten Code in die Key-Assignment-Register, nämlich den Code F0 F1 A1 01. Somit liegt der Byte-Jumper im USER-Modus auf der [Σ+]-Taste (Anzeige X ROM 05,01).

3.2.2 Arbeitsweise des Byte-Jumpers

Werden in Programmen Alphazeichen eingegeben, so steht vor dem Code für die einzelnen Zeichen ein Byte der Form Fn (n ist die Länge der Alphakette). Bei Ausführung des Programms veranlaßt das Byte Fn den Rechner, die nächsten n Byte ins Alpha-Register zu kopieren. Der Byte-Jumper ist nichts anderes als die Funktion Fn einer Taste zugeordnet, nämlich die Funktion „Die nächsten n Byte aus dem Programmspeicher sind ins Alpha-Register zu kopieren."

Die Arbeitsweise des Byte-Jumpers läßt sich am besten an einem Beispiel erläutern:

Eingaben im Programmodus	Eingaben im Normalmodus	Anzeige
STO 01		01 STO 01
BJ		02 ^{T}BJ
	PRGM (off)	
	BJ (Byte Jumper)	
	PRGM (on)	02 *
RCL IND 17		03 RCL IND 17
RDN		04 RDN
	GTO.002	02 ^{T}B ✗
	←	01 STO 01
	←	00 REG nnn
	SST	01 STO M

Wo kommt der Befehl STO M her? Sehen Sie sich den Code der einzelnen Befehle an:

```
STO 01      31
TBJ         F2 42 4A
```

Wenn ^{T}BJ in der Anzeige sichtbar ist, so steht der Addresspointer auf dem letzten Halbbyte von 31, also auf der 1. Wird jetzt der Byte-Jumper betätigt, so bedeutet das die Ausführung des Befehls F1. (Hätten Sie statt STO 01 STO 02 genommen, so hätte der Byte-Jumper die Wirkung eines F2 gehabt.) Nach dem Code 31 steht das Byte F2. Das wird logischerweise ins Alpha-Register kopiert. Da F2 im Display nicht darstellbar ist, ergibt es ein ⊠, wenn man in den Alphamodus umschaltet. Da der Rechner das F2 jetzt als Alphazeichen behandelt hat, fehlt den Codes 42 und 4A der führende Alphaindikator. Sie werden zu den äquivalenten Befehlen, * und HMS– (siehe Hex-Code-Tabellen Seite 68).

Die Eingabe von RCL IND 17 und RDN führt zu folgendem Registerinhalt:

```
STO 01      31
            (F2) noch vorhanden, wird aber bei der Zeilennumerierung nicht
                 berücksichtigt
  *         42
RCL IND 17  90 91
RDN         75
HMS-        4A
```

Durch den Befehl GTO.002 wird der Programmspeicher neu geordnet und das F2 wieder als Alphaindikator erkannt. Dadurch wird das Präfix 90 (RCL) zum Alphazeichen, er ist in den „Einzugsbereich" des F2 geraten. Dem Postfix 91 (IND 17) fehlt nun das Präfix, also wird es seinerseits zum Präfix, und der Ein-Byte-Befehl wird zum dazugehörenden Postfix.

```
STO 01      31
TB ⊠        F2 42 90
STO M       91 75
HMS-        4A
```

Die überflüssigen Befehle können nun gelöscht werden. Auf diese Art und Weise lassen sich alle nur denkbaren Bytekombinationen herstellen.

3.3 Anwendungsmöglichkeiten

Eine Anwendungsmöglichkeit haben Sie schon kennengelernt: Man kann Statusregister genauso wie normale Datenregister adressieren und darauf zugreifen. Eine weitere Anwendung ist das Eingeben von Sonderzeichen ins Alpharegister. Diese Sonderzeichen können im Display nicht dargestellt werden, aber über den Drucker. Man spart dadurch die Funktion ACCHR (accumulate character).

Beispiel 3-1

Ausdruck von Big Deal # 7 auf dem Drucker

Standardprogramm

```
01 ADV
02 CF 13
03 ᵀB
04 ACA
05 SF 13
06 ᵀIG_     (_ = Leerstelle)
07 ACA
08 CF 13
09 ᵀD
10 ACA
11 SF 13
12 ᵀEAL_
13 ACA
14 35
15 ACCHR
16 ᵀ7
17 ACA
18 PRBUF
```

Das Programm druckt den Text Big Deal # 7. Es umfaßt 39 Byte.

In Synthetischer Programmierung sieht das Programm so aus:

```
01  ᵀB ⌧ ⌧   Dea ⌧   # 7
02  PRA
```

Zeile 01 hat den Code FB 42 69 67 20 44 65 61 6C 20 23 37.

Wenn man in der Hex-Code-Tabelle nachsieht, so erkennt man, daß das genau der Code für die gewünschte Textzeile ist. Das Programm umfaßt in dieser Fassung nur noch 14 Byte!

3.4 Direktzugriff auf ROMs

Sprünge (bedingte und unbedingte) können beim HP-41C/CV nur in Verbindung mit Labels programmiert werden. Es ist nicht möglich, Zeilennummern direkt anzuspringen, da diese Numerierung nur visuell für den Benutzer existiert und im Programmspeicher nirgends gespeichert ist. Dabei ergibt sich folgendes Problem: ROM-Programme haben oft Eingaberoutinen. Ruft man diese Programme als Unterprogramme auf, so bleibt der Rechner stehen und verlangt manuelle Eingaben. Als Unterprogramm sind die ROM-Programme also nicht zu benutzen, abgesehen von einigen Programmen des Mathematik-ROMs. Es muß also gelingen, die Eingaberoutinen zu umgehen und die Aufbereitung der Eingabedaten vom Hauptprogramm vornehmen zu lassen. Der zweite Punkt ist kein Problem, wenn die Struktur des Programms und dessen Algorithmus bekannt ist.

Der erste Punkt ist mit Standardprogrammierung nicht lösbar, wenn hinter der Eingabe kein globales Label steht. Die Synthetische Programmierung bietet hier eine Lösungsmöglichkeit. Im Register b (siehe Diagramm der Statusregister, Abschn. 3.1.2) steht der Addresspointer. Wenn es gelingt, diesen zu manipulieren, ist das Problem gelöst.

3.4.1 Speicherung von Daten in ROMs

In ROMs können nur Programme gespeichert werden. Eine Erweiterung der Datenregister ist nicht möglich. Eine Standardlösung wäre folgendes Programm:

```
LBL TDATA
XEQ IND X
    RTN
LBL 01
    datum1
    RTN
LBL 02
    datum2
    RTN
    "
    "
    "
```

Sie würden ins X-Register eintragen, die wievielte Zahl eingelesen werden soll. Dann rufen Sie das Programm DATA auf und bekommen die gewünschte Zahl im X-Register zurück. Die Anzahl der Daten ist nach dieser Methode jedoch auf 100 beschränkt, da der HP-41C/CV nur 100 lokale Marken (numerische Marken) hat. Die Anzahl der globalen Marken ist auf maximal 64 beschränkt, und zwar aus folgendem Grund:

Globale Labels im ROM werden in folgender Form codiert:

Binär   1010   . . . .
Hexadezimal A   6 Bit ROM/ID   6 Bit laufende Labelnummer – 1

Für das Label MONEY (Finanzmodul) ergibt sich:

    1010000100000001
     A   1   0   1

MONEY ist also das 2. Label im ROM mit der ID-Nr. 4.

Die maximale Dezimalzahl, die sich mit 6 Bit darstellen läßt, ist 63 – deshalb die Beschränkung in der Anzahl der globalen Marken.

Bleibt als einzige Möglichkeit, Daten in ROMs zu speichern, die Manipulation des Addresspointers.

3.4.2 Aufbau des Addresspointers

Wie bereits bekannt, sind die letzten beiden Bytes des Registers b der Addresspointer. Steht der Addresspointer auf einem RAM-Programm, so ist er anders aufgebaut als im Falle eines ROM-Programms.

Im RAM-Bereich enthalten die drei rechten Halbbytes die absolute Adresse des Registers, auf das der Pointer momentan positioniert ist. Das linke Halbbyte enthält das Byte innerhalb des Registers. Dieses Halbbyte kann von 0 bis 6 variieren, da ja ein Register nur 7 Bytes enthält.

Im ROM-Bereich sieht der Addresspointer dagegen ganz anders aus: Das linke Halbbyte gibt den Buchsencode an, damit der Rechner weiß, in welcher Buchse das ROM steckt. Pro ROM können 8K Byte ROM-Speicher in den Rechner eingesetzt werden.

Die drei rechten Halbbytes des Addresspointers zählen im ROM-Bereich die einzelnen Bytes hoch. Drei Halbbytes können maximal die Zahl 4095_{10} darstellen, so daß es pro Buchse zwei Buchsencodes gibt, je nachdem ob sich der Pointer in den ersten oder zweiten 4K Byte des ROMs befindet. Dieser Buchsencode bleibt bei unserer Anwendung unverändert. Wir müssen ihn sogar zwischenspeichern, damit der Benutzer nicht darauf achten muß, daß er sein Daten-ROM immer in die gleiche Buchse steckt.

Betrachten Sie die beiden Register b und d. Im Register b steht neben den Unterprogrammrücksprungadressen auch der Addresspointer. Dieser soll manipuliert werden, d. h. die Bits der beiden rechten Bytes verändert werden. Wie bereits erwähnt, stehen in Register d sämtliche 56 Flags des HP-41C/CV. Jedes Bit entspricht einem Flag, und zwar von links angefangen mit Flag 00 bis ganz rechts zu Flag 55. Indem Sie Flags löschen und setzen, kann jede gewünschte Bitkombination erzeugt werden. Eine Einschränkung bei der Erzeugung dieser Kombination ist jedoch zu beachten: Nicht alle Flags können vom Benutzer gelöscht und gesetzt werden. Ab Flag 30 beginnen die sogenannten System-Flags. Diese Flags ändern sich je nach Zustand des Systems. So ist beispielsweise Flag 55 gesetzt, wenn der Drucker angeschlossen ist. Diese System-Flags können vom Benutzer nur abgefragt werden.

Die Flags 00 bis 29 werden ihrerseits nochmals in zwei Klassen eingeteilt, nämlich in allgemeine User-Flags (Flag 00 bis Flag 10), die vom Benutzer frei verwendet werden können und in spezielle User-Flags (Flag 11 bis Flag 29), die zwar vom Benutzer gesetzt und gelöscht werden können, wobei jedoch darauf zu achten ist, daß diese Flags Einfluß auf das Verhalten des Rechners und der eventuell angeschlossenen Peripherie haben.

Als Beispiel, wie ein Code erzeugt werden kann, soll die folgende Kombination dienen:

    SF 00   SF 05
    SF 01   SF 07
    SF 02
    SF 03

Waren sämtliche Flags vorher gelöscht, so steht in den beiden linken Halbbytes der Code F5.

Ein Nachteil ergibt sich aus der Reihenfolge, in der die Flags in User- und Systemflags aufgeteilt sind. Der Addresspointer steht rechts im Register b, während die User-Flags links im Register d stehen.

Die nachfolgenden Abschnitte zeigen nun, wie das Problem des Direktzugriffs auf ROMs gelöst wird. Insbesondere wird hier das Problem der Datenspeicherung in ROMs behandelt.

3.5 Programmbeispiel

Es sollen Elemente einer Matrix aus einem ROM eingelesen werden. Die Matrixelemente sind hintereinander als Vektor gespeichert.

Dieses Programm ist für einen Spezialfall geschrieben, d. h. für eine spezielle Datenlänge (Datum + RTN = 4 Byte), für ein spezielles Sp (A_{11}) (= 401), und für ein spezielles d_2 (= 5). Diese Konstanten sind natürlich von Fall zu Fall verschieden.

$$Sp (A_{ij}) =$$
$$Sp (A_{11}) + ((j - 1) + (i - 1) \times d_2) \times L$$

L = Länge; d_2 = Dimension von j; Sp = Speicherplatz

```
01◆LBL "T"      16 INT         35 R↑          52 INT              01◆LBL "DAT
02 1            19 RCL b       36◆LBL 01      53 +                A"
03 ST- Z        20 "*"         37 INT         54 X<> d            02 250
04 -            21 X<> C       38 1.1         55 FS? 06           03 RTN
05 5            22 STO \       39 ST* Z       56 SF 08            04 360
06 ST* Z        23 ASTO L      40 *           57 FS? 23           05 RTN
07 RDN          24 AShF        41 INT         58 SF 12            06 470
08 +            25 "⊢*R"       42 X<>Y        59 X<> d            07 RTN
09 4            26 X<> C       43 INT         60 X<> C            08 580
10 *            27 ARCL L      44 1.101       61 "⊢*"             09 RTN
11 461          28 SF 10       45 ST* Z       62 STO \            10 690
12 +            29 GTO 01      46 *           63 "⊢*"             11 RTN
13 STO Y        30◆LBL 00      47 E1          64 X<> \            12 END
14 256          31 RCL Y       48 ST+ Z       65 STO C
15 ST/ Z        32 16          49 /           66 FS?C 10
16 MOD          33 ST/ T       50 FRC         67 GTO 00
17 X<>Y         34 MOD         51 X<>Y        68 STO b
                                               69 .END.
```

Erläuterungen der Programmschritte

In das Y-Register muß gespeichert werden, aus der wievielten Zeile und in das X-Register aus der wievielten Spalte das Datum aus der Matrix genommen werden soll. Die Schritte 02 bis 12 berechnen nun nach der im Programmablaufplan angegebenen Formel den Dezimalwert, auf den die rechten drei Halbbyte des Addresspointers gesetzt werden müssen.

In Zeile 13 wird die Zahl ins Y-Register kopiert. (Zu beachten: STO Y bereitet den Stack-Lift vor.)

Die Zeilen 14 bis 18 berechnen die 3. Stelle der Hex-Code-Zahl.

Beispiel:

Für die drei Halbbytes, die angeben, zu welchem Byte gesprungen werden soll, sei der Wert 360_{10} ausgerechnet worden.

Schrittnummer	13	14	15	16	17	18
T	–	–	–	–	–	–
Z	–	360	1,40625	–	–	–
Y	360	360	360	1,40625	104	104
X	360	256	256	104	1,40625	1

Die 1 im X-Register ist die 3. Stelle des Pointers (Tatsächlich ist $360_{10} = 168_{16}$).

Schritt 19 bringt den Code des Registers b ins X-Register. Schritt 20 trägt ein * ins Alpharegister ein. Das * steht im Register M. Buchstaben werden zuerst ins M-Register gespeichert und dann nach N, O und P geschoben, wenn neue Alphazeichen hinzukommen, so daß das Alpha-Register stets von M ausgehend in Richtung P-Register gefüllt wird. Es hätte sich in Schritt 20 auch um ein anderes Alphazeichen handeln können. Schritt 21 vertauscht nun den Code des Addresspointers plus Rücksprungadressen mit dem * im M-Register.

Das * wird in Schritt 22 wieder ins N-Register gespeichert. Somit stehen * und Rücksprungadressen plus Adresspointer im Alpha-Register direkt nebeneinander. Die ersten 6 Bytes werden nun mit ASTO L ins LAST X-Register gespeichert. ASHF löscht im Alpha-Register diese 6 Bytes. Der Adresspointer steht jetzt allein im Register M. Sie können sich nun den Buchsencode vornehmen und diesen isolieren, da er ja unverändert bleiben muß.

An den Addresspointer wird der Code 00 05 angehängt — warum gerade dieser Code, wird im weiteren Verlauf noch deutlich. Im Register M steht jetzt folgender Code:

00 00 00 81 0B 00 05   Code aus Zeile 25

Addresspointer, als RCL b ausgeführt wurde. Hier nur als Beispiel.

X <> M in Zeile 26 bringt diesen Code nun ins X-Register. (Die eckige Klammer im Programmlisting bedeutet M. Sehen Sie dazu in der Hex-Code-Tabelle nach.) Da das letzte Byte auf 05 gesetzt ist, wird die Zahl mit 10^5 multipliziert (das letzte Byte gibt den Exponenten an). Somit steht immer die 4. Stelle des Pointers — das ist der Buchsencode — vor dem Komma im X-Register. Der Buchsencode kann jetzt also auf leichte Art und Weise isoliert werden. ARCL L in Zeile 27 schreibt die Rücksprungadressen wieder ins Alpha-Register. Da ARCL L Bytes an das momentane Alpha-Register anhängt, stehen jetzt vor den Rücksprungadressen noch 2*-Zeichen.

Flag 10 dient zum Testen, ob die Codierungsroutine schon zweimal durchlaufen wurde und wird in Schritt 28 gesetzt. Die Bedeutung von Flag 10 wird später noch klarer.

In Schritt 37 wird jetzt der Buchsencode durch INT abgespalten. Im Y-Register steht immer noch die in Zeile 18 erzeugte Dezimalzahl, die in der dritten Stelle des Addresspointers stehen muß. X- und Y-Register repräsentieren also das zweite Byte des Addresspointers (von rechts gesehen). Nun müssen die Zahlen codiert werden.

Erklärung des Kernstückes der Programme (Schritte 36—59)

Die Zahlen zwischen 0 und 9 und die Zahlen zwischen 10 (A) und 15 (F) müssen voneinander unterschieden werden, denn 0 bis 9 BCD-codiert ergibt 0000 bis 1001, genau das binäre Äquivalent. Die Zahlen 10 bis 15 BCD-codiert ergeben 00010000 bis 00010101, hier ist aber die Darstellung in einem Halbbyte (also: 10 muß 1010, 11 muß 1011 usw.) erforderlich.

Die Zahlen 0 bis 9 müssen folglich in der Codierungsroutine anders behandelt werden, als die Zahlen 10 bis 15.

Eine elegante Lösungsmethode bietet hier folgender Algorithmus:

Multipliziert man eine Zahl zwischen 0 und 9 mit 1,1, so ändert sich der Wert vor dem Komma nicht; multipliziert man dagegen eine Zahl zwischen 10 und 15 mit 1,1, so erhöht sich der Integeranteil um 1. Nimmt man nach der Multiplikation mit 1,1 nur den Integeranteil des Produkts und multipliziert nochmals mit 1,1, so hat sich bei 0 bis 9 vor dem Komma immer noch nichts verändert. Die ursprünglichen Zahlen 10 bis 15 sind durch die zweimalige Multiplikation zu 12, . . . bis 17, . . . geworden.

Diese Tatsache ist sehr angenehm — warum, wird sich gleich herausstellen. Betrachten Sie die Pseudo-Tetraden und ihre Binärdarstellung:

```
A = 1010
B = 1011
C = 1100
D = 1101
E = 1110
F = 1111
```

Das linke Bit ist immer gesetzt, und die drei rechten Bits haben die folgenden Werte:

```
A:  010 = 2        D:  101 = 5
B:  011 = 3        E:  110 = 6
C:  100 = 4        F:  111 = 7
```

Die Werte dieser drei Bits entsprechen aber genau der Einer-Stelle unserer Zahlen 12 bis 17 (der ursprünglichen Zahlen 10 bis 15).

Sie benötigen jetzt noch ein Unterscheidungsmerkmal, ob es sich um eine Pseudo-Tetrade handelt oder nicht. Dazu ersetzen Sie den Faktor 1,1 in der zweiten Multiplikation durch 1,101. Welchen Effekt hat das?

Nach der ersten Multiplikation sahen die Integeranteile der Zahlen so aus:

```
0 = 0              8 = 8
1 = 1              9 = 9
2 = 2             10 = 11
3 = 3             11 = 12
4 = 4             12 = 13
5 = 5             13 = 14
6 = 6             14 = 15
7 = 7             15 = 16
```

Nach der Multiplikation mit 1,101 ergibt sich:

```
0 = 0              8 = 8,808
1 = 1,101          9 = 9,909
2 = 2,202         10 = 12,111
3 = 3,303         11 = 13,212
4 = 4,404         12 = 14,313
5 = 5,505         13 = 15,414
6 = 6,606         14 = 16,515
7 = 7,707         15 = 17,616
```

Es ist leicht zu erkennen, daß in der zweiten Stelle hinter dem Komma bei Pseudo-Tetraden eine 1 steht und bei Zahlen zwischen 0 und 9 eine 0. Daran können Sie Pseudo-Tetraden, bei denen die drei rechten Bits schon die richtige Darstellung haben, und Nicht-Pseudo-Tetraden, bei denen das ganze Halbbyte schon die richtige Darstellung besitzt, unterscheiden.

Sie benötigen noch ein zweites Unterscheidungsmerkmal, das alternativ zu dem oben beschriebenen angewandt werden kann. Da die zwei Halbbytes gleichzeitig codiert werden sollen, muß das eine vor, das andere hinter dem Komma im X-Register untergebracht werden. Das weiter oben beschriebene Unterscheidungsmerkmal kann nur bei dem Halbbyte, das hinter dem Komma steht, angewandt werden; für das Halbbyte vor dem Komma benötigen Sie ein anderes Merkmal.

Nehmen Sie nach der zweiten Multiplikation (der mit 1,101) wieder nur den Integeranteil des Produkts und addieren 10 dazu, so ergibt sich für die Zahlen 0 bis 15:

0 = 10	8 = 18
1 = 11	9 = 19
2 = 12	10 = 22
3 = 13	11 = 23
4 = 14	12 = 24
5 = 15	13 = 25
6 = 16	14 = 26
7 = 17	15 = 27

Bei diesem Verfahren wird die 1. bzw. 2. in der Zehner-Stelle als Unterscheidungsmerkmal benutzt.

Beiden Unterscheidungsmerkmalen ist gemeinsam, daß die Ausgangszahl einmal mit 1,1 multipliziert und dann der Integeranteil des Ergebnisses mit 1,101. Somit können beide Verfahren anfangs parallel laufen.

Ein Beispiel für die Anwendung dieser beiden Verfahren sowie das weitere Ausnutzen des Algorithmus wird später erläutert.

Es soll nun gezeigt werden, wie dieser Algorithmus ins Programm übertragen wird.

In Schritt 38 — 40 werden der Buchsencode und die in Zeile 18 erzeugte Dezimalzahl mit 1,1 multipliziert. Sodann wird von beiden Ergebnissen nur der Integeranteil beibehalten und mit 1,101 multipliziert. Zu der Zahl im Z-Register wird 10 addiert, um das zweite Unterscheidungsmerkmal zu erhalten. Diese Zahl wird später vor dem Komma stehen. Die Zahl im Y-Register wird durch 10 dividiert, um den Repräsentanten für das Halbbyte bzw. für die drei rechten Bits direkt hinter dem Komma zu haben. Die Schritte 50—52 verknüpfen diese beiden Zahlen zu einer.

Diese Codierungsroutine soll anhand des Beispiels erklärt werden.

Wie bereits erwähnt, stand der Code 00 00 00 81 0B 00 05 im X-Register. Im Y-Register befand sich die 1, die in Zeile 18 errechnet wurde. Durch INT in Zeile 37 erhalten Sie im X-Register eine 8, den Portcode. Die weiteren Schritte lassen sich am besten wieder in Tabellenform darstellen:

Schrittnummer	38	39	40	41	42	43	44	45
T	—	—	—	—	—	—	—	—
Z	1	1,1	—	—	—	—	8	8,808
Y	8	8	1,1	1,1	8	8	1	1
X	1,1	1,1	8,8	8	1,1	1	1,101	1,101

Schrittnummer	46	47	48	49	50	51	52	53
T	—	—	—	—	—	—	—	—
Z	—	8,808	18,808	—	—	—	—	—
Y	8,808	1,101	1,101	18,808	18,808	0,1101	0,1101	—
X	1,101	10	10	0,1101	0,1101	18,808	18	18,1101

Wie läßt sich die Zahl 18,1101 interpretieren? In der Zehner-Stelle steht eine 1. Demnach war der Buchsencode eine Zahl zwischen 0 und 9, nämlich die 8. In der dritten Stelle hinter dem Komma steht eine 0, also ist das zweite Halbbyte auch eine Zahl zwischen 0 und 9, nämlich die 1 direkt hinter dem Komma.

Ein anderes denkbares Ergebnis wäre 26,2111 gewesen. Hier signalisiert die 2 in der Zehner-Stelle, daß es sich bei der 6 in der Einer-Stelle nur um die Darstellung für die letzten drei Bits des Buchsencodes handelt; es muß noch das 4. Bit gesetzt werden, um auf 14 = E zu kommen (denn das wäre in diesem Falle der Buchsencode gewesen).

Die 1 in der dritten Stelle nach dem Komma sagt aus, daß es sich bei der Zehntel-Stelle auch wieder nur um die Darstellung der letzten drei Bits des Halbbytes handelt. Auch hier muß das 4. Bit noch gesetzt werden, um auf 10 = A zu kommen.

Schritt 54 vertauscht den Inhalt des X-Registers mit dem Inhalt des d-Register. Die Zahl wird somit ins „Flag"-Register gespeichert. Von dieser Umspeicherung werden jedoch nur die Flags 00 – 29, die User-Flags, berührt.

An den beiden folgenden Beispielen soll gezeigt werden, wie die ersten 28 Bits des Registers d nun aussehen:

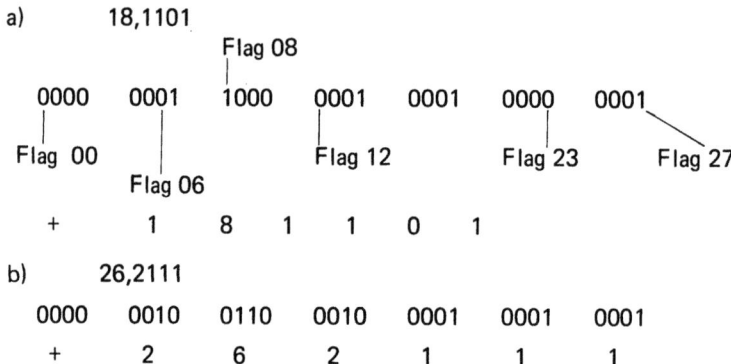

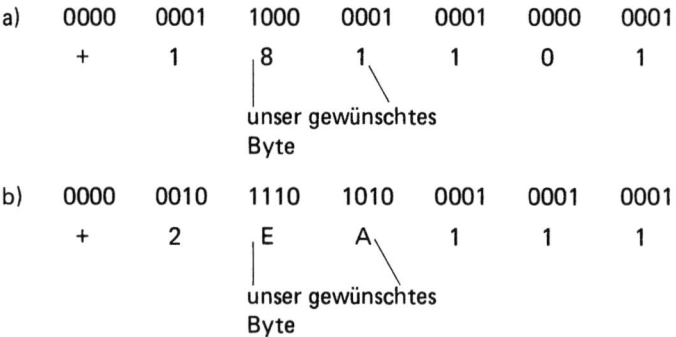

Es bleibt nur noch zu prüfen, ob Flag 06 gesetzt ist. Wenn ja, stand eine 2 in der Zehner-Stelle und Flag 08 muß gesetzt werden. Wenn nein, bleiben die Flags 08 bis 11 unverändert. Dann muß geprüft werden, ob Flag 23 gesetzt ist. Wenn ja, stand eine 1 in der Tausendstel-Stelle und Flag 12 muß gesetzt werden.

Die Flags würden nach den Schritten 55 bis 58 folgendermaßen aussehen:

a)   0000   0001   1000   0001   0001   0000   0001
     +   1   ,8   1,   1   0   1
                   unser gewünschtes
                   Byte

b)   0000   0010   1110   1010   0001   0001   0001
     +   2   ,E   A\   1   1   1
                   unser gewünschtes
                   Byte

In Schritt 59 werden X- und d-Register wieder zurückvertauscht. Durch das Vertauschen bleiben die alten Stellungen der Flags erhalten. Das ist sehr wichtig, damit der Benutzer (fast) uneingeschränkt die User-Flags innerhalb seines Programms benutzen kann, denn das Programm ruft T auf.

Die Schritte 60 bis 65 isolieren das gewünschte Byte und hängen es an die sich noch immer im Alpha-Register befindenden Rücksprungsadressen an.

Schritt 60 vertauscht die Rücksprungadressen (mit den 2 *) im M-Register mit der Zahl im X-Register.

Durch das Anhängen eines * wird das gewünschte Byte direkt an die Grenze zum N-Register geschoben.

Die Rücksprungadressen im X-Register werden mit STO N (\ ist das Zeichen für N auf dem Drucker) vor dieses Byte geschrieben. Somit wird der Code des Vorzeichens und des Unterscheidungsmerkmals überschrieben.

In Schritt 63 wird durch Anhängen eines weiteren * auch das gewünschte Byte noch ins N-Register geschoben, so daß dort nun ein *, die Rücksprungsadressen und das erste Byte des neuen Addresspointers stehen.

Das N-Register wird in den Schritten 64 – 65 ins M-Register umgespeichert, damit nach dem zweiten Durchgang das gleiche Verfahren verwendet werden kann, um das letzte Byte des Addresspointers an die Rücksprungsadressen plus erstes Byte anzuhängen. Außerdem steht das N-Register noch im X-Register. Ist nach dem zweiten Durchgang unser Addresspointer vollständig, müssen die Rücksprungsadressen und der Addresspointer nur noch ins b-Register gespeichert werden, und das Programm springt in das Datenprogramm DATA und liest das gewünschte Datum ins X-Register ein. Da die Rücksprungsadressen nicht verändert werden, kehrt das Programm nach dem RTN an die Stelle zurück, von der aus das Programm T aufgerufen wird.

In Schritt 66 wird getestet, ob die Codierungsroutine erst einmal oder schon zweimal durchlaufen wurde. Nach einem Durchgang wird das Programm mit Schritt 30 fortgesetzt. Dort werden die Werte für die letzten beiden Halbbytes des Pointers errechnet und auf die beschriebene Art und Weise codiert.

Das Programm benötigt 125 Bytes, benutzt keinen Datenspeicher (!) und verändert nicht die Stellung der Flags, außer von Flag 10. Der Inhalt des Alpha-Registers wird zerstört.

Sollte dieses Programmbeispiel Ihr Interesse an der synthetischen Programmierung geweckt haben und möchten Sie weitere Unterlagen bzw. Informationen über diese Art der Programmierung, so wenden Sie sich an den

    CCD-Computerclub Deutschland e. V.
    1. Vorsitzender Herr Oliver Rietschel
    Postfach 373
    2420 Eutin.

Dieses Kapitel sollte dem Leser zeigen, was synthetische Programmierung ist und welche Möglichkeiten sie bietet. Das geschah anhand eines Programmbeispiels, das den Einsatzbereich dieser Art der Programmierung aufzeigte. Das gewählte Programm ist, da zu Demonstrationszwecken geschrieben, im RAM-Speicher des HP 41 C/CV allerdings nicht zu benutzen.

Bild 3-3: Hex-Code Tabelle. Bytes 00 bis 7F

	0	1	2	3	4	5	6	7	8	9	A	B	C	D	E	F	
0	0 ◆ NULL 00	1 × LBL 00 01	2 x̄ LBL 01 02	3 ← LBL 02 03	4 α LBL 03 04	5 β LBL 04 05	6 Γ LBL 05 06	7 ↓ LBL 06 07	8 Δ LBL 07 08	9 σ LBL 08 09	10 ◆ LBL 09 10	11 λ LBL 10 11	12 μ LBL 11 12	13 ∡ LBL 12 13	14 ≁ LBL 13 14	15 ≢ LBL 14 15	0
1	16 θ 0 16	17 Ω 1 17	18 δ 2 18	19 Å 3 19	20 á 4 20	21 Ä 5 21	22 ä 6 22	23 Ö 7 23	24 ö 8 24	25 Ü 9 25	26 ü . 26	27 Æ EEX 27	28 æ CHS 28	29 ≠ GTO α 29	30 £ XEQ α 30	31 ▒ SPARE 31	1
2	32 RCL 00 32 (space)	33 ! RCL 01 33	34 " RCL 02 34	35 # RCL 03 35	36 $ RCL 04 36	37 % RCL 05 37	38 & RCL 06 38	39 ' RCL 07 39	40 (RCL 08 40	41) RCL 09 41	42 * RCL 10 42	43 + RCL 11 43	44 , RCL 12 44	45 – RCL 13 45	46 . RCL 14 46	47 / RCL 15 47	2
3	48 0 STO 00 48	49 1 STO 01 49	50 2 STO 02 50	51 3 STO 03 51	52 4 STO 04 52	53 5 STO 05 53	54 6 STO 06 54	55 7 STO 07 55	56 8 STO 08 56	57 9 STO 09 57	58 : STO 10 58	59 ; STO 11 59	60 < STO 12 60	61 = STO 13 61	62 > STO 14 62	63 ? STO 15 63	3
4	64 @ + 64	65 A - 65	66 B * 66 n	67 C / 67	68 D X<Y? 68	69 E X>Y? 69	70 F X ≤ Y? 70	71 G Σ+ 71	72 H Σ- 72	73 I HMS+ 73	74 J HMS- 74	75 K MOD 75	76 L % 76	77 M %CH 77	78 N P-R 78	79 O R-P 79	4
5	80 P LN 80	81 Q X^2 81	82 R SQRT 82	83 S Y^X 83	84 T CHS 84	85 U e^X 85	86 V LOG 86	87 W 10^X 87	88 X e^X-1 88	89 Y SIN 89	90 Z COS 90	91 [TAN 91	92 \ ASIN 92	93] ACOS 93	94 ↑ ATAN 94	95 _ DEC 95	5
6	96 ▾ 1/X 96	97 a ABS 97	98 b FACT 98	99 c X≠0? 99	100 d X>0? 00 100	101 e LN1+X 01 101	102 f X<0? A 102	103 g X=0? B 103	104 h INT C 104	105 i FRC D 105	106 j D-R E 106	107 k R-D F 107	108 l HMS G 108	109 m HR H 109	110 n RND I 110	111 o OCT J 111	6
7	112 p CL Σ T	113 q X<>Y Z	114 r PI Y	115 s CLST X	116 t R↑ L	117 u RDN M	118 v LASTX N	119 w CLX O	120 x X=Y? P	121 y X≠Y? Q	122 z SIGN ⊢	123 π X≤0? a	124 | MEAN b	125 → SDEV c	126 Σ AVIEW d	127 ⊢ CLD e	7
	0	1	2	3	4	5	6	7	8	9	A	B	C	D	E	F	

Bild 3-4: Hex-Code Tabelle. Bytes 80 bis FF

	0	1	2	3	4	5	6	7	8	9	A	B	C	D	E	F
8	128 ♦ DEG 00	129 × RAD 01	130 ⊠ GRAD 02	131 ↓ ENTER 03	132 σ STOP 04	133 ß RTN 05	134 Γ BEEP 06	135 → CLA 07	136 ◁ ASHF 08	137 σ PSE 09	138 ♦ CLRG 0A	139 ⋋ AOFF 0B	140 ⊔ AON 0C	141 ⊲ OFF 0D	142 r PROMPT 0E	143 ♣ ADV 0F
9	144 Θ RCL 10	145 Ω STO 11	146 ∂ ST0+ 12	147 â ST0- 13	148 ã ST0* 14	149 ñ ST0/ 15	150 ö ISG 16	151 ō DSE 17	152 ü VIEW 18	153 O ΣREG 19	154 ü ASTO 1A	155 Æ ARCL 1B	156 æ FIX 1C	157 ≠ SCI 1D	158 £ ENG 1E	159 ※ TONE 1F
A	160 XROM 20	161 ! XROM 21	162 ∷ XROM 22	163 XROM 23	164 XROM 24	165 ℵ XROM 25	166 & XROM 26	167 XROM 27	168 XROM 28	169 XROM 29	170 * XROM 2A	171 + XROM 2B	172 XROM 2C	173 - XROM 2D	174 . XROM 2E	175 / SPARE 2F
B	176 SPARE 30	177 1 GTO 31	178 2 GTO 32	179 3 GTO 33	180 4 GTO 34	181 5 GTO 35	182 6 GTO 36	183 7 GTO 37	184 8 GTO 38	185 9 GTO 39	186 : GTO 3A	187 ; GTO 3B	188 < GTO 3C	189 = GTO 3D	190 > GTO 3E	191 ? GTO 3F
C	192 @ GLOBAL 40	193 A GLOBAL 41	194 B GLOBAL 42	195 C GLOBAL 43	196 D GLOBAL 44	197 E GLOBAL 45	198 F GLOBAL 46	199 G GLOBAL 47	200 H GLOBAL 48	201 I GLOBAL 49	202 J GLOBAL 4A	203 K GLOBAL 4B	204 L GLOBAL 4C	205 M GLOBAL 4D	206 N GLOBAL 4E	207 O LBL 4F
D	208 P GTO 50	209 Q GTO 51	210 R GTO 52	211 S GTO 53	212 T GTO 54	213 U GTO 55	214 V GTO 56	215 W GTO 57	216 X GTO 58	217 Y GTO 59	218 Z GTO 5A	219 [GTO 5B	220 \ GTO 5C	221] GTO 5D	222 ↑ GTO 5E	223 — GTO 5F
E	224 ● XEQ 60	225 a XEQ 61	226 b XEQ 62	227 c XEQ 63	228 d XEQ 64	229 e XEQ 65	230 f XEQ 66	231 g XEQ 67	232 h XEQ 68	233 i XEQ 69	234 j XEQ 6A	235 k XEQ 6B	236 l XEQ 6C	237 m XEQ 6D	238 n XEQ 6E	239 o XEQ 6F
F	240 ● TEXT 0	241 ♦ TEXT 1	242 r TEXT 2	243 s TEXT 3	244 t TEXT 4	245 u TEXT 5	246 v TEXT 6	247 w TEXT 7	248 × TEXT 8	249 y TEXT 9	250 TEXT 10	251 π TEXT 11	252 TEXT 12	253 → TEXT 13	254 Σ TEXT 14	255 TEXT 15

69

4 Anwendungen

4.1 Anwendungen mit dem Drucker 82143A
4.1.1 Vorstellung des Druckers 82143A

```
VORSTELLUNG
    des
  82143A              STANDARD ZEICHENSATZ.        PLOTTEN VON FUNKIONEN:
THERMODRUCKERS.
                                                   BEISPIEL:
DIE BESONDERHEITEN SIND:   ×  x̄  ←  α  β  Γ
                           ↓  Δ  σ  ♦  λ  μ              PLOT OF SIN
SYMBOLE UND SPEZIALTYPEN   ∡  τ  ₤  θ  Ω  δ         X (UNITS= 1.) ↓
        Hewlett            Ä  à  Ã  ä  Ö  ö         Y (UNITS= 1.) →
        Packard            Ü  ü  Æ  œ  ≠  £            -1.10            1.10
                           ▩     !  ¨  #  ₤                     0.00
    Lufthansa              %  &  '  (  )  *            |---------|---------|
                           +  ,  -  .  /  0         0.      ♦
  [hp] hewlett-Packard     1  2  3  4  5  6        18.       ♦
                           7  8  9  :  ;  <        36.        ♦
   ● CITICORP              =  >  ?  @  A  B        54.         ♦
                           C  D  E  F  G  H        72.          ♦
     Chevrolet             I  J  K  L  M  N        90.           ♦
                           O  P  Q  R  S  T       108.            ♦
   ▲ Rockwell              U  V  W  X  Y  Z       126.             ♦
                           [  \  ]  ↑  _  ⊤       144.              ♦
   NCR                     a  b  c  d  e  f       162.             ♦
                           g  h  i  j  k  l       180.    ♦
   GTE                     m  n  o  p  q  r       198.        ♦     :
                           s  t  u  v  w  ×       216.         ♦
                           y  z  π  |  →  Σ       234.    ♦
                           ⊢                      252.  ♦
    IN NORMALSCHRIFT                              270. ♦
         ODER                                     288. ♦
    DOPPELBREIT                                   306.  ♦
                                                  324.    ♦
                                                  342.      ♦
                                                  360.         ♦
```

70

4.1.2 Plotten von 2 Variablen

Mit diesem Programm haben Sie die Möglichkeit, zwei unabhängige Variable zu plotten. Diese Variablen (Funktionen) müssen in den Programmspeicher mit einer globalen Marke eingegeben werden.

Anweisungsliste zu 4.1.2

```
01◆LBL "PLOTT"      19 PROMPT         37 XROM "PRAXIS"   55 ÷
02 AON              20 STO 05         38◆LBL 00          56 INT
03 " F-1?"          21 "XMAX?"        39 RCL 05          57 1 E3
04 PROMPT           22 PROMPT         40 STO 10          58 /
05 AOFF             23 STO 11         41◆LBL 01          59 1E6
06 ASTO 07          24 "XINC?"        42 XEQ IND 08      60 +
07 AON              25 PROMPT         43 RCL 00          61 STO 02
08 "F-2?"           26 STO 09         44 -               62 RCL 10
09 PROMPT           27 RCL 00         45 RCL 01          63 XEQ IND 07
10 AOFF             28 STO 04         46 RCL 00          64 REGPLOT
11 ASTO 08          29 1E6            47 -               65 RCL 10
12 "YMIN?"          30 STO 02         48 /               66 RCL 11
13 PROMPT           31 FIX 1          49 1E6             67 X≤Y?
14 STO 00           32 "X VON "       50 *               68 RTN
15 "YMAX?"          33 ARCL 05        51 R↑              69 RCL 09
16 PROMPT           34 " BIS "        52 CLX             70 ST+ 10
17 STO 01           35 ARCL 11        53 X=Y?            71 RCL 10
18 "XMIN?"          36 PRA            54 1               72 GTO 01
                                                         73 .END.
```

Das Programm benötigt 13 Daten- und 22 Programmregister.

Benutzeranleitung

Nr.	Anweisung	Tasten
1	Bestimmen der Datenregister	[XEQ] [ALPHA] SIZE [ALPHA] 012
2	Programm eingeben	
3	Programm für die Variablen (Funktionen) eingeben	
4	Programm starten	[XEQ] [ALPHA] PLOTT [ALPHA]
5	Namen der ersten Funktion eingeben	[R/S]
6	Namen der zweiten Funktion eingeben	[R/S]
7	YMIN? für beide Funktionen eingeben	[R/S]
8	YMAX? für beide Funktionen eingeben	[R/S]
9	XMIN? eingeben	[R/S]
10	XMAX? eingeben	[R/S]
11	X-Schrittweise eingeben (x_{inc})	[R/S]

Beispiel zu 4.1.2

Für die Variablen $y_1 = x^2$ und $y_2 = 10\sqrt{x}$ soll ein Plottprogramm erstellt werden. Die Grenzwerte sind:

$y_{min} = 0 \qquad y_{max} = 100$
$x_{min} = 0 \qquad x_{max} = 10$
$x_{inc} = 0{,}5$

Variable y_1 in den Programmspeicher eingeben:

    LBL ^{T}AB
      x^2
    END

Variable y_2 in den Programmspeicher eingeben:

    LBL ^{T}DE
      $\sqrt{x}$
      10
      x
    END

Tastenfolge	Anzeige
[XEQ] [ALPHA] PLOTT [ALPHA]	F – 1?
AB [R/S]	F – 2?
DE [R/S]	YMIN?
0 [R/S]	yMAX?
100 [R/S]	XMIN?
0 [R/S]	XMAX?
10 [R/S]	XINC?
0,5 [R/S]	

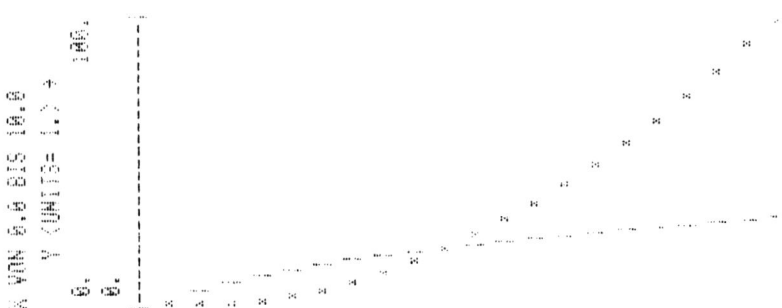

$y_1 = x^2$ und $y_2 = 10\sqrt{x}$; x = 0 bis 10, $x_{inc} = 0{,}5$

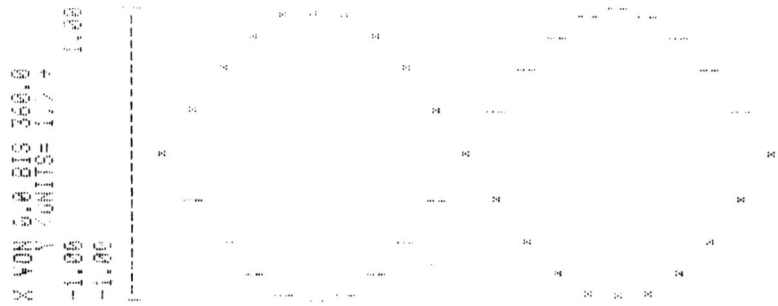

$y = \sin(x + 180)$ und $y = \sin x$; x = 0 bis 360, $x_{inc} = 18°$

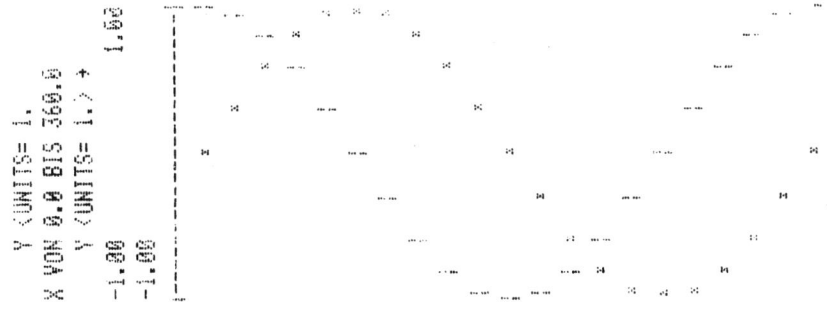

$y = \sin x$ und $y = \cos x$; $x = 0$ bis $360°$, $x_{inc} = 18°$

4.1.3 Biorhythmus

Die Biorhythmus-Theorie basiert auf der Annahme, daß der menschliche Körper über innere Uhren bzw. metabolische Rhythmen mit festen Zykluszeiten verfügt. Man geht heute von der Existenz dreier Zyklen aus, die mit der Geburt des Betreffenden beginnen. Der 23-Tage- oder körperliche Zyklus betrifft physische Faktoren wie Vitalität und Ausdauer. Der 28-Tage- oder seelische Zyklus beschreibt Sensitivität, Intuition und seelischen Zustand. Der 33-Tage- oder geistige Zyklus soll ein Maß für intellektuelle Leistungsfähigkeit und Urteilsvermögen sein.

Für jeden dieser Zyklen werden starke (extrem positiv ≙ hoch), schwache (extrem negativ ≙ tief) und kritische Tage (Nulldurchgang) ermittelt. Starke Zeiten werden als energiereiche Phasen betrachtet, in denen Sie besonders dynamisch sind. Dagegen bezeichnen schwache Tage Erholungsphasen, in denen Sie eher passiv sind. Von besonderer Bedeutung ist der jeweilige kritische Tag (Nulldurchgang). Um diesen Zeitpunkt geht man von einer erhöhten Unfallgefahr und eine Häufung von Fehlleistungen aus, vor allem bei entsprechenden Bedingungen des körperlichen und seelischen Zyklus.

Anweisungsliste zu 4.1.3

```
01♦LBL "BIO"         17 ASHF           33 CF 21          49 CF 12
02 CF 29             18 ASTO 01        34 AVIEW          50 RCL 08
03 FIX 4             19 ASHF           35 SF 21          51 XEQ 41
04 365.25            20 ASTO 02        36 STO 09         52 STO 08
05 STO 05            21 ASHF           37 PRBUF          53 RCL 07
06 38.6001           22 ASTO 03        38 CLA            54 XEQ 41
07 STO 06            23 AOFF           39 RCL 02         55 STO 07
08 ADV               24 "GEBURTSDT.?"  40 ASTO Y         56 ST- 08
09 ADV               25 PROMPT         41 X=Y?           57 "GEBURTSDT."
10 "BIORHYTMUS PLOT" 26 STO 07         42 SF 12          58 ACA
11 "IT FUER"         27 "HEUT. DT."    43 ARCL 00        59 RCL 07
12 ACA               28 PROMPT         44 ARCL 01        60 CF 28
13 "NAME ?"          29 STO 08         45 ARCL 02        61 XEQ 48
14 AON               30 "TG. GEPLOT.?" 46 ARCL 03        62 "HEUTDT."
15 PROMPT            31 PROMPT         47 ACA            63 ACA
16 ASTO 00           32 "BERECHNG."    48 PRBUF          64 RCL 07
```

```
65 RCL 08         111 DSE 09        157 14            203 *
66 +              112 GTO 45        158 /             204 -
67 XEQ 48         113 " ENDE "      159 XEQ 02        205 RTN
68 SF 28          114 ADV           160 RCL 03        206◆LBL 43
69 FIX 0          115 ADV           161 1 E6          207 10
70 "DAUER "       116 ADV           162 /             208 STO 04
71 ARCL 09        117 ADV           163 +             209 1.003
72 "HTAGE"        118 ADV           164 RTN           210 STO 00
73 ACA            119 CF 21         165◆LBL 41        211◆LBL 46
74 PRBUF          120 AVIEW         166 ENTER↑        212 5
75 ADV            121 SF 21         167 INT           213 ST+ 04
76 "DATUM"        122 BEEP          168 STO 01        214 RCL 08
77 ACA            123 RTN           169 -             215 RCL 04
78 '3.            124◆LBL 40        170 1 E2          216 /
79 SKPCOL         125 STO 00        171 *             217 FRC
80 " TIEF   0"    126 122.1         172 ENTER↑        218 360
81 "Y    HOCH"    127 -             173 INT           219 *
82 ACA            128 RCL 05        174 STO 02        220 SIN
83 PRBUF          129 /             175 -             221 68
84◆LBL 45         130 INT           176 1 E4          222 *
85 RCL 07         131 STO 03        177 *             223 INT
86 RCL 08         132 RCL 05        178 STO 03        224 97
87 +              133 *             179 RCL 01        225 +
88 XEQ 40         134 INT           180 1             226 RCL 00
89 STO 00         135 RCL 00        181 +             227 10
90 FRC            136 -             182 ENTER↑        228 /
91 1 E2           137 CHS           183 1/X           229 +
92 *              138 STO 04        184 .7            230 STO IND 00
93 INT            139 RCL 06        185 +             231 ISG 00
94 " "            140 /             186 CHS           232 GTO 46
95 4              141 INT           187 XEQ 02        233 RTN
96 X>Y?           142 STO 01        188 RCL 06        234◆LBL 50
97 XEQ 44         143 RCL 04        189 *             235 RCL 01
98 CLA            144 X<>Y          190 INT           236 RCL 02
99 9              145 RCL 06        191 RCL 03        237 X>Y?
100 X<Y?          146 *             192 RCL 05        238 GTO 00
101 X<-Y?         147 INT           193 *             239 STO 01
102 "H "          148 -             194 INT           240 X<>Y
103 ARCL X        149 STO 02        195 +             241 STO 02
104 ACA           150 RCL 01        196 RCL 02        242 SF 00
105 XEQ 43        151 1             197 +             243◆LBL 00
106 22            152 RCL 02        198 RTN           244 RCL 03
107 STO 04        153 %             199◆LBL 02        245 X>Y?
108 XEQ 50        154 -             200 INT           246 GTO 00
109 1             155 -             201 ST+ 03        247 STO 02
110 ST+ 08        156 RCL 01        202 1E           248 X<>Y
```

```
249 STO 03            289◆LBL 02           329 X<>Y              369 PRBUF
250 GTO 50            290 62               330 -                 370 RTN
251◆LBL 00            291 ACCOL            331 SKPCOL            371◆LBL 01
252 FS?C 00           292 73               332 115               372 "JAN"
253 GTO 50            293 ACCOL            333 ACCOL             373 RTN
254 1.003             294 70               334 99                374◆LBL 02
255 STO 00            295 ACCOL            335 STO 04            375 "FEB"
256 SF 01             296 GTO 00           336 R↑               376 RTN
257◆LBL 23            297◆LBL 03           337 R↑               377◆LBL 03
258 RCL 04            298 68               338 RTN               378 "MAR"
259 RCL IND 00        299 ACCOL            339◆LBL 44            379 RTN
260 INT               300 125              340 RCL 00            380◆LBL 04
261 FC? 01            301 ACCOL            341 XEQ IND X         381 "APR"
262 GTO 00            302 64               342 RDN               382 RTN
263 96                303 ACCOL            343 RDN               383◆LBL 05
264 X<Y?              304◆LBL 00           344 ASTO 00           384 "MAI"
265 XEQ 33            305 ISG 00           345 STO 04            385 RTN
266 RDN               306 GTO 23           346◆LBL 47            386◆LBL 06
267◆LBL 00            307 FC? 01           347 "    "            387 "JUN"
268 X<Y?              308 GTO 00           348 ARCL 00           388 RTN
269 GTO 00            309 RCL 04           349 ASTO 01           389◆LBL 07
270 X<>Y              310 98               350 ASHF              390 "JUL"
271 -                 311 ENTER↑           351 ASTO 00           391 RTN
272 SKPCOL            312 XEQ 33           352 "  "              392◆LBL 08
273 3                 313◆LBL 00           353 ARCL 01           393 "AUG"
274 +                 314 PRBUF            354 ASHF              394 RTN
275 ST+ 04            315 RTN              355 DSE 04            395◆LBL 09
276 RCL IND 00        316◆LBL 33           356 GTO 47            396 "SEP"
277 FRC               317 CF 01            357 RCL 02            397 RTN
278 10                318 RDN              358 ENTER↑            398◆LBL 10
279 *                 319 X<>Y             359 RTN               399 "OKT"
280 GTO IND X         320 R↑              360◆LBL 48             400 RTN
281◆LBL 01            321 X<Y?             361 XEQ 40            401◆LBL 11
282 127               322 GTO 00           362 XEQ IND X         402 "NOV"
283 ACCOL             323◆LBL 34           363 "."               403 RTN
284 9                 324 RDN              364 FRC               404◆LBL 12
285 ACCOL             325 X<>Y             365 1 E2              405 "DEZ"
286 15                326 R↑              366 *                 406 .END.
287 ACCOL             327 RTN              367 ARCL X
288 GTO 00            328◆LBL 00           368 ACA
```

Das Programm benötigt 11 Daten- und 112 Programmregister.

Benutzeranleitung

Nr.	Anweisung	Tasten
1	Bestimmen der Datenregister	[XEQ] [ALPHA] SIZE [ALPHA] 010
2	Programm eingeben	
3	Programm starten	[XEQ] [ALPHA] BIO [ALPHA]
4	NAME? eingeben bis max. 24 Zeilen	ABCD etc. [R/S]
5	Geburtsdatum eingeben im Format MM,TTJJJJ	[R/S]
6	Heutiges Datum eingeben im Format MM,TTJJJJ	[R/S]
7	Anzahl der zu plottenden Tage	[R/S]

Berechnung (Plottroutine)

(Format M = Monat, T = Tage, J = Jahr)
(i ≙ geistige Zyklus; p ≙ körperliche Zyklus; e ≙ seelische Zyklus)

```
BIORHYTMUS PLOTT FUER
A.PATZELT
GEBURTSDT.JUL25,1933
HEUTDT.AUG28,1981
DAUER 25TAGE

DATUM TIEF   0   HOCH
 28           i   e    p
 29           i e      p
 30           e i      p
 31           e   i    p
S 1           e     i  p
E 2         e        i p
P 3        e          p i
  4      e             p  i
  5     e            ip
  6     e          p i
  7     e         p    i
  8      e       p      i
  9       e t            i
 10    p    e            i
 11    p      e          i
 12    p        e       i
 13     p        e i
 14       p       i e
 15        p      i    e
 16          p  i       e
 17            i p       e
 18          i    p      e
 19        i       p    e
 20     i            p  e
 21   i               p
```

```
BIORHYTMUS PLOTT FUER
C. NEUMANN
GEBURTSDT.OKT16,1948
HEUTDT.DEZ1,1981
DAUER 35TAGE

DATUM TIEF   0   HOCH
 D 1  i                  e
 E 2  i                  e
 Z 3   i                p
   4    i               p
   5      i          pe
   6              pe
   7           pe i
   8          pe    i
   9         pe       i
  10   pe              i
  11  pe                 i
  12  p                  i
  13 pp                  i
  14 p p                 i
  15   e  p              i
  16     e   p           i
  17      e    p        i
  18       e     p    i
  19        e      p i
  20         e     ip
  21              e i   p
  22              ie    p
  23             i e    p
  24            i      e p
  25           i        pe
  26          i        p e
```

4.1.4 Wortratespiel

Dieses Programm ist eine Version des Wortespieles „Henker". Der erste Spieler denkt sich ein aus 12 Zeichen bestehendes Wort aus und gibt es in den Rechner ein. Der zweite Spieler versucht das Wort zu erraten, indem er verschiedene Buchstaben eingibt. Der Rechner gibt zum Erraten des Wortes 7 Fehlversuche vor. Wird ein Buchstabe eingegeben, der im gesuchten Wort enthalten ist, so plaziert der Rechner diesen Buchstaben an die entsprechende Stelle im Wort. Dagegen wird bei Eingabe eines nicht im Wort enthaltenen Buchstabens die Anzahl der vorgegebenen Versuche jeweils um eins vermindert und vom Drucker ein spezielles Zeichen zum Plotten des Henkers produziert. Sollten Sie innerhalb der 7 Fehlversuche das Wort erraten haben, ertönt die Fanfare für den Sieg.

Anweisungsliste zu 4.1.4

```
01◆LBL "HENK"      35 GTO 14         69◆LBL 04         103◆LBL 10
02 FS? 55          36 RDN            70 6              104 RCL IND 15
03 GTO 96          37 6              71 /              105 RCL 16
04 "-"             38 RCL 12         72 FRC            106 X≠Y?
05 ASTO 19         39 INT            73 X=0?           107 GTO 11
06◆LBL 95          40 Y↑X            74 GTO 05         108 SF 06
07 FIX 0           41 ST÷ 14         75 ARCL IND 15    109 6
08 CF 21           42◆LBL 14         76 GTO 06         110 RCL 15
09 ADN             43 RDN            77◆LBL 05         111 INT
10 "WORT?"         44 RDN            78 SF 05          112 Y↑X
11 STOP            45 ISG 12         79 ARCL 19        113 ST+ 14
12 ASTO 13         46 GTO 12         80◆LBL 06         114 TONE 9
13 ASHF            47◆LBL 13         81 LASTX          115◆LBL 11
14 .005            48 RCL 12         82 INT            116 ISG 15
15 XEQ 01          49 1              83 ISG 15         117 GTO 10
16 ARCL 13         50 -              84 GTO 04         118 FS? 55
17 6.011           51 INT            85 AVIEW          119 XEQ 98
18 XEQ 01          52 1 E3           86 FS? 55         120 FS?C 06
19 7               53 /              87 XEQ 99         121 GTO 03
20 STO 13          54 STO 12         88 FC?C 05        122 DSE 13
21 CLX             55 SF 06          89 GTO 09         123 GTO 03
22 STO 14          56 FS? 55         90 ASTO 17        124 TONE 8
23 .011            57 XEQ 98         91 ASHF           125 TONE 5
24 STO 12          58◆LBL 03         92 ASTO 18        126 6
25 CLA             59 CLA            93 STOP           127 RCL 15
26 ASTO X          60 ARCL 13        94 ASTO 16        128 INT
27 " "             61 "⊢ VERSUCHE"   95 CLA            129 Y↑X
28 ASTO 17         62 AVIEW          96 ARCL 17        130 1
29◆LBL 12          63 CLA            97 ARCL 18        131 -
30 RCL IND 12      64 RCL 12         98 "⊢ "           132 STO 14
31 X=Y?            65 STO 15         99 ARCL 16        133 GTO 03
32 GTO 13          66 RCL 14         100 AVIEW         134◆LBL 09
33 RCL 17          67 CF 06          101 RCL 12        135 BEEP
34 X≠Y?            68 CF 05          102 STO 15        136 FS? 55
```

```
137 SF 21           183 SKPCOL         229 CF 12           275 4
138 ADV             184 GTO 78         230 0               276 SKPCOL
139 STOP            185♦LBL 76         231 ACCOL           277 GTO 89
140 GTO "HANG"      186♦LBL 74         232 6               278♦LBL 83
141♦LBL 01          187♦LBL 72         233 SKPCOL          279 2
142 STO 15          188 9              234 CF 21           280 SKPCOL
143 ASTO 14         189 SKPCOL         235 RTN             281 509968
144♦LBL 02          190 127            236♦LBL 87          282 XEQ 97
145 " "             191 ACCOL          237 9               283 4
146 ARCL 14         192 9              238 SKPCOL          284 SKPCOL
147 ASTO 14         193 SKPCOL         239 16909432        285 127
148 ASHF            194 GTO 79         240 XEQ 97          286 ACCOL
149 RCL 15          195♦LBL 75         241 16909320        287 4
150 INT             196♦LBL 71         242 XEQ 97          288 SKPCOL
151 11              197 6              243 1967112         289 264223
152 -               198 SKPCOL         244 XEQ 97          290 XEQ 97
153 ASTO IND X      199 127            245 GTO 88          291 2
154 ISG 15          200 ACCOL          246♦LBL 86          292 SKPCOL
155 GTO 02          201 5              247 6               293 GTO 89
156 CLA             202 SKPCOL         248 SKPCOL          294♦LBL 82
157 RTN             203 X<>Y           249 31590496        295 6
158♦LBL 97          204 ACCOL          250 XEQ 97          296 SKPCOL
159 ENTER↑          205 6              251 1574920         297 6358128
160 ENTER↑          206 SKPCOL         252 XEQ 97          298 XEQ 97
161 128             207 GTO 79         253 6               299 1836036
162 MOD             208♦LBL 73         254 SKPCOL          300 XEQ 97
163 ACCOL           209 4              255 GTO 89          301 6
164 -               210 SKPCOL         256♦LBL 85          302 SKPCOL
165 128             211 127            257 6               303♦LBL 89
166 /               212 ACCOL          258 SKPCOL          304 127
167 X≠0?            213 4              259 251789827       305 ACCOL
168 GTO 97          214 SKPCOL         260 XEQ 97          306♦LBL 88
169 RTN             215 X<>Y           261 49672           307 7
170♦LBL 98          216 ACCOL          262 XEQ 97          308 SKPCOL
171 SF 21           217 X<>Y           263 6               309 CLA
172 SF 12           218 SKPCOL         264 SKPCOL          310 ARCL 16
173 0               219 X<>Y           265 GTO 89          311 ACA
174 ACCOL           220 ACCOL          266♦LBL 84          312 CF 12
175 98              221 X<>Y           267 4               313 0
176 FS? 06          222 SKPCOL         268 SKPCOL          314 ACCOL
177 70              223♦LBL 79         269 8454780         315 6
178 RCL 13          224 127            270 XEQ 97          316 SKPCOL
179 +               225 ACCOL          271 8470404         317 CF 21
180 GTO IND X       226♦LBL 78         272 XEQ 97          318 RTN
181♦LBL 77          227 14             273 2032132         319♦LBL 81
182 20              228 SKPCOL         274 XEQ 97          320 4
```

```
321 SKPCOL         327 XEQ 97        333 ACA           339 BLDSPEC
322 135521352      328 267395136     334 PRBUF         340 STO 19
323 XEQ 97         329 XEQ 97        335 CF 21         341 GTO 95
324 135274560      330 GTO 88        336 RTN           342 .END.
325 XEQ 97         331♦LBL 99        337♦LBL 96
326 135406671      332 SF 21         338 95
```

Das Programm benötigt 21 Daten- und 109 Programmregister.

Benutzeranleitung

Nr.	Anweisung	Tasten
1	Datenregister bestimmen	[XEQ] [ALPHA] SIZE [ALPHA] 020
2	Programm eingeben	
3	Programm starten	[XEQ] [ALPHA] HENK [ALPHA]
4	Der erste Spieler gibt ein Wort ein, bis max. 12 Zeichen	[R/S]
5	Der zweite Spieler errät ein Zeichen	[R/S]
6	Wiederholen Sie Schritt 5, bis das Wort erraten wurde oder der Rechner Versuche 0 anzeigt	

Beispiel zu 4.1.4

Geben Sie „FRANKFURT" ein und erraten Sie dann das Wort.

Tastenfolge   [R/S]   Anzeige

[XEQ] [ALPHA] HENK [ALPHA]   7 Versuche (ca. 3 sec)
FRANKFURT   ————————
verschiedene Buchstaben
z. B. E   [R/S]   E
.   [R/S]   .
.   [R/S]   .
.

bis das Wort erraten wurde oder der Rechner Versuche 0 anzeigt   FRANKFURT

```
              ---------                      ---------
    ┌─┐   E   ---------          ┌─┐   D    ---------
    ⌐│    D   ---------          ⌐│    J    ---------
    Y│    B   ---------          Y│    C    ---------
    ││        F___F___            ││        _E__E___
    ┌┬┐│  C   F___F___            ││        _E__E_P_
    ││││      F_R__F___            ││        _E__E_WR_
    ││││      F_A__F__T           ┌┬┐│  B   _E__E_WR_
    ┘│└│  S   F_A__F__T           ┘│└│  J   _E__E_WR_
    ││        F_AN_F__T            ││        NE__E_WR_
    ⌐│    I   F_AN_F__T           ⌐│    D   NE__E_WR_
    ││        FRAN_F_RT            ││        NE__E_WR_
    ┴┘    H   FRANKFURT           ┴┘    M   NESSELWAR_
```

4.1.5 Kalender

Mit diesem Programm haben Sie die Möglichkeit, den Kalender für die Jahre 1900 bis 2100 auszudrucken.

Anweisungsliste zu 4.1.5

01♦LBL "KAL"	42 STO 04	83 ISG 01	124 INT
02 CF 29	43 SF 12	84 GTO 15	125 X<=0?
03 FIX 0	44 XEQ IND 01	85 RTN	126 CF 05
04 "MONAT,JAHR?"	45 RCL 00	86♦LBL 13	127 FC? 05
05 PROMPT	46 ACX	87 1	128 GTO 00
06 INT	47 29	88 ST+ 00	129 10
07 LASTX	48 SKPCOL	89 12	130 X>Y?
08 FRC	49 ADV	90 ST- 01	131 "⊢ "
09 1 E4	50 "S"	91 .001	132 RDN
10 *	51 ACA	92 *	133 ARCL X
11 STO 00	52 4	93 ST- 01	134♦LBL 00
12 RDN	53 SKPCOL	94 RTN	135 FC?C 05
13 ENTER↑	54 "M"	95♦LBL 17	136 "⊢ "
14 ENTER↑	55 ACA	96 RCL 04	137 ARCL 02
15 "ANZ. DER MON.?"	56 SKPCOL	97 1 E3	138 ISG 03
16 PROMPT	57 "D"	98 /	139 GTO 18
17 +	58 ACA	99 RCL 05	140 "⊢ "
18 1	59 SKPCOL	100 1	141 ACA
19 -	60 "M"	101 -	142 ADV
20 .001	61 ACA	102 CHS	143 RCL 05
21 *	62 SKPCOL	103 X<0?	144 INT
22 +	63 "D"	104 SF 05	145 RCL 05
23 STO 01	64 ACA	105 ABS	146 FRC
24♦LBL 15	65 SKPCOL	106 +	147 1 E3
25 RCL 01	66 "F"	107 FS?C 05	148 *
26 INT	67 ACA	108 CHS	149 X<=Y?
27 STO 02	68 SKPCOL	109 STO 05	150 RTN
28 RCL 00	69 "S"	110 0	151 GTO 14
29 STO 03	70 ACA	111 ENTER↑	152♦LBL 19
30 XEQ 19	71 6	112 124	153 RCL 03
31 STO 05	72 SKPCOL	113 BLDSPEC	154 RCL 02
32 RCL 03	73 ADV	114 STO 02	155 1
33 STO 04	74 CF 12	115♦LBL 14	156 +
34 1	75 XEQ 17	116 1.007	157 ENTER↑
35 ST+ 02	76 ADV	117 STO 03	158 1/X
36 RCL 00	77 ADV	118 CLA	159 .7
37 STO 03	78 RCL 01	119 ARCL 02	160 +
38 XEQ 19	79 INT	120♦LBL 18	161 CHS
39 RCL 03	80 12	121 ISG 05	162 INT
40 RCL 04	81 X=Y?	122 SF 05	163 ST+ 03
41 -	82 XEQ 13	123 RCL 05	164 12

```
165 *            183 18           201♦LBL 06        219 16
166 -            184 GTO 00       202 "JUNI"        220 GTO 01
167 30.6001      185♦LBL 02       203 26            221♦LBL 11
168 *            186 "FEBRUAR "   204 GTO 00        222 "NOVEM"
169 INT          187 14           205♦LBL 07        223 14
170 RCL 03       188 GTO 00       206 "JULI"        224 GTO 01
171 365.25       189♦LBL 03       207 26            225♦LBL 12
172 *            190 "MAERZ"      208 GTO 00        226 "DEZEM"
173 INT          191 25           209♦LBL 08        227 14
174 +            192 GTO 00       210 "AUGUST"      228♦LBL 01
175 STO 03       193♦LBL 04       211 21            229 "+BER"
176 7            194 "APRIL"      212 GTO 00        230♦LBL 00
177 MOD          195 25           213♦LBL 09        231 ACA
178 X=0?         196 GTO 00       214 "SEPTEN"      232 SKPCOL
179 7            197♦LBL 05       215 11            233 ADV
180 RTN          198 "MAI"        216 GTO 01        234 RTN
181♦LBL 01       199 32           217♦LBL 10        235 14
182 "JANUAR "    200 GTO 00       218 "OKTO"        236♦LBL 01
                                                    237 .END.
```

Das Programm benötigt 7 Daten- und 72 Programmregister.

Benutzeranleitung

Nr.	Anweisung	Tasten
1	Datenregister bestimmen	[XEQ] [ALPHA] SIZE [ALPHA] 006
2	Programm eingeben	
3	Programm starten	[XEQ] [ALPHA] KAL [ALPHA]
4	Monat und Jahr im Format MM,JJJJ eingeben	[R/S]
5	Anzahl der Monate eingeben	[R/S]
	Ausdruck des Kalenders	

Beispiel zu 4-1.5

Erstellen Sie einen Kalender ausgehend vom September 1981 für sechs Monate.

Tastenfolge	Anzeige
[XEQ] [ALPHA] KAL [ALPHA]	
09, 1981 [R/S]	MONAT, JAHR?
6 [R/S]	ANZ. DER MON.?

```
  SEPTEMBER           OKTOBER            NOVEMBER
     1981               1981                1981
 S M D M D F S      S M D M D F S      S M D M D F S
 |  |  |  1| 2| 3| 4| 5|    |  |  |  |  |  1| 2| 3|    |  1| 2| 3| 4| 5| 6| 7|
 | 6| 7| 8| 9|10|11|12|    | 4| 5| 6| 7| 8| 9|10|    | 8| 9|10|11|12|13|14|
 |13|14|15|16|17|18|19|    |11|12|13|14|15|16|17|    |15|16|17|18|19|20|21|
 |20|21|22|23|24|25|26|    |18|19|20|21|22|23|24|    |22|23|24|25|26|27|28|
 |27|28|29|30|  |  |  |    |25|26|27|28|29|30|31|    |29|30|  |  |  |  |  |
```

```
   DEZEMBER           JANUAR            FEBRUAR
    1981              1982               1982
  S M D M D F S     S M D M D F S     S M D M D F S
  |  |  | 1| 2| 3| 4| 5|     |  |  |  |  |  | 1| 2|     |  | 1| 2| 3| 4| 5| 6|
  | 6| 7| 8| 9|10|11|12|    | 3| 4| 5| 6| 7| 8| 9|    | 7| 8| 9|10|11|12|13|
  |13|14|15|16|17|18|19|    |10|11|12|13|14|15|16|    |14|15|16|17|18|19|20|
  |20|21|22|23|24|25|26|    |17|18|19|20|21|22|23|    |21|22|23|24|25|26|27|
  |27|28|29|30|31|  |  |    |24|25|26|27|28|29|30|    |28|  |  |  |  |  |  |
                            |31|  |  |  |  |  |  |
```

4.2 Mathematik

4.2.1 Sortieren von Daten

Mit diesem Programm haben Sie die Möglichkeit, beliebige Datenmengen zu sortieren. Die Anzahl der zu sortierenden Daten wird lediglich durch die Speicherkapazität (Datenregister) des HP-41C/CV begrenzt. Das Programm selbst belegt 4 Datenregister.

Anweisungsliste zu 4.2.1

```
01♦LBL "SORT"        28 CF 29            55 0                82 STO IND 01
02 SF 21             29 FIX 0            56 STO 03           83 GTO 02
03 "WIE VIELE ?"     30 ADV              57♦LBL 15           84♦LBL 01
04 FIX 0             31 ADV              58 .001             85 FS? 00
05 PROMPT            32♦LBL 03           59 ST+ 03           86 GTO 15
06 3                 33 "ZAHL -"         60 CF 00            87 RCL 00
07 X>Y?              34 RCL 01           61 RCL 00           88 STO 01
08 GTO 16            35 3                62 RCL 03           89 ADV
09 X<>Y              36 -                63 -                90 ADV
10♦LBL 21            37 INT              64 STO 01           91♦LBL 04
11 SF 25             38 ARCL X           65 5                92 CF 29
12 ENTER↑            39 "|- ?"           66 STO 02           93 FIX 0
13 ENTER↑            40 PROMPT           67♦LBL 05           94 "ZAHL -"
14 3                 41 STO IND 01       68 RCL IND 02       95 RCL 01
15 +                 42 ISG 01           69 RCL IND 01       96 3
16 STO IND X         43 GTO 03           70 X>Y?             97 -
17 FC? 25            44♦LBL 30           71 GTO 00           98 INT
18 GTO 20            45 "J"              72♦LBL 02           99 ARCL X
19 RDN               46 ASTO 02          73 1                100 "|- ="
20 3                 47 "AENDERN?"       74 ST+ 02           101 AVIEW
21 +                 48 AON              75 ISG 01           102 CLD
22 1000              49 PROMPT           76 GTO 05           103 FIX 4
23 /                 50 AOFF             77 GTO 01           104 VIEW IND 01
24 4                 51 ASTO X           78♦LBL 00           105 CLD
25 +                 52 RCL 02           79 SF 00            106 ISG 01
26 STO 00            53 X=Y?             80 STO IND 02       107 GTO 04
27 STO 01            54 GTO "AEN"        81 RDN              108 RTN
```

```
109♦LBL 16           118 GTO "SORT"      127 100             136 "NR?"
110 "BITTE WIE-"     119♦LBL 20          128 X>Y?            137 PROMPT
111 CF 21            120 "XEQ SIZE "     129 "+0"            138 3
112 AVIEW            121 1               130 RDN             139 +
113 PSE              122 +               131 ARCL X          140 "ZAHL = ?"
114 "DERHOLEN"       123 10              132 PROMPT          141 PROMPT
115 AVIEW            124 X>Y?            133 RDN             142 STO IND Y
116 PSE              125 "+0"            134 GTO 21          143 GTO 30
117 SF 21            126 RDN             135♦LBL "AEN"       144 .END.
```

Das Programm benötigt 4 Daten- und 45 Programmregister.

Benutzeranleitung

Nr.	Anweisung	Tasten
1	Programm eingeben	
2	Bestimmen der Datenregister nach Anzahl der zu sortierenden Daten (z. B. für 10)	[XEQ] [ALPHA] SIZE [ALPHA] 014
3	Starten des Programms	[XEQ] [ALPHA] SORT [ALPHA]
4	Daten eingeben	[R/S] . . . [R/S]
5	Wird eine nicht ausreichende Anzahl von Datenregistern bestimmt, so wird nach Eingabe der Anzahl (n) der zu sortierenden Daten vom Rechner die Anzahl der benötigten Datenregister angezeigt. Bestimmen Sie nochmals die Datenregister und führen Sie anschließend Schritt 3 aus.	[XEQ] [ALPHA] SIZE [ALPHA]
6	Sollen nach Eingabe sämtlicher Daten einzelne Daten korrigiert werden, so steht in der Anzeige des Rechners die Frage AENDERN?. Geben Sie nun die zu ändernde Nr. ein und anschließend die korrigierte Zahl.	J [R/S]
	Nach Beendigung der Korrekturroutine (werden keine Änderungen vorgenommen ebenfalls [R/S])	[R/S]
7	Anzeige der ersten sortierten Zahl	[R/S]
	Anzeige der zweiten sortierten Zahl bis (n)	[R/S] . . . [R/S]

Beispiel zu 4.2.1

Sortieren Sie folgende Zahlen in aufsteigender Reihenfolge:
150, 14, 1050, 940, 12, 3, 180, 450, 1, 19 (n = 10)

Tastenfolge	Anzeige
[XEQ] [ALPHA] SORT [ALPHA]	WIE VIELE?
10 [R/S]	ZAHL 1?
150 [R/S]	ZAHL 2?
14 [R/S]	ZAHL 3?
1050 [R/S]	ZAHL 4?
940 [R/S]	ZAHL 5?
12 [R/S]	ZAHL 6?
3 [R/S]	ZAHL 7?
180 [R/S]	ZAHL 8?
450 [R/S]	ZAHL 9?
1 [R/S]	ZAHL 10?
19 [R/S]	

Anmerkung:

Wird auf die Frage „WIE VIELE?" eine nicht anwendbare Zahl für (n) vorgegeben (beispielsweise eine negative Zahl, 0 oder 1), so erscheint in der Anzeige des Rechners „BITTE WIEDERHOLEN".

4.2.2 Primfaktorzerlegung

Die auf Label „PRIM" eingegebene Zahl ist in kleinste, nicht mehr teilbare Faktoren zu zerlegen, also beispielsweise 15 in 3 × 5 oder 924 in 2 × 2 × 3 × 7 × 11 und so fort. Zur Lösung wird die eingegebene Zahl probehalber durch 2 geteilt. Läßt sich das Ergebnis nicht mehr ohne Rest durch 2 teilen, so wird wiederholt durch 3 geteilt, dann durch 5, durch 7 und durch die weiteren Primzahlen. Nach Berechnung jedes Primfaktors wird R/S gedrückt, bis schließlich 1 erscheint.

ZAHL -1- =
1.0000
ZAHL -2- =
3.0000
ZAHL -3- =
12.0000
ZAHL -4- =
14.0000
ZAHL -5- =
19.0000
ZAHL -6- =
150.0000
ZAHL -7- =
180.0000
ZAHL -8- =
450.0000
ZAHL -9- =
940.0000
ZAHL -10- =
1050.0000

Anweisungsliste zu 4.2.2

01♦LBL "PRIM"	10 X>Y?	19 ST+ 01	28 RCL 01
02 "ZAHL ?"	11 GTO 01	20 GTO 00	29 STOP
03 PROMPT	12 /	21♦LBL 01	30 GTO 00
04 STO 00	13 FRC	22 1	31♦LBL 03
05 2	14 X=0?	23 STOP	32 3
06 STO 01	15 GTO 02	24 GTO 01	33 STO 01
07♦LBL 00	16 FS?C 22	25♦LBL 02	34 GTO 00
08 RCL 00	17 GTO 03	26 LASTX	35 STOP
09 RCL 01	18 2	27 STO 00	36 .END.

Das Programm benötigt 2 Daten- und 9 Programmregister.

Benutzeranleitung

Nr.	Anweisung	Tasten
1	Datenregister bestimmen	[XEQ] [ALPHA] SIZE [ALPHA] 002
2	Programm eingeben	
3	Programm starten	[XEQ] [ALPHA] PRIM [ALPHA]
4	Zahl eingeben	[R/S]
5	Jeweils [R/S] drücken, bis eine 1 erscheint	[R/S] · · · [R/S]

Beispiele zu 4.2.2(1)

a) Ermitteln Sie die Primfaktoren von 124.

Tastenfolge	Anzeige
[XEQ] [ALPHA] PRIM [ALPHA]	ZAHL?
124 [R/S]	2
[R/S]	2
[R/S]	31
[R/S]	1

Ergebnis: $124 = 2 \times 2 \times 31$

b) 523 ist eine Primzahl
c) $4807 = 11 \times 19 \times 23$
d) 3623 ist eine Primzahl
e) $125 = 5 \times 5 \times 5$

4.2.3 Numerische Integration

Dieses Programm ermöglicht die numerische Integration von Funktionen, die entweder in expliziter Form gegeben sind, oder deren Funktionswert an einer endlichen Zahl von Stützstellen gleichen Abstands bekannt ist (diskreter Fall). Die Integrale von Funktionen, die in expliziter Form gegeben sind, werden vom Programm nach der Simpson-Regel berechnet; im anderen Fall wird die Fläche wahlweise nach dem Simpsonschen Verfahren oder nach der Trapez-Regel ermittelt.

Diskreter Fall

$x_0, x_1, \ldots, x_n$ seien Punkte gleichen Abstands ($x_j = x_0 + jh, j = 1,2, \ldots, n$), an denen die entsprechenden Funktionswerte $f(x_0), f(x_1), \ldots, f(x_n)$ von $f(x)$ bekannt sind. Die Funktion selbst muß in expliziter Form nicht gegeben sein. Nach Eingabe der Schrittweite h und der Funktionswerte $f(x_j), j = 1,2, \ldots, n$ wird das Integral

$$\int_{x_0}^{x_n} f(x)\, dx$$

durch eines der folgenden Verfahren näherungsweise berechnet:

1. Die Trapez-Regel

$$\int_{x_0}^{x_n} f(x)\, dx \cong \frac{h}{2} \left[f(x_0) + 2 \sum_{j=1}^{n-1} f(x_j) + f(x_n) \right]$$

2. Die Simpson-Regel

$$\int_{x_0}^{x_n} f(x)\, dx \cong \frac{h}{3} [f(x_0) + 4f(x_1) + 2f(x_2) +$$
$$\ldots + 4f(x_{n-3}) + 2f(x_{n-2}) + 4f(x_{n-1}) - f(x_n)]$$

Um das Simpsonsche Verfahren anwenden zu können, muß n geradzahlig sein. Falls n dagegen ungerade ist, hält der Rechner mit einer Fehleranzeige an, wenn D gedrückt wird.

Explizit gegebene Funktion

Falls f(x) aber in explizierter Form vorliegt, kann sie in den Programmspeicher eingegeben werden und mit Hilfe der Simpsonschen-Regel numerisch integriert werden. Der Benutzer muß den Anfangs- und den Endwert (a, b) des Integrationsintervalls und die Zahl n der Teilintervalle, in die das Intervall (a, b) unterteilt werden soll, bestimmen (n muß dabei eine gerade positive Zahl sein), andernfalls wird „N NICHT GER" angezeigt. Das Programm berechnet dann

$x_0 = a, x_j = x_0 + jh, j = 1, 2, \ldots, n-1,$ und $x_n = b,$

wobei

$$h = \frac{b-a}{n}$$

ist.

Das Integral $\int_a^b f(x)\, dx$ wird nach der obigen Simpsonschen Regel bestimmt.

Die Funktion f(x) kann dann unter Verwendung einer globalen Marke in den Programmspeicher eingegeben werden.

Anweisungsliste zu 4.2.3

```
01◆LBL "INTG"     31 ST+ 03        61 FRC           91 RCL 03
02 CLX            32 RCL 03        62 X≠0?          92 RCL 06
03 SF 21          33 GTO 04        63 GTO E         93 X=Y?
04 SF 27          34◆LBL C         64 RTN           94 GTO 00
05 STOP           35 2             65◆LBL b         95 XEQ 06
06◆LBL A          36 RCL 00        66 STO 03        96 GTO 03
07 STO 04         37 GTO 00        67 XEQ 02        97◆LBL 06
08 RTN            38◆LBL D         68 XEQ "FN"      98 RCL 04
09◆LBL B          39 RCL 03        69 ASTO 07       99 ST+ 05
10 STO 00         40 XEQ 02        70 AOFF          100 RCL 05
11 STO 06         41 3             71 RCL 01        101 XEQ IND 07
12 0              42 RCL 06        72 XEQ IND 07    102 XEQ 01
13 STO 03         43◆LBL 00        73 STO 00        103 RTN
14◆LBL 04         44 RCL 01        74 RCL 02        104◆LBL "FN"
15 RTN            45 -             75 XEQ IND 07    105 "FN. NAME?"
16◆LBL B          46◆LBL 05        76 ST+ 00        106 AON
17 STO 01         47 RCL 04        77 RCL 02        107 PROMPT
18 XEQ 01         48 *             78 RCL 01        108 RTN
19 ENTER↑         49 X<>Y          79 STO 05        109◆LBL E
20 +              50 /             80 -             110 "N NICHT GER."
21 ST+ 06         51 VIEW X        81 RCL 03        111 PROMPT
22 1              52 RTN           82 /             112 RTN
23 ST+ 03         53◆LBL a         83 STO 04        113◆LBL 00
24 RCL 03         54 STO 02        84 0             114 3
25 RTN            55 X<>Y          85 STO 06        115 RCL 00
26◆LBL B          56 STO 01        86◆LBL 03        116 GTO 05
27 STO 01         57 RTN           87 XEQ 06        117◆LBL 01
28 XEQ 01         58◆LBL 02        88 ST+ 00        118 ENTER↑
29 ST+ 06         59 2             89 2             119 +
30 1              60 /             90 ST+ 06        120 ST+ 00
                                                    121 END
```

Das Programm benötigt 9 Daten- und 32 Programmspeicher.

Benutzeranleitung

Den HP-41C/CV in den User-Modus schalten.

Nr.	Anweisung	Tasten
1	Datenregister bestimmen	[XEQ] [ALPHA] SIZE [ALPHA] 008
2	Programm eingeben	
3	Programm starten (für den diskreten Fall weiter mit Schritt 4, für explizite Funktion weiter mit Schritt 9)	[XEQ] [ALPHA] INTG [ALPHA]

4	Diskreter Fall: Abstand zwischen den x-Werten eingeben	[A]
5	Funktionswerte für x_j eingeben. Schritt für j = 0, 1, ... n wiederholen	[B]
6	Flächenberechnung nach der Trapez-Regel	[C]
7	Flächenberechnung nach der Simpson-Regel	[D]
8	Für eine neue Berechnung weiter mit Schritt 3	
9	Explizit gegebene Funktion: Funktionseingabe vorbereiten	[GTO] [·] [·]
10	Laden Sie die Funktion in den Programmspeicher (globale Marke)	PRGM LBL — . . RTN PRGM
11	Programm starten	[XEQ] [ALPHA] INTG [ALPHA]
12	Integrationsgrenzen eingeben (a, b)	a [ENTER] b [SHIFT] A
13	Zahl der Teilintervalle eingeben (n geradzahlig)	[SHIFT] [B]
14	Funktionsname eingeben und Fläche nach der Simpson-Regel berechnen	[R/S]
15	Gehen Sie zum Abändern von a, b oder n zu der entsprechenden Zeile; für eine neue Berechnung weiter mit Schritt 3	

Beispiele zu 4.2.3

a) Berechnen Sie, ausgehend von den nachstehend aufgeführten Funktionswerten f (x_j) mit j = 1, 2, ... 8 einen Näherungswert für das Integral

$$\int_0^2 f(x)\,dx$$

nach der Trapez- und der Simpson-Regel.

Wählen Sie für h = 0,25

j	0	1	2	3	4	5	6	7	8
x_j	0	,25	,5	,75	1	1,25	1,5	1,75	2
f(x_j)	2	2,8	3,8	5,2	7	9,2	12,1	15,6	20

Tastenfolge				Anzeige
[XEQ] [ALPHA] INTG [ALPHA]				0,0000
0,25	[A]	2	[B]	
2,8	[B]	3,8	[B]	
5,2	[B]	7	[B]	
9,2	[B]	12,1	[B]	
15,6	[B]	20	[B]	
[C]				16,6750 (Trapez-Regel)
[D]				16,5833 (Simpson-Regel)

b) Es soll das bestimmte Integral von f(x) = sin² x im Intervall x = 0 bis π berechnet werden, also

$$\int_0^\pi \sin^2 x \, dx \qquad \text{für } n = 10$$

Beachten Sie, daß die x-Werte in Bogenmaß (RAD) erwartet werden.

Schalten Sie den Rechner in Stellung PRGM.

Tasten:

[GTO] [·] [·]
■ [LBL] [ALPHA] DE [ALPHA]
[XEQ] [ALPHA] RAD [ALPHA]
[SIN]
■ [X²]
[XEQ] [ALPHA] DEG [ALPHA]
■ [RTN]

Schalten Sie den Rechner in den Normal-Modus zurück.

Tastenfolge		Anzeige
[XEQ] [ALPHA] INTG [ALPHA]		0.0000
0	[ENTER] ■ π [SHIFT] [A]	0.0000
10	[SHIFT] [B]	FN NAME?
DE	[R/S]	1.5708 (n = 10)

Ergebnis: 1,5708

c) $\int_0^2 x^2 \, dx$ für n = 6 Ergebnis: 2,6667

d) $\int_{-1}^8 x^2 \, dx$ für n = 10 Ergebnis: 171

e) $\int_1^3 \frac{1}{2x-1} \, dx$ für n = 20 Ergebnis: 0,8047

4.2.4 4 × 4 Matrix

Dieses Programm berechnet die Determinante und Inverse einer 4 × 4 Matrix und die Lösung eines Gleichungssystems mit 4 Unbekannten. Die Methode, die in diesem Programm angewandt wurde, ist das Gaußsche Eliminationsverfahren mit partieller Pivotisierung. Das Programm transformiert die eingegebene Matrix A in eine obere Dreiecksmatrix U unter der Annahme, daß A nichtsingulär ist. Die Multiplikatoren, die verwendet werden, um diese Transformation auszuführen, bilden eine untere Dreiecksmatrix L, die Einsen entlang ihrer Diagonalen hat. Wenn die Pivotisierung außer acht gelassen wird (eine Technik der Reihenaustauschung, die die Genauigkeit verbessern kann), ist die Beziehung zwischen diesen Matrizen U = LA. Die Originalmatrix A geht dabei verloren. Die ursprünglichen Elemente a_{ij} werden durch die Elemente von U und L ersetzt ($i \leq j$ bei U und $i > j$ bei L). Der zweite Teil des Programms verwendet die transformierten U und L, um die Determinante und Inverse von A zu berechnen und das Gleichungssystem zu lösen.

Gleichungen:

Es sei $A = \begin{bmatrix} a_{11} & a_{12} & a_{13} & a_{14} \\ a_{21} & a_{22} & a_{23} & a_{24} \\ a_{31} & a_{32} & a_{33} & a_{34} \\ a_{41} & a_{42} & a_{43} & a_{44} \end{bmatrix}$ zur Berechnung

und $A = \begin{bmatrix} a_1 & a_5 & a_9 & a_{13} \\ a_2 & a_6 & a_{10} & a_{14} \\ a_3 & a_7 & a_{11} & a_{15} \\ a_4 & a_8 & a_{12} & a_{16} \end{bmatrix}$ zur Eingabe

Die Determinante von A (Det A) wird nach ihrer Transformierung zu U durch das Produkt der Diagonalelemente gefunden.

$$\text{Det } A = (-1)^K \, a_{11} \, a_{22} \, a_{33} \, a_{44},$$

wobei K die Anzahl der Reihenaustauschungen ist, die durch die Pivotisierung erfordert werden.

Ein Gleichungssystem mit vier Unbekannten (20 Eingabeparameter) kann geschrieben werden:

$$a_{11} x_1 + a_{12} x_2 + a_{13} x_3 + a_{14} x_4 = b_1$$
$$a_{21} x_1 + a_{22} x_2 + a_{23} x_3 + a_{24} x_4 = b_2$$
$$a_{31} x_1 + a_{32} x_2 + a_{33} x_3 + a_{34} x_4 = b_3$$
$$a_{41} x_1 + a_{42} x_2 + a_{43} x_3 + a_{44} x_4 = b_4$$

wobei x_j die Unbekannten und a_{ij} bzw. b_j die Konstanten sind.

In Matrixnotation wird dies zu Ax = b, wobei x und b die Reihenvektoren

$\begin{bmatrix} x_1 \\ x_2 \\ x_3 \\ x_4 \end{bmatrix}$ bzw. $\begin{bmatrix} b_1 \\ b_2 \\ b_3 \\ b_4 \end{bmatrix}$

sind.

Dieses Gleichungssystem wird mit Ux = Lb gelöst, also unter Vernachlässigung der Pivotisierung.

C sei die Inverse von A (also der 4 × 4 Matrix), so daß AC = CA = J, wobei J die 4 × 4 Einheitsmatrix ist.

Eine Spalte von C wird jeweils folgendermaßen berechnet:

$C^{(j)}$ sei der j-te Spaltenvektor von C, also

$$C^{(j)} = \begin{bmatrix} c_{1j} \\ c_{2j} \\ c_{3j} \\ c_{4j} \end{bmatrix} \text{ mit } j = 1, 2, 3, 4.$$

$C^{(j)}$ wird somit durch Lösung der Gleichung $AC^{(j)} = J^{(j)}$ gefunden.

Anweisungsliste zu 4.2.4

```
01✦LBL "4*4"      31 STO 24        61 ST/ 07        91 4
02 FIX 0          32 RCL 05        62 ST/ 08        92 XEQ c
03 CF 29          33 ABS           63 9             93✦LBL 00
04 4              34 STO 22        64 STO 25        94 RCL 10
05 STO 00         35 2             65 XEQ d         95 CHS
06✦LBL A          36 RCL 06        66 XEQ d         96 ST/ 11
07 1              37 XEQ D         67 XEQ d         97 ST/ 12
08 ST+ 00         38 3             68 2             98 RCL 11
09 "A"            39 RCL 07        69 STO 21        99 RCL 14
10 RCL 00         40 XEQ D         70 STO 23        100 *
11 4              41 4             71 RCL 10        101 ST+ 15
12 -              42 RCL 08        72 ABS           102 RCL 12
13 ARCL X         43 XEQ D         73 STO 22        103 RCL 14
14 "F?"           44 1             74 3             104 *
15 PROMPT         45 RCL 21        75 RCL 11        105 ST+ 16
16 STO IND 00     46 X=Y?          76 XEQ D         106 RCL 11
17 RCL 00         47 GTO 00        77 4             107 RCL 18
18 20             48 XEQ b         78 RCL 12        108 *
19 X≠Y?           49 1             79 XEQ D         109 ST+ 19
20 GTO A          50 XEQ c         80 2             110 RCL 12
21 STOP           51 2             81 RCL 21        111 RCL 18
22✦LBL "GO"       52 XEQ c         82 X=Y?          112 *
23 CLD            53 3             83 GTO 00        113 RCL 20
24 FIX 2          54 XEQ c         84 10            114 +
25 SF 29          55 4             85 *             115 STO 20
26 0              56 XEQ c         86 XEQ b         116 RCL 15
27 STO 00         57✦LBL 00        87 2             117 ABS
28 1              58 RCL 05        88 XEQ c         118 RCL 16
29 STO 21         59 CHS           89 3             119 ABS
30 STO 23         60 ST/ 06        90 XEQ c         120 X<Y?
```

```
121 GTO 00        167 RCL 22        213 *             259 *
122 RCL 15        168 XEQ E         214 RCL 15        260 ST+ 03
123 RCL 16        169 X<>Y          215 *             261 RCL 01
124 STO 15        170 STO IND 25    216 RCL 20        262 RCL 08
125 X<>Y          171 X<>Y          217 *             263 *
126 STO 16        172 RCL 23        218 "DET="        264 ST+ 04
127 RCL 19        173 RCL 22        219 ARCL X        265 RCL 00
128 RCL 20        174 4             220 AVIEW         266 RCL 23
129 STO 19        175 *             221 STOP          267 /
130 X<>Y          176 +             222♦LBL "SYS"     268 INT
131 STO 20        177 STO 25        223 "b1?"         269 X=0?
132 .4            178 RDN           224 PROMPT        270 GTO 00
133 XEQ b         179 STO IND 25    225 STO 01        271 STO 25
134♦LBL 00        180 RTN           226 "b2?"         272 RCL IND 25
135 RCL 15        181♦LBL E         227 PROMPT        273 RCL 02
136 CHS           182 4             228 STO 02        274 STO IND 25
137 ST/ 16        183 *             229 "b3?"         275 X<>Y
138 RCL 19        184 +             230 PROMPT        276 STO 02
139 RCL 16        185 STO 25        231 STO 03        277♦LBL 00
140 *             186 CLX           232 "b4?"         278 RCL 12
141 RCL 20        187 RCL IND 25    233 PROMPT        279 RCL 11
142 +             188 RTN           234 STO 04        280 RCL 02
143 STO 20        189♦LBL d         235♦LBL a         281 *
144 STOP          190 RCL IND 25    236 RCL 06        282 ST+ 03
145♦LBL D         191 STO 21        237 10            283 CLX
146 ABS           192 ISG 25        238 STO 23        284 RCL 02
147 RCL 22        193 "A"           239 /             285 *
148 X<Y?          194 RCL 06        240 FRC           286 ST+ 04
149 RTN           195 XEQ e         241 RCL 23        287 RCL 00
150 RDN           196 RCL 07        242 *             288 FRC
151 STO 22        197 XEQ e         243 INT           289 RCL 23
152 RDN           198 RCL 08        244 X=0?          290 *
153 STO 21        199 XEQ e         245 GTO 00        291 X=0?
154 RTN           200 RTN           246 STO 25        292 GTO 00
155♦LBL b         201♦LBL e         247 RCL IND 25    293 STO 25
156 ST+ 00        202 RCL 21        248 RCL 01        294 RCL IND 25
157 RCL 24        203 *             249 STO IND 25    295 RCL 03
158 CHS           204 ST+ IND 25    250 X<>Y          296 STO IND 25
159 STO 24        205 ISG 25        251 STO 01        297 X<>Y
160 RTN           206 RTN           252♦LBL 00        298 STO 03
161♦LBL c         207 RTN           253 RCL 01        299♦LBL 00
162 STO 22        208♦LBL "DET"     254 RCL 06        300 RCL 16
163 RCL 23        209 RCL 24        255 *             301 RCL 03
164 RCL 22        210 RCL 05        256 ST+ 02        302 *
165 XEQ E         211 *             257 RCL 01        303 ST+ 04
166 RCL 21        212 RCL 10        258 RCL 07        304 RCL 20
```

```
305 ST/ 04      331 STO 22      357 STOP        383 STO 04
306 RCL 04      332 RCL 14      358 RTN         384 RTN
307 CHS         333 RCL 13      359◆LBL "INV"   385◆LBL "UB"
308 STO 21      334 RCL 21      360 XEQ c       386 5
309 RCL 15      335 *           361 1           387 STO 00
310 STO 22      336 ST+ 01      362 STO 01      388◆LBL F
311 RCL 19      337 CLX         363 XEQ a       389 RCL 00
312 RCL 18      338 RCL 21      364 XEQ c       390 4
313 RCL 17      339 *           365 1           391 -
314 RCL 21      340 ST+ 02      366 STO 02      392 "A"
315 *           341 RCL 22      367 XEQ a       393 FIX 0
316 ST+ 01      342 ST/ 02      368 XEQ c       394 CF 29
317 CLX         343 RCL 09      369 1           395 ARCL X
318 RCL 21      344 RCL 02      370 STO 03      396 "⊢="
319 *           345 CHS          371 XEQ a       397 SF 29
320 ST+ 02      346 *           372 XEQ c       398 FIX 2
321 CLX         347 ST+ 01      373 1           399 ARCL IND 00
322 RCL 21      348 RCL 05      374 STO 04      400 AVIEW
323 *           349 ST/ 01      375 XEQ a       401 PSE
324 ST+ 03      350 RCL 01      376 CLX         402 1
325 RCL 22      351 STOP        377 RTN         403 ST+ 00
326 ST/ 03      352 RCL 02      378◆LBL c       404 21
327 RCL 03      353 STOP        379 CLX         405 RCL 00
328 CHS         354 RCL 03      380 STO 01      406 X=Y?
329 STO 21      355 STOP        381 STO 02      407 GTO "GO"
330 RCL 10      356 RCL 04      382 STO 03      408 GTO F
                                                409 .END.
```

Das Programm benötigt 26 Daten- und 97 Programmregister.

Benutzeranleitung

Nr.	Anweisung	Tasten
1	Datenregister bestimmen	[XEQ] [ALPHA] SIZE [ALPHA] 026
2	Programm eingeben	
3	Programm starten	[XEQ] [ALPHA] ■ 4 ■ × ■ 4 [ALPHA]
	Eingabe a_i: a_1	R/S
	.	.
	.	.
	.	.
	a_{16}	R/S
4	Überprüfen der Matrix	[XEQ] [ALPHA] Ub [ALPHA]
	a_i: a_1	(wenn Sie keine Überprüfung wünschen, drücken Sie R/S)
	.	
	.	
	.	
	a_{16}	

Nr.	Anweisung	Tasten
5	Ermitteln der Determinante Ergebnis: DET =	[XEQ] [ALPHA] DET [ALPHA]
6	Ermitteln der Inversen	[XEQ] [ALPHA] INV [ALPHA]
	C_1	R/S
	.	.
	.	.
	.	.
	C_{16}	R/S
7	Für ein Gleichungssystem Eingabe der Konstanten	[XEQ] [ALPHA] SYS [ALPHA]
	b_1	R/S
	.	.
	.	.
	.	.
	b_4	R/S
	Ergebnis:	
	$x_1 =$	R/S
	$x_2 =$	R/S
	$x_3 =$	R/S
	$x_4 =$	

Beispiel zu 4.2.4

Das folgende Gleichungssystem mit vier Unbekannten ist zu lösen:

$$\begin{aligned}
x_1 + x_2 - x_3 + x_4 &= -2 \\
-x_1 - x_2 + 3x_3 - 4x_4 &= 6 \\
2x_1 + 3x_2 - 4x_3 + 8x_4 &= -9 \\
0{,}5x_1 + 1{,}5x_2 + 0{,}5x_3 - 2x_4 &= 0
\end{aligned}$$

Tastenfolge	Anzeige
[XEQ] [ALPHA] ■ 4 ■ x ■ 4 [ALPHA]	A1?
1 [R/S]	A2?
−1 [R/S]	A3?
2 [R/S]	A4?
0,5 [R/S]	A5?
1 [R/S]	A6?
−1 [R/S]	A7?
3 [R/S]	A8?
1,5 [R/S]	A9?
−1 [R/S]	A10?
3 [R/S]	A11?
−4 [R/S]	A12?
0,5 [R/S]	A13?
1 [R/S]	A14?
−4 [R/S]	A15?
8 [R/S]	A16?

Tastenfolge	Anzeige
−2 [R/S]	20
R/S	2,67
[XEQ] [ALPHA] DET [ALPHA]	DET = 8,00
[XEQ] [ALPHA] INV [ALPHA]	2,5 C1
[R/S]	−1 C2
[R/S]	0,5 C3
[R/S]	0 C4
[R/S]	0,81 C5
[R/S]	−0,13 C6
[R/S]	1,06 C7
[R/S]	0,38 C8
[R/S]	−0,12 C9
[R/S]	0,25 C10
[R/S]	0,38 C11
[R/S]	0,25 C12
[R/S]	−0,88 C13
[R/S]	0,75 C14
[R/S]	−0,38 C15
	−0,25 C16
[XEQ] [ALPHA] SYS [ALPHA]	b1?
−2 [R/S]	b2?
6 [R/S]	b3?
−9 [R/S]	b4?
0 [R/S]	1 ≙ X1
[R/S]	−1 ≙ X2
[R/S]	2 ≙ X3
[R/S]	0 ≙ X4

4.2.5 Fourier-Analyse

Jede periodische Funktion kann unter Verwendung der nachfolgenden Formeln als Folge von Sinus- und Kosinusfunktionen dargestellt werden.

$$f(t) = \frac{a_0}{2} + \sum_{k=1}^{\infty} \left(a_k \cos \frac{2\pi t_k}{T} + b_k \sin \frac{2\pi t_k}{T} \right)$$

$$= \frac{a_0}{2} + \sum_{k=1}^{\infty} \left(c_k \cos \frac{2\pi t_k}{T} - \Theta_k \right).$$

Dabei bedeuten:

$$a_k = \frac{2}{T} \int_0^T f(t) \cos \frac{2\pi t_k}{T} dt, \quad k = 0, 1, 2 \ldots$$

$$b_k = \frac{2}{T} \int_0^T f(t) \sin \frac{2\pi t_k}{T} dt, \quad k = 1, 2 \ldots$$

$$c_k = (a_k^2 + b_k^2)^{1/2}$$

$$\Theta_k = \arctan \left(\frac{b_k}{a_k} \right)$$

T = Periode der Funktion f(t)

Das Programm berechnet die Fourier-Koeffizienten diskreter Funktionen mit Hilfe der obigen Formeln, wenn eine ausreichende Anzahl von Stützstellen gegeben ist. Zu n Punkten gleichen Abstandes berechnet das Programm bis zu zehn aufeinanderfolgende Koeffizientenpaare. Die Koeffizienten können sowohl in kartesischen Koordinaten als auch in Polarform dargestellt werden. Der Wert n sollte zumindest doppelt so groß gewählt werden wie das höchste erwartete Vielfache der Grundfrequenz, das in der zu analysierenden Funktion auftritt.

Anweisungsliste zu 4.2.5

```
01♦LBL "FOUR"        24 SF 29            47 RCL 23           70 GTO 02
02 SF 21             25 PROMPT           48 ENTER↑           71♦LBL 07
03 RAD               26♦LBL 05           49 DSE 21           72 RCL 21
04 CLRG              27 STO 23           50 GTO 01           73 RCL 22
05 "ANZ.STWERTE?"    28 RCL 22           51 1                74 -
06 PROMPT            29 STO 21           52 ST- 00           75 -2
07 STO 25            30♦LBL 01           53 RCL 25           76 /
08 "ANZ. FREQ?"      31 CLX              54 RCL 00           77 RCL 24
09 PROMPT            32 RCL 00           55 X<=Y?            78 +
10 2                 33 XEQ 07           56 GTO 00           79 RTN
11 *                 34 RCL 25           57 "RECT?"          80♦LBL A
12 STO 22            35 /                58 AON              81 CF 01
13 "1. KOEFF?"       36 *                59 PROMPT           82 RCL 22
14 PROMPT            37 2                60 AOFF             83 STO 21
15 STO 24            38 *                61 ASTO Y           84♦LBL 02
16 1                 39 PI               62 "N"              85 XEQ 07
17 STO 00            40 *                63 ASTO X           86 STO 26
18 FIX 0             41 X<>Y             64 X≠Y?             87 RCL IND 21
19♦LBL 00            42 P-R              65 GTO A            88 DSE 21
20 CF 29             43 ST+ IND 21       66♦LBL B            89 RCL IND 21
21 "Y"               44 X<>Y             67 SF 01            90 F3? 01
22 ARCL 00           45 DSE 21           68 RCL 22           91 GTO 03
23 "+=?"             46 ST+ IND 21       69 STO 21           92 2
```

```
 93 RCL 25        116 "F="         139 GTO 02       162 P-R
 94 /            117 FIX 4        140 RTN          163 RCL IND 21
 95 *            118 "F"          141◆LBL "ST"     164 *
 96 X<>Y         119 SF 29        142 CF 02        165 X<>Y
 97 LASTX        120 RTN          143 STO 00       166 DSE 21
 98 *            121◆LBL 03       144 RCL 22       167 RCL IND 21
 99◆LBL 04       122 X<>Y         145 STO 21       168 *
100 FIX 0        123 R-P          146 CLX          169 +
101 "a"          124 2            147◆LBL 06       170 RCL 25
102 XEQ 09       125 RCL 25       148 XEQ 07       171 /
103 ARCL X       126 /            149 X=0?         172 2
104 AVIEW        127 *            150 SF 02        173 *
105 FIX 0        128 FIX 0        151 2            174 +
106 "b"          129 "c"          152 *            175 DSE 21
107 XEQ 09       130 XEQ 09       153 PI           176 GTO 06
108 ARCL Y       131 ARCL X       154 *            177 VIEW X
109 AVIEW        132 AVIEW        155 RCL 00       178 RTN
110 DSE 21       133 FIX 0        156 +            179◆LBL 08
111 GTO 02       134 "d"          157 RCL 25       180 CLX
112 RTN          135 XEQ 09       158 /            181 .5
113◆LBL 09       136 ARCL Y       159 1            182 .END.
114 CF 29        137 AVIEW        160 FS? 02
115 ARCL 26      138 DSE 21       161 XEQ 08
```

Das Programm benötigt 27 Daten- und 48 Programmregister.

Benutzeranleitung

Nr.	Anweisung	Tasten
1	Bestimmen der Datenregister	[XEQ] [ALPHA] SIZE [ALPHA] 027
2	Programm eingeben	
3	Programm starten	[XEQ] [ALPHA] FOUR [ALPHA]
4	Anzahl der Stützwerte innerhalb einer Periode eingeben	[R/S]
5	Anzahl der gewünschten Frequenzen	[R/S]
6	Ordnung des ersten Koeffizienten	[R/S]
7	Y_n mit n = 1, 2 ..., n eingeben	[R/S]
8	Schritt 7 wiederholen bis „RECT?" in der Anzeige erscheint	[R/S]
9	Anzeige der Koeffizienten für $J \leqslant k \leqslant$ (J und Anzahl der gewünschten) Frequenzen in kartesischen Koordinaten)	[R/S]
	Sollten die Koeffizienten N in Polarkoordinaten ausgegeben werden	N [R/S]
	anschließend werden durch Drücken von [R/S] die aufeinanderfolgenden Koeffizienten angezeigt.	

Nr.	Anweisung	Tasten
10	Berechnen des Wertes der Fourier-Reihe an der Stelle t. Wert für t eingeben	[XEQ] [ALPHA] ST [ALPHA]

Beispiel zu 4.2.5

Es ist eine Fourier-Reihe für die unten gezeigten Wellenformen zu bestimmen. Da 12 Stichproben vorliegen, werden 7 Frequenzen ausgewählt (DC-Term und 6 harmonische Funktionen). Die Koeffizienten sind als Polarkoordinaten darzustellen.

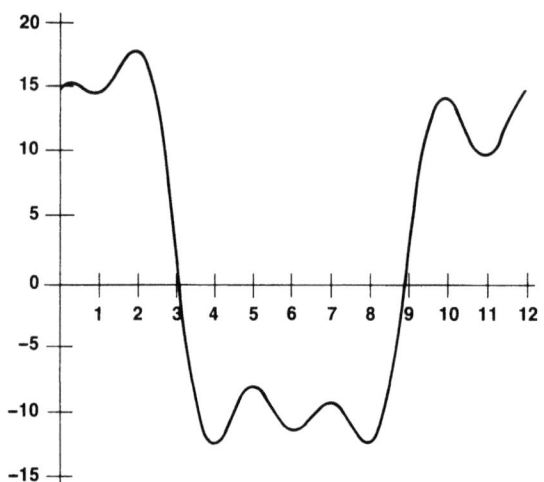

t	f(t)
1	14.758
2	17.732
3	2
4	-12.
5	- 7.758
6	-11
7	- 9.026
8	-12.
9	2
10	14.268
11	10.026
12	15

Tasten	Anzeige
[XEQ] [ALPHA] FOUR [ALPHA]	ANZ. STWERTE?
12 [R/S]	ANZ. FREQ?
7 [R/S]	1. KOEFF?
0 [R/S]	Y1=?
14,758 [R/S]	Y2=?
17,732 [R/S]	Y3=?
2 [R/S]	Y4=?
12 [CHS] [R/S]	Y5=?
7,758 [CHS] [R/S]	Y6=?
11 [CHS] [R/S]	Y7=?
9,026 [CHS] [R/S]	Y8=?
12 [CHS] [R/S]	Y9=?
2 [R/S]	Y10=?
14,268 [R/S]	Y11=?
10,026 [R/S]	Y12=?
15 [R/S]	RECT?
[R/S]	
⋮	
[R/S]	

Eingesetzt in die Formel

$$f(t) = \frac{a_0}{2} + \sum_{k=1}^{\infty}\left(a_k \cos \frac{2\pi t_k}{T} + b_k \sin \frac{2\pi t_k}{T}\right),$$

wobei die Terme $a_2 = 3{,}0000\ E{-}8$
$a_4 = 3{,}3333\ E{-}9$
$b_4 = 3{,}2000\ E{-}9$
$b_5 = 1{,}4673\ E{-}5$
$b_6 = 2{,}3599\ E{-}8$

wegen ihrer geringen Größe zu vernachlässigen sind.

Somit ergibt sich

$$f(t) = 2 + 14{,}9998 \cos \frac{2\pi t}{12} + \sin \frac{2\pi t}{12}$$
$$+ \sin \frac{4\pi t}{12} - 5 \cos \frac{6\pi t}{12} + \sin \frac{6\pi t}{12}$$
$$+ 3{,}0002 \cos \frac{10\pi t}{12}$$

```
a0=4.0000
b0=0.0000
a1=14.9998
b1=1.0000
a2=3.0000E-8
b2=1.0000
a3=-5.0000
b3=1.0000
a4=3.3333E-9
b4=3.2000E-9
a5=3.0002
b5=1.4673E-5
a6=0.0000
b6=2.3599E-8
```

4.3 Elektrotechnik

4.3.1 Bode-Diagramm von Butterworth- und Tschebyscheff-Filtern

Dieses Programm berechnet Dämpfung, Phase und Gruppenlaufzeit für Bode-Diagramme von Butterworth- oder Tschebyscheff-Filtern n-ten Grades. Eine Frequenztransformation erlaubt die Berücksichtigung von vier verschiedenen Filtertypen: Tiefpass, Hochpass, Bandpass und Bandsperre. Das Frequenzinkrement ist entweder linear (Δf additiv) oder logarithmisch (Δf multiplikativ).

Die Pole eines Butterworth-Filters n-ten Grades sind durch den folgenden Ausdruck gegeben:

$$s = \sigma_k + j\omega_k = -\sin\left(\frac{2k-1}{n}\frac{\pi}{2}\right) - j\cos\left(\frac{2k-1}{n}\frac{\pi}{2}\right) \quad (k = 1, \ldots, n).$$

Von den Polen des Butterworth-Filters werden die des Tschebyscheff-Filters wie folgt abgeleitet:

Es sei
$$\beta_k = \frac{1}{n} \sinh^{-1} \frac{1}{\epsilon}.$$

Dann sind die neuen Pole gegeben durch

$$s_k = \sigma_k \sinh \beta_k + j\,\omega_k \cosh \beta_k.$$

Dämpfung, Phase und Gruppenlaufzeit eines Filters sind durch die nachfolgenden Beziehungen gegeben.

Die Netzwerk-Übertragungsfunktion lautet:

$$H(j\omega) = \frac{K}{(j\omega - s_1)(j\omega - s_2)\ldots(j\omega - s_n)}$$

$$= \frac{K}{(M_1 \angle \Theta_1)(M_2 \angle \Theta_2)\ldots(M_n \angle \Theta_n)}$$

$$= \frac{K}{M(\omega) \angle \Theta(\omega)},$$

wobei K eine Konstante ist, die so gewählt wird, daß
$|H(jO)| = 1$.

Für den Betrag der Übertragungsfunktion gilt

$$|H(j\omega)| = \frac{K}{\prod_{i=1}^{n} \sqrt{\sigma_i^2 + (\omega - \omega_i)^2}},$$

und die Phase ist

$$\arg[H(j\omega)] = -\Theta(\omega) = -\sum_{i=1}^{n} \tan^{-1}\left(\frac{\omega - \omega_i}{-\sigma_1}\right).$$

Die normalisierte Gruppenlaufzeit beträgt

$$tg = \frac{d}{d\omega}\{\Theta(\omega)\} = \sum_{i=1}^{n} \frac{\sigma_i}{\sigma_i^2 + (\omega - \omega_i)^2}.$$

Anweisungsliste zu 4.3.1

```
01♦LBL "BODE"      21 STO 14        41 +              61 DSE 10
02 RCL 01          22 "0,1-?"       42 RCL 08         62 GTO 08
03 10              23 PROMPT        43 R-P            63 RCL 04
04 /               24 SF 01         44 ST/ 11         64 1
05 10↑X            25 X=0?          45 X<>Y           65 XEQ 09
06 1               26 CF 01         46 ST- 12         66 /
07 -               27♦LBL E         47 RCL 08         67 RCL 11
08 SQRT            28 0             48 RCL 07         68 LOG
09 STO 01          29 STO 09        49 R-P            69 20
10 1               30 STO 12        50 ST* 11         70 *
11 XEQ 09          31 1             51 P-R            71 RND
12 ST* 02          32 STO 11        52 RCL 13         72 RCL 12
13 ST* 03          33 RCL 00        53 +              73 1
14 ST* 04          34 STO 10        54 RCL 08         74 P-R
15 ST* 05          35 XEQ 07        55 R-P            75 DEG
16 RCL 06          36♦LBL 08        56 X↑2            76 R-P
17 *               37 RAD           57 X<>Y           77 CLX
18 STO 15          38 XEQ 06        58 RDN            78 RCL 09
19 "?"             39 RCL 07        59 /              79 "T="
20 PROMPT          40 RCL 13        60 ST+ 09         80 XEQ 05
```

```
81 "Z="           109♦LBL 00        137♦LBL 06        165 ST* 07
82 XEQ 05         110 1/X           138 FS? 00        166 2
83 "MAG="         111 CHS           139 GTO 01        167 ST/ 08
84 XEQ 05         112 GTO 04        140 XEQ 01        168 ST/ 07
85 "F="           113♦LBL 01        141 1             169 RTN
86 XEQ 05         114 RCL 04        142 RCL 01        170♦LBL 01
87 RCL 05         115 RCL 02        143 1/X           171 RCL 10
88 RCL 04         116 /             144 R-P           172 2
89 FS? 01         117 GTO 04        145 X<>Y          173 *
90 GTO 00         118♦LBL 03        146 RDN           174 1
91 RCL 15         119 RCL 04        147 LASTX         175 -
92 +              120 X↑2           148 +             176 RCL 00
93 GTO 03         121 RCL 02        149 LN            177 /
94♦LBL 00         122 X↑2           150 RCL 00        178 XEQ 09
95 RCL 06         123 -             151 /             179 4
96 *              124 RCL 04        152 E↑X           180 /
97♦LBL 03         125 /             153 LASTX         181 1
98 STO 04         126 RCL 03        154 CHS           182 P-R
99 X<=Y?          127 /             155 E↑X           183 STO 07
100 GTO E         128♦LBL 04        156 +             184 X<>Y
101 RTN           129 STO 13        157 ENTER↑        185 STO 08
102♦LBL 07        130 RTN           158 ENTER↑        186 RTN
103 GTO IND 14    131♦LBL 05        159 LASTX         187♦LBL 09
104♦LBL 04        132 ARCL X        160 2             188 2
105 XEQ 03        133 AVIEW         161 *             189 *
106 GTO 00        134 STOP          162 -             190 PI
107♦LBL 02        135 RDN           163 ST* 08        191 *
108 XEQ 01        136 RTN           164 RDN           192 RTN
                                                      193 .END.
```

Das Programm benötigt 16 Daten- und 39 Programmregister.

Benutzeranleitung

Nr.	Anweisung	Tasten
1	Bestimmen der Datenregister	[XEQ] [ALPHA] SIZE [ALPHA] 016
2	Programm eingeben	
3	Wählen Sie den entsprechenden Filter	
	für Butterworth-Filger	[SF] 00
	für Tschebyscheff-Filter	[CF] 00
4	Speichern der zutreffenden Daten	
	Filterordnung (N)	[STO] 00
	Welligkeit im Durchfluß (dB)	[STO] 01
	Eckfrequenz (fe)	[STO] 02
	Bandbreite (BW)	[STO] 03
	untere Frequenz (f_1)	[STO] 04
	obere Frequenz (f_2)	[STO] 05
	Frequenz-Inkrement (Δf)	[STO] 06

Nr.	Anweisung	Tasten
5	Programm starten	[XEQ] [ALPHA] BODE [ALPHA]
6	Wählen Sie die Übertragungseigenschaften	
	Tiefpass	1 [R/S]
	Hochpass	2 [R/S]
	Bandpass	3 [R/S]
	Bandsperre	4 [R/S]
7	Wählen Sie das entsprechende Frequenz-Inkrement	
	linear	0 [R/S]
	logarithmisch	1 [R/S]
8	Drücken Sie jeweils [R/S], um die entsprechenden Daten zu erhalten bzw. mit dem nächsten Frequenzschritt fortzufahren.	

Beispiel zu 4.3.1

Tragen Sie das Verhalten eines Butterworth-Bandpass-Filters 6. Grades mit BW = 100 und f_0 = 800 graphisch auf. Erstellen Sie ein logarithmisches Diagramm und verwenden Sie als Faktor für die Schrittweite (Inkrement) $\sqrt[8]{2}$ von 400 Hz bis 1600 Hz.

Tastenfolge	Anzeige	
■ [SF] 00		
6 [STO] 00		
800 [STO] 02		
100 [STO] 03		
400 [STO] 04		
1600 [STO] 05		
2 [ENTER] 8 [1/x] ■ [y^x] [STO] 06		
[XEQ] [ALPHA] BODE [ALPHA]	?	
3 [R/S]	0,1 — ?	
1 [R/S]	T =	0,0269
[R/S]	α =	161,5365
[R/S]	MAG = —	129,5017
[R/S]	F =	400,0000
[R/S]	T =	0,0365
[R/S]	α =	158,5036
[R/S]	MAG = —	121,5912
[R/S]	F =	436,2031
[R/S]	T =	0,0513
[R/S]	α =	154,5062
[R/S]	MAG = —	112,7274
[R/S]	F =	475,6828
.	.	
.	.	
.	.	

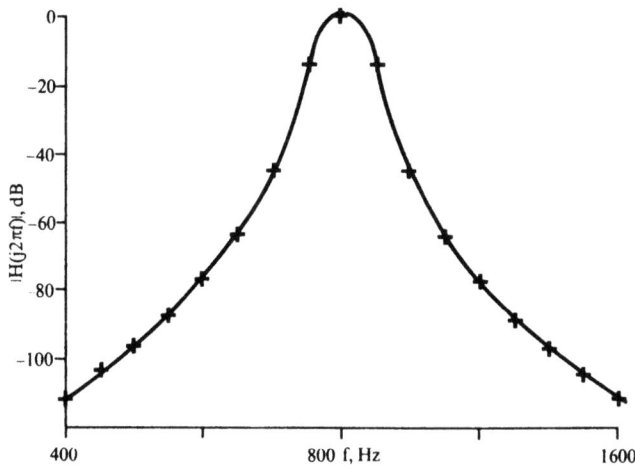

4.3.2 Entwurf von Butterworth- und Tschebyscheff-Filtern

Dieses Programm berechnet Schaltelement-Werte für Butterworth- und Tschebyscheff-Filter zwischen gleichen Abschlußwiderständen. Einzugeben sind der Abschlußwiderstand, das Übertragungsverhalten (z. B. Tiefpass, Hochpass, Bandpass usw.), Dämpfung bei einer Frequenz außerhalb des Durchlaßbereiches und für den Tschebyscheff-Filter die zulässige Welligkeit im Durchlaßbereich.

Vor der Berechnung der Filterelemente muß aus den geforderten Filtereigenschaften (Grenzfrequenz bzw. Mittenfrequenz f_0, Bandbreite BW) und der Frequenz f_1 mit der gewünschten Dämpfung die normalisierte Frequenz f_n (ω_n) mit folgender Gleichung gebildet werden:

Tiefpass

$$\omega_n = \frac{\omega}{\omega_0}$$

Hochpass

$$\omega_n = \frac{\omega_0}{\omega}$$

Bandpass

$$\omega_n = \frac{\omega^2 - \omega_0^2}{BW\,\omega}$$

Bandsperre

$$\omega_n = \frac{\omega\,BW}{\omega_0^2 - \omega^2}$$

Die Grundform des Filters ist der folgende Tiefpass-Prototyp, dessen Elemente sich nach einem der nachfolgenden Formelsätze berechnen.

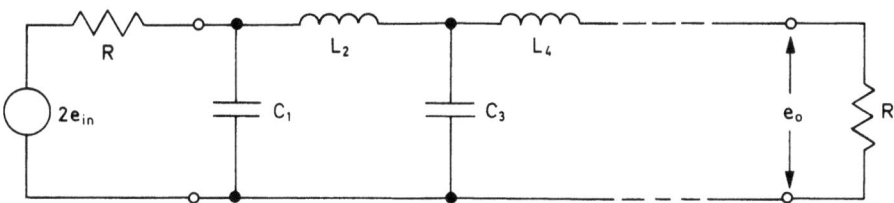

Butterworth:

$$C_i = \frac{1}{\pi f_c R} \sin \frac{(2i-1)\pi}{2n}, \quad i = 1, 3, 5, \ldots, n-1$$

$$L_i = \frac{R}{\pi f_c} \sin \frac{(2i-1)\pi}{2n}, \quad i = 2, 4, 6, \ldots, n$$

wobei

$$n = \text{INT} \left[\frac{1 + \ln(2 \times 10^{-\Delta dB/10} - 1)}{2 \ln(\omega/\omega_0)} \right]$$

Tschebyscheff-Filter:

$$C_i = \frac{G_i}{2\pi f_c R}, \quad i = 1, 3, 5, \ldots, n$$

$$L_i = \frac{R G_i}{2\pi f_c}, \quad i = 2, 4, 6, \ldots, n-1$$

wobei

$$G_1 = \frac{2 a_1}{\gamma}$$

$$G_i = \frac{4 a_{i-1} (a_i)}{(b_{i-1})(G_{i-1})}, \quad i = 2, 3, 4, \ldots, n$$

$$\gamma = \sinh \left[\frac{\ln \left(\coth \frac{\epsilon}{40 \log e} \right)}{2n} \right]$$

$$a_i = \sin \frac{(2_{i-1})\pi}{2n}, \quad i = 1, 2, 3, \ldots, n$$

$$b_i = \gamma^2 + \sin^2 \frac{i\pi}{n}, \quad i = 1, 2, 3, \ldots, n-1$$

$$\epsilon = (10^{\Delta dB/10} - 1)^{1/2}$$

Die Filterordnung n wird mit Hilfe des Newtonschen Näherungsverfahren und der folgenden Formel berechnet.

$$(\omega + \sqrt{\omega^2 - 1})^{2n} + (\omega + \sqrt{\omega^2 - 1})^{-2n} = \frac{4}{\epsilon^2} (10^{\Delta dB/10} - 1) - 2$$

Als ersten Näherungswert für n wird eingesetzt

$$n = \frac{\ln \left[\frac{4}{\epsilon^2} (10^{\Delta dB/10} - 1) - 2 \right]}{\ln(\omega + \sqrt{\omega^2 - 1})}$$

Nach Beendigung der Näherungsrechnung wird der endgültige Wert für n wie folgt berechnet.

$$n \longleftarrow \text{INT}(n+1)$$

Im Anschluß an die Berechnung der Werte für den Tiefpass werden die Schaltelement-Werte wie folgt mit Hilfe einer Frequenztransformation abgeändert, wenn eine andere Filtercharakteristik gewünscht wird.

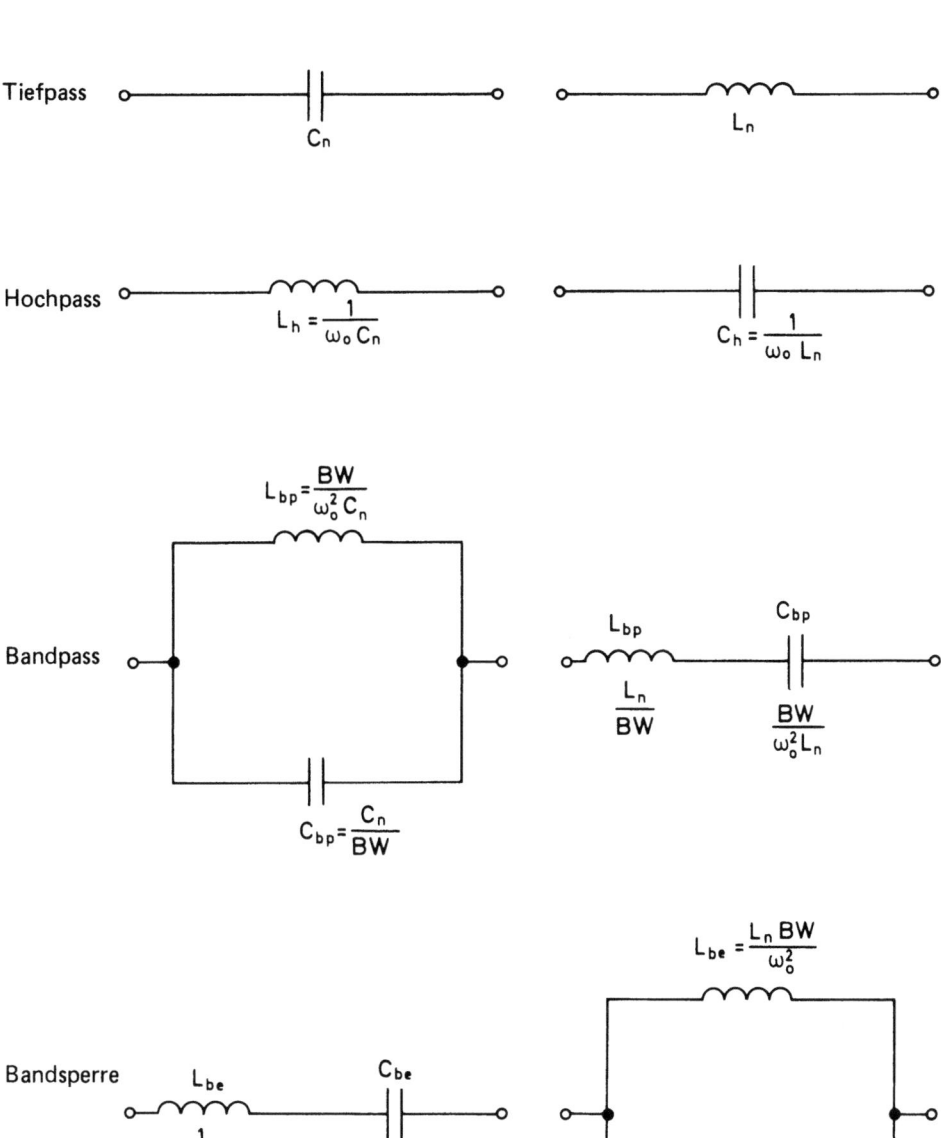

Es muß darauf geachtet werden, ob L und C in Reihe oder parallel geschaltet sind.

Anmerkung:

Das Programm gibt fehlerhafte Ergebnisse, wenn die Weitabselektion Δ dB klein ist (d. h. wenn Δ dB-Dämpfung bei ω_0) und nach der Ordnung n des Filters gefragt wird.

Anweisungsliste zu 4.3.2 (Butterworth-Filter)

```
01♦LBL "BUT"      49 RCL 04        97 /             145 FS?C 01
02 ENG 3          50 X<>Y          98 XEQ 06        146 RTN
03 RAD            51 LN            99 GTO 00        147 DSE 10
04 "R=?"          52 ABS          100♦LBL 02        148 GTO 08
05 PROMPT         53 /            101 RCL 07        149 RTN
06 STO 05         54 1            102 *             150♦LBL 07
07 "F0=?"         55 +            103 1/X           151 STO 06
08 PROMPT         56 2            104 XEQ 06        152 GTO IND 01
09 XEQ 10         57 /            105 CHS           153♦LBL 04
10 STO 07         58 INT          106 GTO 00        154 XEQ 03
11 STOP           59 STO 00       107♦LBL 03        155 GTO 00
12♦LBL "LP"       60 STO 10       108 SF 01         156♦LBL 02
13 1              61 "N="         109 RCL 08        157 XEQ 01
14 GTO 01         62 ARCL X       110 /             158♦LBL 00
15♦LBL "HP"       63 AVIEW        111 XEQ 06        159 1/X
16 2              64 STOP         112 XEQ 00        160 CHS
17 GTO 01         65♦LBL 08       113 ABS           161 GTO 05
18♦LBL "BP"       66 RCL 00       114 1/X           162♦LBL 01
19 3              67 RCL 10       115 RCL 07        163 RCL 06
20 GTO 01         68 -            116 X↑2           164 RCL 07
21♦LBL "BE"       69 1            117 /             165 /
22 4              70 +            118 XEQ 06        166 GTO 05
23♦LBL 01         71 STO 09       119 CHS           167♦LBL 03
24 STO 01         72 2            120 GTO 00        168 RCL 06
25 3              73 *            121♦LBL 04        169 X↑2
26 X>Y?           74 1            122 SF 01         170 RCL 07
27 GTO 00         75 -            123 RCL 08        171 X↑2
28 "BW=?"         76 PI           124 *             172 -
29 PROMPT         77 *            125 RCL 07        173 RCL 06
30 XEQ 10         78 2            126 X↑2           174 /
31 STO 08         79 /            127 /             175 RCL 08
32♦LBL 00         80 RCL 00       128 XEQ 06        176 /
33 "F1=?"         81 /            129 XEQ 00        177♦LBL 05
34 PROMPT         82 SIN          130 ABS           178 ABS
35 "A=?"          83 2            131 RCL 07        179 STO 02
36 PROMPT         84 *            132 X↑2           180 RTN
37 10             85♦LBL 09       133 *             181♦LBL 06
38 /              86 STO 06       134 1/X           182 -1
39 10↑X           87 RCL 05       135 XEQ 06        183 RCL 09
40 2              88 -1           136 CHS           184 Y↑X
41 *              89 RCL 09       137♦LBL 00        185 *
42 1              90 PSE          138 "L="          186 RTN
43 -              91 Y↑X          139 X<0?          187♦LBL 10
44 LN             92 Y↑X          140 "C="          188 2
45 STO 04         93 *            141 ABS           189 *
46 X<>Y           94 GTO IND 01   142 ARCL X        190 PI
47 XEQ 10         95♦LBL 01       143 AVIEW         191 *
48 XEQ 07         96 RCL 07       144 STOP          192 RTN
                                                    193 .END.
```

Das Programm benötigt 11 Daten- und 43 Programmregister.

Benutzeranleitung (Butterworth-Filter)

Nr.	Anweisung	Tasten
1	Datenregister bestimmen	[XEQ] [ALPHA] SIZE [ALPHA] 011
2	Programm eingeben	
3	Programm starten,	[XEQ] [ALPHA] BUT [ALPHA]
	Abschlußwiderstand eingeben,	Variable [R/S]
	Mittenfrequenz eingeben	Variable [R/S]
4	Geben Sie den gewünschten Filtertyp an:	
	Tiefpass	[XEQ] [ALPHA] TP [ALPHA]
	Hochpass	[XEQ] [ALPHA] HP [ALPHA]
	Bandpass	[XEQ] [ALPHA] BP [ALPHA]
	Bandsperre	[XEQ] [ALPHA] BS [ALPHA]
5	Geben Sie ein:	
	Bandbreite	Variable [R/S]
	f_1	Variable [R/S]
	Δ dB	Variable [R/S]
6	Anzeige der Ergebnisse	
	(Es wird erst die Nummer des	[R/S]
	Bauteiles und anschließend sein	[R/S]
	Wert angezeigt)	[R/S]
		usw.

Beispiel zu 4.3.2 (Butterworth-Filter)

Entwerfen Sie ein Butterworth-Filter mit einer Bandbreite von 100 Hz, Mittenfrequenz 800 Hz und 30 dB Dämpfung bei 900 Hz. Der Abschlußwiderstand R_0 beträgt 50 Ω.

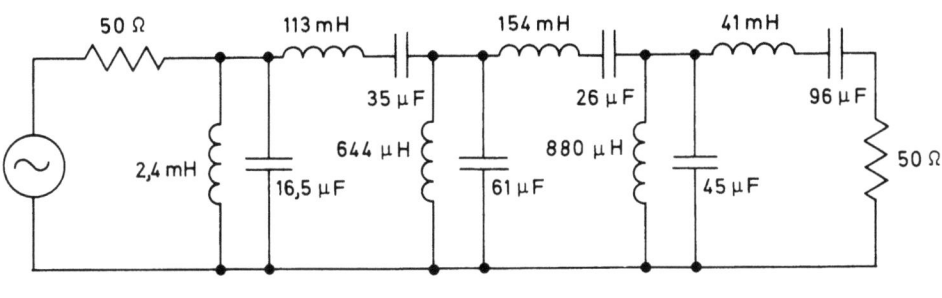

Tastenfolge	Anzeige
[XEQ] [ALPHA] BUT [ALPHA]	R = ?
50 [R/S]	FO = ?
800 [R/S]	
[XEQ] [ALPHA] BP [ALPHA]	BW = ?
100 [R/S]	F1 = ?
900 [R/S]	A = ?
30 [R/S]	N = 6.000 E0
[R/S]	1.000 00

Tastenfolge	Anzeige
	C = 16.48E-6
[R/S]	L = 2.402E-3
[R/S]	2.000 00
	L = 112.5E-3
[R/S]	C = 351.7E-9
[R/S]	3.000 00
	C = 61.49E-6
[R/S]	L = 643.6E-6
[R/S]	4.000 00
	L = 153.7E-3
[R/S]	C = 257.5E-9
[R/S]	5.000 00
	C = 45.02E-6
[R/S]	L = 879.2E-6
[R/S]	6.000 00
	L = 41.19E-3
[R/S]	C = 960.8E-9

Anweisungsliste zu 4.3.2 (Tschebyscheff-Filter)

```
01◆LBL "TSCHEB"      27 /              53 RCL 05         79 RCL 09
02 ENG 3             28 2              54 X↑2            80 RCL 10
03 RAD               29 -              55 RCL 01         81 RCL 09
04 1                 30 STO 12         56 X↑2            82 Y↑X
05 XEQ 12            31 "FILTER ?"     57 -              83 STO 05
06 ST* 01            32 PROMPT         58 RCL 05         84 ENTER↑
07 ST* 02            33 STO 07         59 /              85 1/X
08 ST* 05            34 GTO IND 07     60 RCL 02         86 +
09 RCL 03            35◆LBL 04         61 /              87 RCL 12
10 10                36 XEQ 03         62◆LBL 05         88 -
11 /                 37 GTO 00         63 ABS            89 RCL 05
12 10↑X              38◆LBL 02         64 STO 08         90 ENTER↑
13 1                 39 SF 02          65 ENTER↑         91 1/X
14 -                 40 XEQ 01         66 X↑2            92 -
15 SQRT              41◆LBL 00         67 1              93 /
16 STO 06            42 1/X            68 -              94 RCL 10
17 RCL 04            43 CHS            69 SQRT           95 LN
18 10                44 GTO 05         70 +              96 /
19 /                 45◆LBL 01         71 STO 10         97 2
20 10↑X              46 RCL 05         72 LN             98 /
21 1                 47 RCL 01         73 RCL 12         99 -
22 -                 48 /              74 LN             100 STO 09
23 4                 49 FS?C 02        75 X<>Y           101 LASTX
24 *                 50 RTN            76 /              102 ABS
25 RCL 06            51 GTO 05         77 STO 09         103 .01
26 X↑2               52◆LBL 03         78◆LBL 06         104 X<=Y?
```

```
105 GTO 06        148 STO 08        191 X↑2          234 -
106 RCL 09        149 PI            192 /            235 1
107 2             150 2             193 XEQ 11       236 +
108 /             151 /             194 CHS          237 STO 11
109 1             152 RCL 09        195 GTO 00       238 1
110 +             153 /             196♦LBL 04       239 -
111 INT           154 SIN           197 RCL 02       240 2
112 STO 09        155 STO 12        198 *            241 *
113 "N="          156 2             199 RCL 01       242 1
114 ARCL X        157 *             200 X↑2          243 +
115 AVIEW         158 RCL 08        201 /            244 PI
116 STOP          159 SQRT          202 XEQ 11       245 *
117 1             160 /             203 SF 01        246 2
118 STO 11        161♦LBL 10        204 XEQ 00       247 /
119 RCL 03        162 STO 05        205 RCL 01       248 RCL 09
120 40            163 RCL 00        206 X↑2          249 /
121 /             164 -1            207 *            250 SIN
122 1             165 RCL 11        208 1/X          251 STO 12
123 E↑X           166 PSE           209 XEQ 11       252 *
124 LOG           167 Y↑X           210 CHS          253 4
125 /             168 Y↑X           211♦LBL 00       254 *
126 ENTER↑        169 *             212 "L="         255 RCL 05
127 +             170 GTO IND 07    213 X<0?         256 /
128 E↑X           171♦LBL 01        214 "C="         257 RCL 08
129 1             172 RCL 01        215 ABS          258 RCL 09
130 X<>Y          173 /             216 ARCL X       259 RCL 10
131 +             174 XEQ 11        217 AVIEW        260 -
132 LASTX         175 GTO 00        218 STOP         261 PI
133 1             176♦LBL 02        219 FS?C 01      262 *
134 -             177 RCL 01        220 RTN          263 RCL 09
135 /             178 *             221 DSE 10       264 /
136 RCL 09        179 1/X           222 GTO 07       265 SIN
137 STO 10        180 XEQ 11        223 RTN          266 X↑2
138 2             181 CHS           224♦LBL 12       267 +
139 *             182 GTO 00        225 2            268 /
140 1/X           183♦LBL 03        226 *            269 GTO 10
141 Y↑X           184 RCL 02        227 PI           270♦LBL 11
142 ENTER↑        185 /             228 *            271 -1
143 1/X           186 XEQ 11        229 RTN          272 RCL 11
144 -             187 SF 01         230♦LBL 07       273 Y↑X
145 2             188 XEQ 00        231 RCL 12       274 *
146 /             189 1/X           232 RCL 09       275 RTN
147 X↑2           190 RCL 01        233 RCL 10       276 .END.
```

Das Programm benötigt 13 Daten- und 51 Programmregister.

Benutzeranleitung (Tschebyscheff-Filter)

Nr.	Anweisung	Tasten
1	Bestimmen der Datenregister	[XEQ] [ALPHA] SIZE [ALPHA] 013
2	Programm eingeben	
3	Speichern der zutreffenden Daten:	
	Abschlußwiderstand (R_0)	[STO] 00
	Eckfrequenz (f_e)	[STO] 01
	Bandbreite (BW)	[STO] 02
	Welligkeit (Δ dB)	[STO] 03
	Dämpfung (Δ dB)	[STO] 04
	Weitabfrequenz (f_1)	[STO] 05
4	Programm starten	[XEQ] [ALPHA] TSCHEB [ALPHA]
5	Geben Sie den Filtertyp ein:	
	Tiefpass	1 [R/S]
	Hochpass	2 [R/S]
	Bandpass	3 [R/S]
	Bandsperre	4 [R/S]
6	Anzeige der Ergebnisse	[R/S]
	(Es wird erst die Nummer des Bauteiles	[R/S]
	und anschließend sein Wert angezeigt)	[R/S]
		usw.

Beispiel zu 4.3.2 (Tschebyscheff-Filter)

Entwerfen Sie ein Tiefpass-Tschebyscheff-Filter mit den folgenden Charakteristiken:

$R_0 = 50\ \Omega;\ f_e = 600$ Hz;

Welligkeit des Durchlässigkeitsbereiches = 3 dB und 30 dB Dämpfung bei 750 Hz.

Tastenfolge	Anzeige
50 [STO] 00	
600 [STO] 01	
3 [STO] 03	
30 [STO] 04	
750 [STO] 05	
[XEQ] [ALPHA] TSCHEB [ALPHA]	Filter?
1 [R/S]	N = 6.000 E0
[R/S]	1.000 00
	C = 18.59E-6
[R/S]	2.000 00
	L = 10.19E-3
[R/S]	3.000 00
	C = 24.44E-6
[R/S]	4.000 00
	L = 10.52E-3
[R/S]	5.000 00
	C = 23.68E-6
[R/S]	6.000 00
	L = 8.001E-3

4.3.3 Entwurf aktiver Filter

Das Programm berechnet die Schaltelement-Werte für die angegebenen Standard-Filterschaltungen. Der Anwender hat die Grenzfrequenz f_0 oder Mittenfrequenz f, die Verstärkung in Bandmitte A, den Verlustfaktor α und eine Kapazität C vorzugeben. Das Programm gibt daraufhin eine Liste von Schaltelementen aus, mit deren Hilfe sich das gewünschte Filter realisieren läßt.

Verwendete Formeln:

$$a = \frac{1}{Q} = 2\,\zeta, \text{ wobei Q die Güte und } \zeta \text{ der Dämpfungsfaktor ist.}$$

Tiefpass

$$C_5 = C$$
$$C_2 = \frac{4\,C\,(A+1)}{\alpha^2}$$
$$R_1 = \frac{\alpha}{4\,A\,\pi\,f_0\,C}$$
$$R_3 = \frac{\alpha}{4\,\pi\,f_0\,C\,(A+1)}$$
$$= \frac{A}{A+1}\,R_1$$
$$R_4 = A\,R_1$$

Hochpass

$$C_1 = C_3 = C$$
$$C_4 = \frac{C}{A}$$
$$R_2 = \frac{\alpha}{2\,\pi\,f_0\,C\,\left(2 + \frac{1}{A}\right)}$$
$$R_5 = \frac{2A+1}{\alpha\,2\,\pi\,f_0\,C}$$

Bandpass

$$C_3 = C_4 = C$$
$$R_1 = \frac{1}{A\,2\,\pi\,f_0\,C}$$
$$R_2 = \frac{1}{\left(\frac{2}{\alpha^2} - A\right) 2\,\pi\,f_0\,C\,\alpha}$$
$$R_5 = \frac{2}{\alpha\,2\,\pi\,f_0\,C}$$

Benutzeranleitung

Nr.	Anweisung	Tasten
1	Bestimmen der Datenregister	[XEQ] [ALPHA] SIZE [ALPHA] 006
2	Programm eingeben	
3	Programm starten	[XEQ] [ALPHA] FS [ALPHA]
4	Grenzfrequenz f_0	Variable [R/S]
	Verstärkung A	Variable [R/S]
	Gegenkopplungsfaktor V_F	Variable [R/S]
	Kapazität C	Variable [R/S]
5	Bestimmen des Filtertypes	
	Hochpaß	HP [R/S]
	Tiefpaß	LP [R/S]
	Bandpaß	BP [R/S]
6	Drücken Sie jeweils [R/S] um die entsprechenden Daten zu erhalten	[R/S]

Anweisungsliste zu 4.3.3

```
01♦LBL "FS"      28 4            55 RCL 03        82 +
02 ENG 3         29 *            56 "C5="         83 RCL 02
03 "F0?"         30 RCL 01       57 GTO 05        84 /
04 PROMPT        31 1            58♦LBL "HP"      85 RCL 04
05 STO 00        32 +            59 RCL 03        86 /
06 "A?"          33 *            60 "C1=C3="      87 "R5="
07 PROMPT        34 RCL 02       61 XEQ 05        88 GTO 05
08 STO 01        35 X↑2          62 RCL 01        89♦LBL "BP"
09 "VF?"         36 /            63 /             90 XEQ A
10 PROMPT        37 "C2="        64 "C4="         91 RCL 01
11 STO 02        38 XEQ 05       65 XEQ 05        92 *
12 "C?"          39 RCL 02       66 XEQ A         93 RCL 02
13 PROMPT        40 2            67 RCL 02        94 *
14 STO 03        41 /            68 X<>Y          95 1/X
15 STOP          42 RCL 01       69 /             96 "R1="
16♦LBL "LP"      43 1            70 2             97 XEQ 05
17 RCL 02        44 +            71 RCL 01        98 2
18 2             45 /            72 1/X           99 RCL 02
19 /             46 RCL 04       73 +             100 X↑2
20 RCL 01        47 /            74 /             101 /
21 /             48 "R3="        75 "R2="         102 RCL 01
22 XEQ A         49 XEQ 05       76 XEQ 05        103 -
23 /             50 RCL 01       77 RCL 03        104 RCL 04
24 STO 05        51 RCL 05       78 RCL 01        105 *
25 "R1="         52 *            79 2             106 RCL 02
26 XEQ 05        53 "R4="        80 *             107 *
27 RCL 03        54 XEQ 05       81 1             108 1/X
```

```
109 "R2="          116 /              123 STOP          130 *
110 XEQ 05         117 RCL 04         124 RTN           131 RCL 03
111 RCL 03         118 /              125◆LBL A         132 *
112 "C3=C4="       119 "R5="          126 2             133 STO 04
113 XEQ 05         120◆LBL 05         127 PI            134 RTN
114 2              121 ARCL X         128 *             135 .END.
115 RCL 02         122 AVIEW          129 RCL 00
```

Das Programm benötigt 6 Daten- und 35 Programmregister.

Beispiel zu 4.3.3

Entwerfen Sie einen aktiven Hochpass mit folgenden Eigenschaften.

$f_0 = 10$ Hz
$A = 10$
$V_F = 1$
$C = 1\,\mu$F

Tastenfolge	Anzeige
[XEQ] [ALPHA] SIZE [ALPHA] 006	
[XEQ] [ALPHA] FS [ALPHA]	
10 [R/S]	FO?
10 [R/S]	A?
1 [R/S]	VF?
1 [EEX] 6 [CHS] [R/S]	1.000-06
[XEQ] [ALPHA] HP [ALPHA]	$C_1=C_3=1.000$ E-6
[R/S]	$C_4=100.0$ E-9
[R/S]	$R_2=7.579$ E3
[R/S]	$R_5=334.2$ E3

4.3.4 Eingangsimpedanz einer verlustbehafteten Übertragungsleitung

Dieses Programm berechnet die Eingangsimpedanz einer verlustbehafteten Übertragungsleitung, die mit Z_L abgeschlossen ist. Das Programm liefert eine exakte Lösung, wenn die Parameter R_0 ($=\sqrt{L/C}$), R und G gegeben sind. Sind dagegen R_0 der Kupferverlust und der Verlust im Dielektrikum gegeben, ergibt sich das Resultat als Näherungslösung.

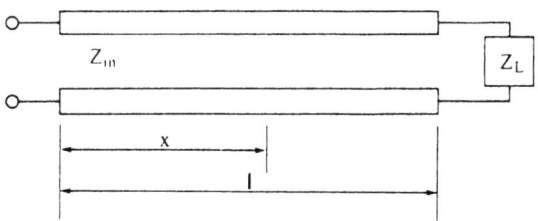

Ersatzschaltung

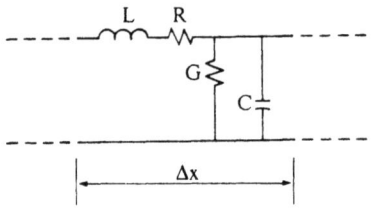

Das Ersatzschaltbild der Übertragungsleitung besteht aus den Elementen L, C, R und G. Die folgenden Gleichungen können abgeleitet werden:

$$R_0 = \sqrt{\frac{L}{C}}$$

$$r = \frac{R}{L} = \frac{vR}{R_0}$$

$$g = \frac{G}{C} = vR_0 G$$

$$\omega = 2\pi f$$

wobei

L = Induktivität pro Längeneinheit
C = Kapazität pro Längeneinheit
R = Widerstand pro Längeneinheit
G = Leitwert pro Längeneinheit
v = $3 \times 10^8 v_r$
v_r = Phasengeschwindigkeit
f = Frequenz in Hz

Dann gilt:

$$Z_{in} = Z_0 \left(\frac{1 + \Gamma_L e^{-2\gamma l}}{1 - \Gamma_L e^{-2\gamma l}} \right)$$

wobei

$$\Gamma_L = \frac{Z_L - Z_0}{Z_L + Z_0}$$

l = Leitungslänge
Z_L = Abschluß-Impedanz
Z_0 = charakteristische Impedanz (Wellenwiderstand) der Leitung
γ = Fortpflanzungskonstante

Z_0 und γ werden in Abhängigkeit von der Lösungsart unterschiedlich berechnet.

Die genaue Lösung lautet:
$$Z_0 = \text{Re}\{Z_0\} + j\,\text{Im}\{Z_0\}$$

$$\text{Re}\{Z_0\} = \frac{R_0}{\sqrt{2\,(g^2 + \omega^2)}}\,[rg + \omega^2 + \sqrt{(r^2 + \omega^2)(g^2 + \omega^2)}\,]^{1/2}$$

$$\text{IM}\{Z_0\} = \frac{\pm R_0}{\sqrt{2\,(g^2 + \omega^2)}}\,[-(rg + \omega^2) + \sqrt{(r^2 + \omega^2)(g^2 + \omega^2)}\,]^{1/2}$$

wobei das positive Vorzeichen für $g \geq r$ und das negative Vorzeichen für $g < r$ gilt

$$\gamma = a + j\beta$$

und

$$\alpha = \frac{1}{\sqrt{2v}}\,[rg - \omega^2 + \sqrt{(r^2 + \omega^2)(g^2 + \omega^2)}\,]^{1/2}$$

$$\beta = \frac{1}{\sqrt{2v}}\,[\omega^2 - rg + \sqrt{(r^2 + \omega^2)(g^2 + \omega^2)}\,]^{1/2}$$

Für die Näherungslösung gilt:

$$\text{Re}\{Z_0\} = R_0\left[1 + \frac{1}{2}\left(\frac{\alpha_c - \alpha_D}{\beta_0}\right)\left(\frac{3\alpha_D + \alpha_c}{\beta_0}\right)\right]$$

$$\text{Im}\{Z_0\} = R_0\left[\frac{\alpha_D - \alpha_c}{\beta_0}\right]$$

$$\alpha = \alpha_c + \alpha_D$$

$$\beta = \beta_0\left[1 + \frac{1}{2}\left(\frac{\alpha_c - \alpha_D}{\beta_0}\right)^2\right]$$

wobei

α_c = Kupferverlust, Neper/Längeneinheit = $\frac{1}{2}\frac{R}{R_0}$

α_D = Verlust im Dielektrikum, Neper/Längeneinheit = $\frac{1}{2}GR$

$\beta_0 = \frac{\omega}{v}$

Anweisungsliste zu 4.3.4

```
01◆LBL "LEITG"    11 1 E10        21 STO 00       31◆LBL "EXAKT"
02 FIX 2          12 /            22 2            32 "G?"
03 "R0?"          13 STO 04       23 *            33 PROMPT
04 PROMPT         14 2            24 3            34 "R?"
05 STO 01         15 PI           25 RCL 02       35 PROMPT
06 "VR?"          16 *            26 *            36 RCL 03
07 PROMPT         17 *            27 STO 03       37 *
08 STO 02         18 STO 08       28 /            38 RCL 01
09 "F?"           19 "L?"         29 STO 07       39 /
10 PROMPT         20 PROMPT       30 STOP         40 STO 05
```

```
41 RDN              85 STO 08         129 X<>Y         174 -2
42 RCL 01           86 RDN            130 STO 02       175 *
43 *                87 STO 03         131 RCL 05       176 X<>Y
44 ST* 03           88 RCL 00         132 X↑2          177 CHS
45 RCL 08           89 RCL 02         133 2            178 X<>Y
46 RCL 05           90 RCL 04         134 /            179 P-R
47 R-P              91 PI             135 1            180 1
48 SQRT             92 *              136 +            181 +
49 STO 05           93 1.5            137 RCL 03       182 R-P
50 X<>Y             94 /              138 RCL 08       183 RCL 07
51 2                95 X<>Y           139 +            184 *
52 /                96 /              140 R-P          185 1/X
53 STO 06           97 STO 06         141 ST* 07       186 X<>Y
54 RCL 08           98 *              142 X<>Y         187 RCL 08
55 RCL 03           99 2              143 STO 04       188 -
56 R-P              100 *             144◆LBL "ZIN"    189 CHS
57 SQRT             101 STO 07        145 "ZL?"        190 X<>Y
58 STO 03           102 RCL 08        146 PROMPT       191 P-R
59 X<>Y             103 10            147 STO 05       192 1
60 2                104 LN            148 "∡ZL?"       193 -
61 /                105 20            149 PROMPT       194 R-P
62 STO 08           106 /             150 STO 06       195 1/X
63 RCL 06           107 RCL 06        151 RCL 04       196 2
64 +                108 /             152 RCL 07       197 *
65 STO 04           109 ST* 03        153 P-R          198 X<>Y
66 RCL 06           110 ST* 08        154 CHS          199 CHS
67 RCL 08           111 RCL 08        155 E↑X          200 X<>Y
68 -                112 RCL 03        156 STO 07       201 P-R
69 STO 02           113 -             157 X<>Y         202 1
70 RCL 05           114 ENTER↑        158 180          203 +
71 RCL 03           115 STO 05        159 *            204 R-P
72 /                116 RCL 08        160 PI           205 RCL 01
73 ST* 01           117 3             161 /            206 *
74 RCL 05           118 *             162 STO 08       207 X<>Y
75 RCL 03           119 RCL 03        163 RCL 06       208 RCL 02
76 *                120 +             164 RCL 02       209 +
77 ST* 07           121 *             165 -            210 "∡ZIN="
78 GTO "ZIN"        122 2             166 RCL 05       211 XEQ 01
79◆LBL "APPROX"     123 /             167 RCL 01       212 X<>Y
80 "AD?"            124 CHS           168 /            213 "ZIN="
81 PROMPT           125 1             169 P-R          214◆LBL 01
82 "AC?"            126 +             170 1            215 ARCL X
83 PROMPT           127 R-P           171 +            216 AVIEW
84 X<>Y             128 ST* 01        172 R-P          217 STOP
                                      173 1/X          218 END
```

Das Programm benötigt 10 Daten- und 45 Programmregister.

Benutzeranleitung

Nr.	Anweisung	Tasten
1	Bestimmen der Datenregister	[XEQ] [ALPHA] SIZE [ALPHA] 009
2	Programm eingeben	
3	Programm starten	[XEQ] [ALPHA] LEITG [ALPHA]
4	Eingabe der Daten	
	R_0 (Ω)	[R/S]
	v_r	[R/S]
	F (Hz)	[R/S]
	L (cm)	[R/S]
5	Für exakte Lösung	[XEQ] [ALPHA] EXAKT [ALPHA]
	G	[R/S]
	R	[R/S]
	Z_L	[R/S]
	αZ_L	[R/S]
	Ergebnis: αZ_{IN} =	[R/S]
	Ergebnis: Z_{IN} =	
6	Für Näherungslösung	[XEQ] [ALPHA] APPROX [ALPHA]
	α D	[R/S]
	α C	[R/S]
	Z_L	[R/S]
	αZ_L	[R/S]
	Ergebnis: αZ_{IN} =	[R/S]
	Ergebnis: Z_{IN} =	

Beispiel zu 4.3.4

Eine Übertragungsleitung hat die folgenden Eigenschaften:

R = 1,2664 Ω/cm; G = 0,00004187 S/cm
R_0 = 55 Ω; v_r = 0,85

Wie groß ist die Eingangs-Impedanz eines 3,5 cm langen Stückes dieser Leitung bei 2 GHz, wenn für die Abschluß-Impedanz $Z_L = 75 \angle -30°$ gilt?

Tastenfolge	Anzeige
[XEQ] [ALPHA] LEITG [ALPHA]	R_0?
55 [R/S]	v_r?
0,85 [R/S]	F?
2 [EEX] 9 [R/S]	L?
3,5 [R/S]	
[XEQ] [ALPHA] EXAKT [ALPHA]	G?
41,87 [EEX] [CHS] 6 [R/S]	R?
1,2664 [R/S]	Z_L?
75 [R/S]	αZ_L
30 [CHS] [R/S]	αZ_{IN} = 28.48
[R/S]	Z_{IN} = 48.01

5 Bar-Codes

5.1 Was sind Bar-Codes?

In den letzten Jahren ist als eine neue Möglichkeit der Daten-Eingabe der Bar-Code immer weiter entwickelt und verbreitet worden.

Bar-Codes sind nichts anderes als verschlüsselte Informationen in Form gedruckter schwarzer Streifen und weißer Zwischenräume, die sich nur in der Breite unterscheiden.

Betrachtet man die Standardzeichen des ASCII (American Standard Code for Information Interchange)-Zeichensatzes als zweidimensionale Zeichen, so können die Bar-Codes als eindimensionale Zeichen, die in der Länge gestreckt wurden, angesehen werden. Aus dieser Sicht sind Bar-Codes die eindimensionale Version der optischen Zeichenerkennung OCR (Optical Character Recognition), die beispielsweise in Banken bei der Identifizierung von Schecks angewendet wird.

Bar-Codes können mit Hilfe eines optischen Lesestiftes, dem Bar-Code-Leser, erkannt und in den über ein Kabel angeschlossenen Rechner eingegeben werden.

Anwendungsbereiche

In der gewerblichen Wirtschaft hat der Bar-Code eine sehr große Verbreitung gefunden. Die erste und weitestverbreitete Anwendung liegt im kaufmännischen Bereich; Warenverpackungen werden mit Bar-Codes gekennzeichnet und mit einem optischen Lesestift über die Strichcodierung gelesen.

Während des Lesevorganges wird die Artikel-Nummer dekodiert und gleichzeitig geprüft, ob richtig eingelesen wurde. Aus der Artikel-Nummer geht dann die Warenbezeichnung hervor, und der gespeicherte Preis erscheint in der Anzeige des Kassiersystems. Außerdem kann der Lagerbestand in einem Arbeitsgang überprüft und auf neuen Stand gebracht werden.

Ein weiterer großer Anwendungsbereich für Bar-Codes findet sich in der Industrie. So können gekennzeichnete Zubehörteile schnell und problemlos identifiziert und somit Lagerbewegungen sofort festgehalten werden. Daten zur Prozeßsteuerung können bei Bedarf sehr einfach in den Zentral-Computer eingegeben werden und vieles mehr.

Der große Vorteil dieser Form der Dateneingabe liegt darin, daß Fehler bei der Eingabe weitestgehend ausgeschlossen sind. Außerdem ermöglicht sie auch dem ungeübten Anwender das problemlose Einlesen von Daten in Computer-Systeme.

Das neueste Gebiet für Bar-Code-Anwendungen liegt in der schnellen Daten- und Programmeingabe für Klein- und Taschencomputer-Systeme. Programme in Bar-Code-Form können recht preisgünstig hergestellt und für einen großen Anwenderkreis zugänglich gemacht werden.

Verschiedene Codierungen

Im Laufe der letzten Jahre sind eine Vielzahl von Codierungs-Möglichkeiten für Bar-Codes entwickelt worden.

Zunächst unterscheidet man zwei Arten der Strichcodierung, den „Two-Level-Bar" und den „Four-Level-Bar".

Der „Two-Level-Bar", die einfache Form der Codierung, kennt nur zwei verschiedene Streifenbreiten. Ein breiter Streifen kennzeichnet ein binäres 1-Signal und ein schmaler ein binäres 0-Signal.

Beispiel

Dezimal	Binär	Bar-Code
0	0 0 0 0	⦀⦀
1	0 0 0 1	⦀⦀
2	0 0 1 0	⦀⦀
3	0 0 1 1	⦀⦀
4	0 1 0 0	⦀⦀
5	0 1 0 1	⦀⦀
6	0 1 1 0	⦀⦀
7	0 1 1 1	⦀⦀
8	1 0 0 0	⦀⦀
9	1 0 0 1	⦀⦀

Die meisten Codierungsschemen gehören zu dieser Klasse des „Two-Level-Bar", vor allem diejenigen, die speziell für den Personal- und Hobbycomputer-Markt entwickelt wurden.

Als typische Vertreter des „Four-Level-Bar", der vier verschiedene Balkenbreiten kennt, gelten der amerikanische Warencode UPC (Universal Production Code) und der europäische EAN-Code (Europa-Artikel-Nummer). Für diese Art der Strichcodierung ergibt sich eine hohe Informationsdichte.

Beispiel

5.2 Aufbau des HP-Bar-Code

Der von HEWLETT PACKARD speziell für den HP-41C/CV entwickelte Bar-Code gehört zur Klasse des „Two-Level-Bar". Er kann mit dem optischen Lesestift HP 82153A in den HP-41C/CV eingelesen werden.

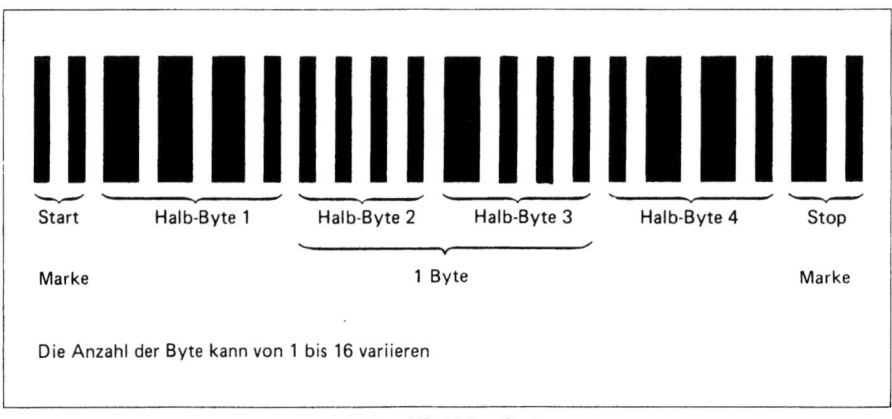

Aufbau HP-41 Bar Code

Ein schmaler Streifen ist ein 0-Signal, ein breiter ein 1-Signal. Der breite Streifen ist doppelt so groß wie der schmale, und die Zwischenräume haben die gleiche Breite wie die schmalen Streifen.

Jede Bar-Code-Zeile wird am Anfang und Ende durch eine Start- bzw. Stop-Marke begrenzt. Die Start-Marke besteht aus zwei schmalen Streifen, die Stop-Marke aus einem breiten und einem schmalen Streifen. Diese zusätzlichen Streifen dienen dazu, für den Rechner die Abtastrichtung festzulegen, da der HP-41C/CV-Bar-Code sowohl von links als auch von rechts mit dem Lesestift abgetastet werden kann.

Zwischen den Start- und Stop-Marken steht stets ein ganzzahliges Vielfaches von einem 8-Bit Byte; aber mehr als 16 Byte können nie in einer Bar-Code-Zeile enthalten sein.

Unabhängig davon ob eine Bar-Code-Zeile viel oder wenig Informationen enthält, der Decoder des Bar-Code-Lesers erkennt stets, was er im einzelnen gelesen hat.

5.2.1 Bar-Code-Typen

Beim HP-41C/CV und dem HP 82153A Bar-Code-Leser werden vier Typen von Bar-Codes unterschieden:

* Bar-Code für HP-41C/CV-Programme (Programm-Bar-Code)
* Bar-Code für numerische und alphanumerische Daten (Daten-Bar-Code)
* Bar-Code für vollständige Anweisungen (Anweisungs-Bar-Code)
* Bar-Code für einzelne Tastenfeldfunktionen (Tastenfeld-Bar-Code)

Jede Bar-Code-Zeile schließt einen „Header" ein, der für den Rechner notwendige Vorabinformationen enthält. So steht u. a. in dem Header, der aus 4 oder sogar aus 24 Bit bestehen kann, eine Prüfsumme, um Fehler beim Einlesen zu erkennen.

Programm-Bar-Code

Der Programm-Bar-Code enthält die notwendigen Informationen, um Programmschritte in den Speicher des HP-41C/CV zu laden. Dabei enthält jede Bar-Code-Zeile die laufenden Programmschritte, denen ein 3-Byte-Header vorangestellt ist.

Es besteht sogar die Möglichkeit, Bar-Code-Programme privat zu schützen. Dann können in den HP-41C/CV eingelesene Programm weder angezeigt noch geändert werden.

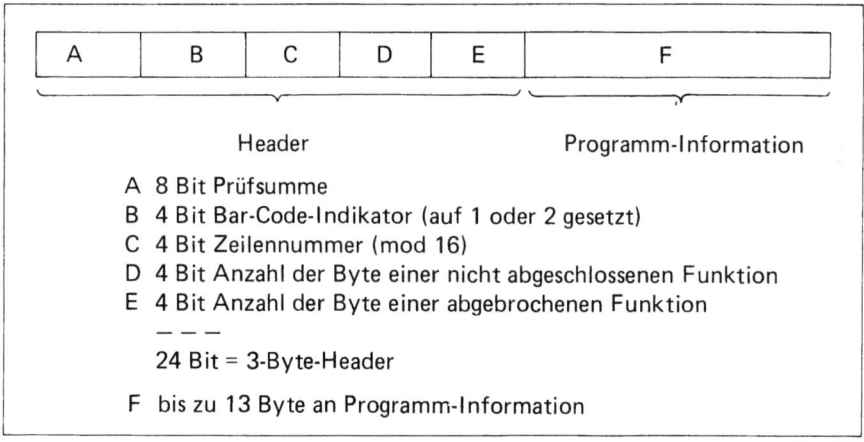

Programm-Bar-Code

In jeder Bar-Code-Zeile steht im ersten Feld A des Headers die Prüfsumme. Sie dient dazu, die eingelesenen Informationen auf ihre Richtigkeit hin zu überprüfen.

Das Feld B enthält einen Indikator, der entweder auf 1 oder 2 gesetzt ist, je nachdem, ob das Programm privat geschützt (2) ist oder nicht (1).

Das dritte, 4 Bit umfassende Feld C spezifiziert die Zeilennummer (mod 16). Diese wird dazu benutzt, um den Anwender beim Abtasten des Bar-Codes auf das Einlesen einer falschen Zeile aufmerksam zu machen. Denn die einzelnen Zeilen eines Bar-Code-Programms müssen in der richtigen Reihenfolge, d. h. aufeinanderfolgend mit Zeile 1 beginnend, eingelesen werden.

Das Feld D gibt die Anzahl der ersten Byte einer Zeile an, die zu einer mehrere Byte umfassenden Funktion gehören, die in der vorhergehenden Zeile begonnen wurde aber noch nicht sämtliche zu dieser vollständigen Funktion gehörenden Byte enthält.

Das Feld E beendet den Header. Es gibt die Anzahl der Byte am Ende der Zeile an, die zu einer aus mehreren Byte bestehenden Funktion gehören, die zwar in dieser Zeile begonnen aber erst in der folgenden Zeile abgeschlossen wird.

Der Rest der Bar-Code-Zeile enthält dann die Programm-Information.

Daten-Bar-Code

Der Daten-Bar-Code kann entweder eine Zahl oder eine alphanumerischen Zeichenkette enthalten. Dabei kann eine Zahl aus 29 Ziffern bestehen. Im HP-41C/CV werden jedoch alle Zahlen intern in Form einer 10-stelligen Mantisse mit zweistelligem Exponenten zur Basis 10 dargestellt. Eine alphanumerische Zeichenkette kann bis zu 14 Zeichen umfassen.

Standard-Daten

Werden numerische Daten mit einem Bar-Code-Leser gelesen, so werden diese in das X-Register geladen. Alphanumerische Daten dagegen werden entweder an den Inhalt des Alpha-Registers angehängt, oder aber das Alpha-Register wird zunächst gelöscht, und dann erst wird die neue Zeichenkette eingegeben.

Der Header besteht bei numerischen Daten aus 12 Bit, bei alphanumerischen Daten aus 16 Bit.

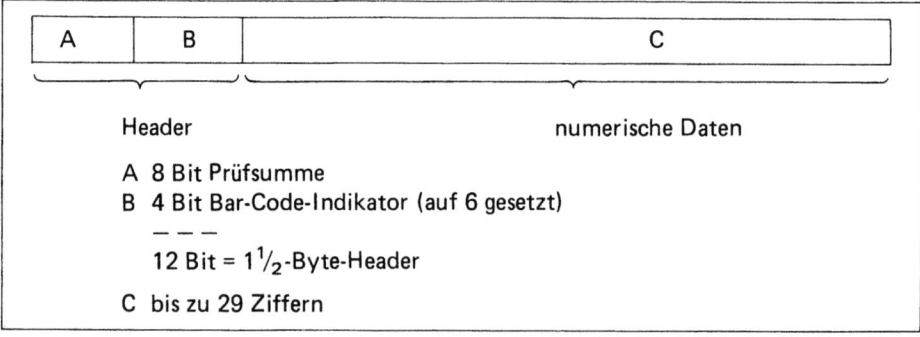

numerischer Daten-Bar-Code

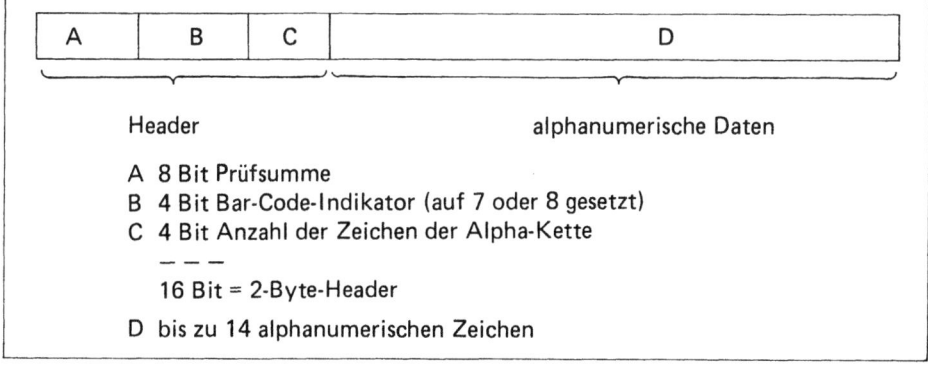

alphanumerischer Daten-Bar-Code

Das erste Byte (8 Bit) enthält wie schon beim Programm-Bar-Code eine Prüfsumme.

Das Feld B (4 Bit) wird auf 6, 7 oder 8 gesetzt. Dabei bedeutet:

6 numerische Dateneingabe
7 alphanumerische Dateneingabe
8 alphanumerische Dateneingabe, wobei diese an den Inhalt des Alpha-Registers angehängt werden.

Der Header des alphanumerischen Daten-Bar-Code hat vier zusätzliche Bit, in denen die Anzahl der Zeichen der Alpha-Kette angegeben wird.

Folge-Daten

Durch die Bar-Code-Leser-Funktion WNDDTX kann der Benutzer unmittelbar mehrere Werte in eine Reihe von Speicherregistern des HP-41C/CV übertragen. Dabei wird zur Angabe der zu verwendenden Register eine Kontrollzahl in das X-Register eingegeben, auf die sich die WNDDTX-Funktion bezieht.

Um dieser Eingabe-Möglichkeit gerecht zu werden, gibt es für jeden Daten-Bar-Code ein zusätzliches Format.

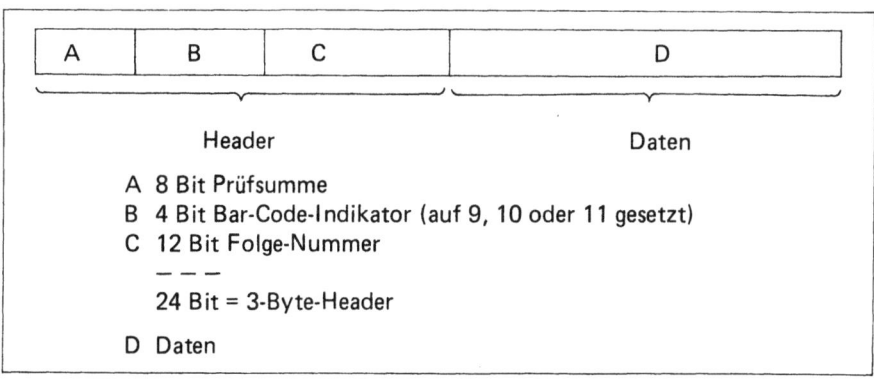

Bar-Code für Folge-Daten

Bei diesem Daten-Bar-Code werden also 12 weitere Bits für den Header verwendet. Das Feld A enthält wiederum die Prüfsumme, das Feld B einen Indikator, der diesmal für die numerische Eingabe auf 9, für die alphanumerische Eingabe auf 10 und, falls die Zeichenkette an eine bestehende Alpha-Kette im Alpha-Register angehängt werden soll, auf 11 gesetzt wird.

In dem Feld C wird die Folge-Nummer angegeben, die bei der Verwendung von WNDDTX benutzt wird, um bei einer falschen Reihenfolge während der Dateneingabe eine Fehlermeldung auszulösen. Wird dieser Bar-Code-Typ nicht in Verbindung mit der WNDDTX-Funktion angewandt, so wird das Feld D ignoriert.

Es ist zu beachten, daß es bei den Alpha-Typen 10 und 11 keinen Zähler für die Anzahl der Alpha-Zeichen im Header gibt.

Anweisungs-Bar-Code

Viele HP-41C/CV Anweisungen erfordern eine Reihe von Tastendrücke, z. B.

[XEQ] [ALPHA] ABC [ALPHA]

Durch den Anweisungs-Bar-Code können solche einzelnen Tastenfunktionen in einer Bar-Code-Zeile zusammengefaßt werden.

Eine Zeile des Anweisungs-Bar-Code umfaßt einen Header von 2 Byte und bis zu 12 Byte für den Funktionscode.

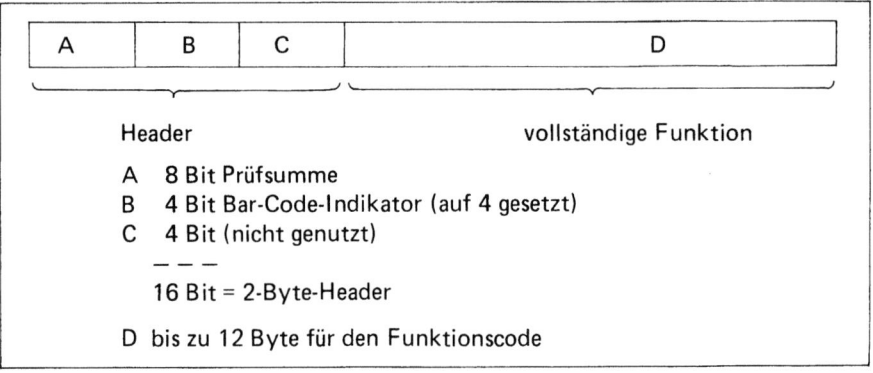

Anweisungs-Bar-Bode

Das 4 Bit große Feld B wird auf 4 gesetzt, um dem Rechner den Typ „Anweisungs-Bar-Code" anzuzeigen. Die restlichen 4 Bit (Feld C) des Headers werden auf Null gesetzt und nicht genutzt.

Tastenfeld-Bar-Code

Dieser Bar-Code-Typ, dessen Bar-Code-Zeile entweder aus einem oder zwei Byte besteht, entspricht jeweils einem Tastendruck.

Zeilen, die nur ein Byte enthalten, haben in den ersten vier Bit eine Prüfsumme und in den restlichen vier Bit die Tastenfeldfunktionen. Deren Bar-Code ist spiegelbildlich zu den ersten vier Bit aufgebaut, um Lesefehler in Verbindung mit den Richtungsmarken zu vermeiden. Zu den Tastenfeld-Funktionen, deren Bar-Code aus nur einem Byte besteht, zählen die Zahlen von 0 bis 9, EEX, CHS, der Dezimalpunkt und ←.

```
                    Ein-Byte-Tastenfeld-Funktionen

                        a a a a   b b b b
                          A         B

   Funktion          Wert von A         Wert von B
      0                 0000              0000
      1                 1000              0001
      2                 0100              0010
      3                 1100              0011
      4                 0010              0100
      5                 1010              0101
      6                 0110              0110
      7                 1110              0111
      8                 0001              1000
      9                 1001              1001
     EEX                1101              1011
     CHS                0011              1100
      .                 0101              1010
      ←                 1011              1101
```

Für die Bar-Codes der restlichen Tastenfeld-Funktionen werden jeweils 2 Byte benötigt. Die Grundlage bildet die folgende Funktions-Tabelle, die bereits von der Synthetischen Programmierung her bekannt ist.

In Verbindung mit dieser Funktions-Tabelle kann der genaue Aufbau des Bar-Code von 2 Byte umfassenden Tastenfeld-Funktionen der folgenden Aufstellung entnommen werden.

Funktions-Tabelle auf Seite 126

Funktions-Tabelle

	0	1	2	3	4	5	6	7	8	9	10	11	12	13	14	15	
0	NULL	LBL 00	LBL 01	LBL 02	LBL 03	LBL 04	LBL 05	LBL 06	LBL 07	LBL 08	LBL 09	LBL 10	LBL 11	LBL 12	LBL 13	LBL 14	Ein Byte
1	digit 0	1	2	3	4	5	6	7	8	9	.	EEX	(digit entry) CHS	GTO o	XEO "	✕	
2	RCL 00	RCL 01	RCL 02	RCL 03	RCL 04	RCL 05	RCL 06	RCL 07	RCL 08	RCL 09	RCL 10	RCL 11	RCL 12	RCL 13	RCL 14	RCL 15	
3	STO 00	STO 01	STO 02	STO 03	STO 04	STO 05	STO 06	STO 07	STO 08	STO 09	STO 10	STO 11	STO 12	STO 13	STO 14	STO 15	
4	+	−	×	÷	X<Y?	X>Y?	X≤Y?	Σ+	Σ−	HMS+	HMS−	MOD	%	%CH	P−R	R−P	
5	LN	X^2	SQRT	Y^X	CHS	e^X	LOG	10^X	e^X-1	SIN	COS	TAN	ASIN	ACOS	ATAN	DEC	
6	1/X	ABS	FACT	X>0?	X<0?	LN(1+X)	X<0?	X=0?	INT	FRAC	D−R	R−D	HMS	HR	RND	OCT	
7	CL	X<>Y	PI	CLST	R↑	RDN	LASTX	CLX	ASHF	X≠Y?	SIGN	X≤=0?	MEAN	SDEV	AVIEW	CLD	
8	DEG	RAD	GRAD	ENTER↑	STOP	RTN	BEEP	CLA	ASTO	PSE	CLRG	AOFF	AON	OFF	PROMPT	ADV	
9	RCL nn	STO nn	ST+ nn	ST− nn	ST· nn	ST/ nn	ISG nn	DSE nn	VIEW nn	ΣREG nn	ASTO nn	ARCL nn	FIX n	SCI n	ENG n	TONE n	
10	XROM	XROM	XROM	XROM	XROM	XROM	XROM	XROM	XROM	XROM	XROM	XROM	XROM	XROM	XROM	✕	
11	GTO 00	GTO 01	GTO 02	GTO 03	GTO 04	GTO 05	GTO 06	GTO 07	GTO 08	F?C n	FC?C n	FC?C nn	FS? nn	FC? nn	GTO↑XEQ IND	GTO 14	Zwei Byte
12								ALPHA LABEL AND END INSTRUCTIONS					GTO 11	GTO 12	GTO 13	LBL nn	Drei Byte
13						GTO nn									X<>nn		
14						XEQ nn											
15	✕	TEXT 1	TEXT 2	TEXT 3	TEXT 4	TEXT 5	TEXT 6	TEXT 7	TEXT 8	TEXT 9	TEXT 10	TEXT 11	TEXT 12	TEXT 13	TEXT 14	TEXT 15	Bis zu 16 Byte

Funktions-Tabelle zu Seite 125

Zwei-Byte-Tastenfeld-Funktionen

$$\underbrace{aaaa}_{A} \underbrace{b}_{B} \underbrace{ccc}_{C} \underbrace{dddddddd}_{D}$$

1. Programmierbare Funktionen (siehe Funktions-Tabelle, S. 126)

    Zeile 4 Spalte 0 bis Zeile 9 Spalte 15
    Zeile 10 Spalte 8 bis 14
    Zeile 12 Spalte 0, 14 und 15
    Zeile 13 Spalte 0
    Zeile 14 Spalte 0

    A = Prüfsumme (4 Bit)
    B = 0
    C = 000
    D = Funktionscode (8 Bit)
        z. B. *, Zeile 4 Spalte 2 = 01000010

2. Alpha-Zeichen (Tastatur)

    A = Prüfsumme (4 Bit)
    B = 0
    C = 001
    D = 8 Bit ASCII-Code (kann der Hex-Code-Tabelle von S. 69 entnommen werden)
        z. B. „A" = 01000001

3. Indirekte Funktionen

    A = 10 (1010)
    B = 0
    C = 2 (010)
    D = 128 (10000000)

4. Nicht programmierbare Funktionen

    A = Prüfsumme (4 Bit)
    B = 0
    C = 4 (100)

	Funktion	Wert	Funktion	Wert
D =	CAT	0	SST	8
	GTO	1	ON	9
	DEL	2	PACK	10
	COPY	3	DELETE	11
	CLP	4	ALPHA	12
	R/S	5	PRGM	13
	SIZE	6	USER	14
	BST	7	ASN	15

5. XROM-Funktionen

A = Prüfsumme (4 Bit)
B = 1
C = f f f
D = g g h h h h h h
    f f f g g   = ROM Identifizierungs-Nummer
    h h h h h h   = ROM Funktions-Nummer (siehe Bedienungs-Handbuch des entsprechenden Peripheriegerätes). So hat beispielsweise WNDSCN die ROM Identifizierungsnummer 27 und die ROM Funktionsnummer 5. Damit ist fffgg = 11011 und hhhhhh = 000101.

5.2.2 Bestimmung der Prüfsumme

Jede HP-41C/CV Bar-Code-Zeile enthält am Anfang eine Prüfsumme. Diese umfaßt je nach Bar-Code-Typ 4 oder 8 Bit.

Die Prüfsumme wird nach den folgenden Verfahren gebildet:

Die 8-Bit-Prüfsumme

Die Prüfsumme für jeden HP-41C/CV Bar-Code-Typ, ausgenommen dem Programm-Bar-Code, ist eine lokale Prüfsumme, die für jede Bar-Code-Zeile getrennt berechnet wird.

Für Programm-Bar-Codes wird für jede Zeile eine laufende Prüfsumme ermittelt. Diese setzt sich aus der Summe der Prüfsummen vorangegangener Zeilen und der Prüfsumme der aktuellen Zeile zusammen.

Sei X die laufende Prüfsumme (diese wird am Anfang einer jeden Zeile gelöscht, ausgenommen bei dem Programm-Bar-Code).

Sei N die Anzahl der Bytes in der Bar-Code-Zeile.
Sei Y das Feld, das die Bytes von 2 bis N aufnimmt.
Sei Z eine Hilfsvariable.
Sei I eine Laufvariable bezüglich Y.

Mit diesen Bezeichnungen ergibt sich dann der folgende Algorithmus:

```
BEGIN
IF NOT PROGRAM BAR CODE THEN X=0
FOR I=2 TO N DO
BEGIN
    Z = X MOD 256 + Y (I) MOD 256
    X = Z MOD 256
    IF Z > 255 THEN X=X+1
END
Y (1) = X MOD 256
END
```

Beispiel

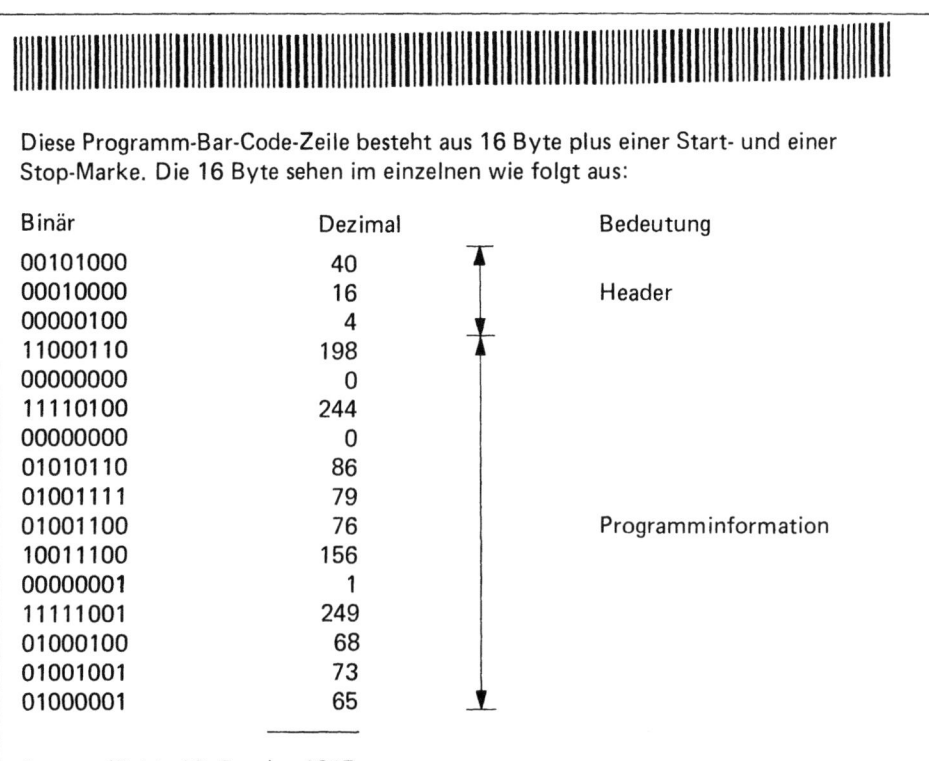

Diese Programm-Bar-Code-Zeile besteht aus 16 Byte plus einer Start- und einer Stop-Marke. Die 16 Byte sehen im einzelnen wie folgt aus:

Binär	Dezimal	Bedeutung
00101000	40	
00010000	16	Header
00000100	4	
11000110	198	
00000000	0	
11110100	244	
00000000	0	
01010110	86	
01001111	79	
01001100	76	Programminformation
10011100	156	
00000001	1	
11111001	249	
01000100	68	
01001001	73	
01000001	65	
Summe (2. bis 16. Byte)	1315	

Nach dem oben beschriebenen Algorithmus ergibt sich als Prüfsumme 40 (1315 MOD 256 + 5), die auch im ersten Byte enthalten ist.

4-Bit-Prüfsumme

Die 4 Bit große Prüfsumme gibt es bekanntlich nur bei den 2 Byte umfassenden Tastenfeld-Funktionen. Diese Prüfsumme wird jeweils mit Hilfe der Halbbytes (4 Bit) gebildet.

Sei SUM die berechnete Prüfsumme.
Sei Y das Feld, das die 2 Bytes enthält.
Sei I eine Laufvariable bezüglich Y.
Sei K ein Schleifenzähler.

Dann ergibt sich der Algorithmus:
```
BEGIN
   SUM = 0
   I = 1
   BEGIN
      IF K > 1 THEN I = 2
      IF K = 2 THEN J = Y (I) DIV 16
               ELSE J = Y (I) MOD 16
      SUM = SUM MOD 16 + J
      IF SUM > 15 THEN SUM = (SUM MOD 16) + 1
   END
   Y (1) = SUM * 16 + Y (1) MOD 16
END
```

Beispiel

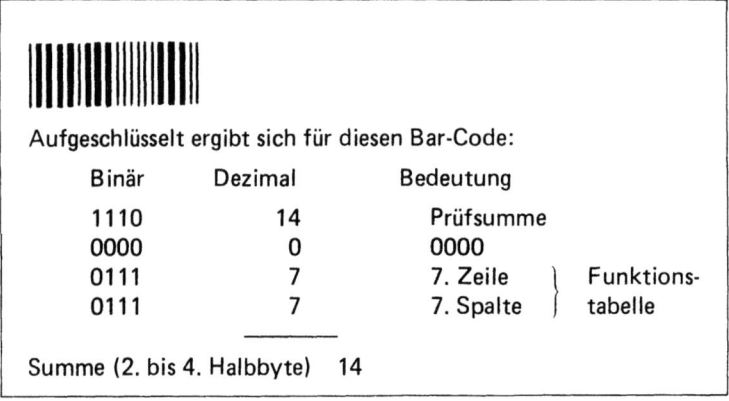

Aufgeschlüsselt ergibt sich für diesen Bar-Code:

Binär	Dezimal	Bedeutung	
1110	14	Prüfsumme	
0000	0	0000	
0111	7	7. Zeile	Funktions-
0111	7	7. Spalte	tabelle

Summe (2. bis 4. Halbbyte)   14

Diese Summe ist auch im ersten Halbbyte enthalten.

5.3 Erzeugung von Bar-Codes

Bei der Erstellung von Bar-Codes mit Hilfe eines Tischcomputers (z. B. HP-85) und eines angeschlossenen Plotters muß vor allem auf einen guten Kontrast zwischen den schwarzen und weißen Streifen geachtet werden. Ist dieser Kontrast nicht vorhanden, z. B. bei schlechten Fotokopien, so wird der Bar-Code beim Abtasten nicht einwandfrei gelesen.

Für die Breite der einzelnen Streifen sollten folgende Richtwerte eingehalten werden:

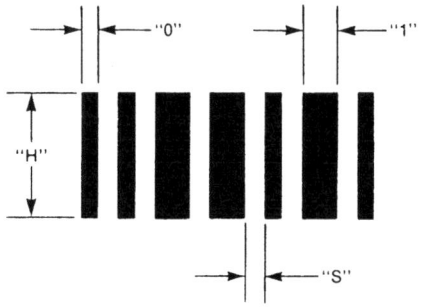

	Breite	Toleranz	Richtwerte
„S"	W + .002"	W − 0.005"/5	0.022" ± 0.003"
„0"	W − .002"	W − 0.005"/5	0.018" ± 0.003"
„1"	2W − .002"	W − 0.005"/5	0.038" ± 0.003"
„H"			H > 0.35"

Bar-Code-Programme können sehr schnell und dennoch zuverlässig in den Rechner eingelesen werden. Diese Art der Eingabe ist weitaus weniger aufwendig als die Eingabe durch Drücken der einzelnen Tasten. Auch der ungeübte Anwender kann sofort Bar-Code-Programme einlesen, ohne vorher irgendeine Funktion ausführen zu müssen.

5.4 Das Bar-Code-Tastenfeld des HP-41C/CV

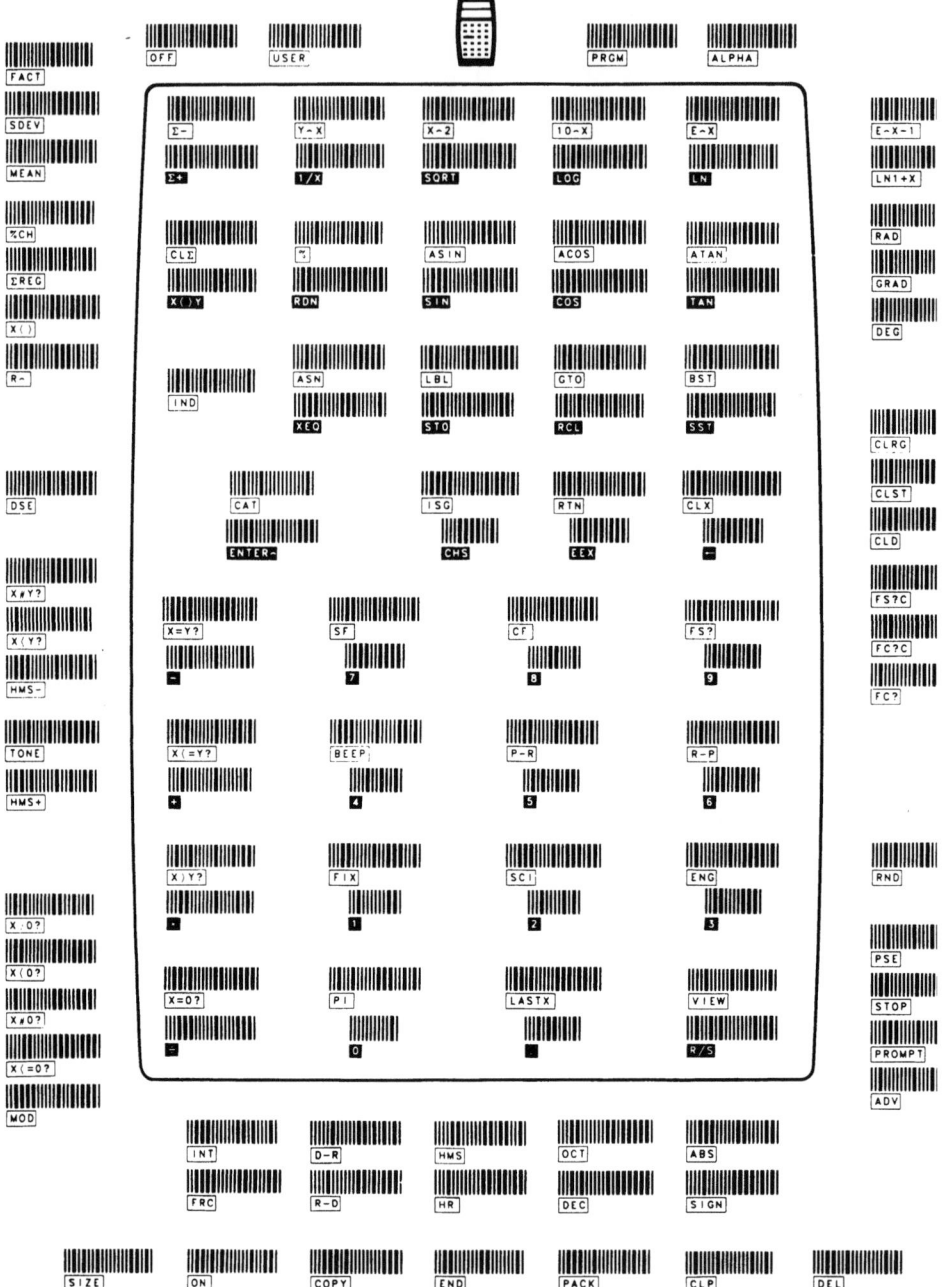

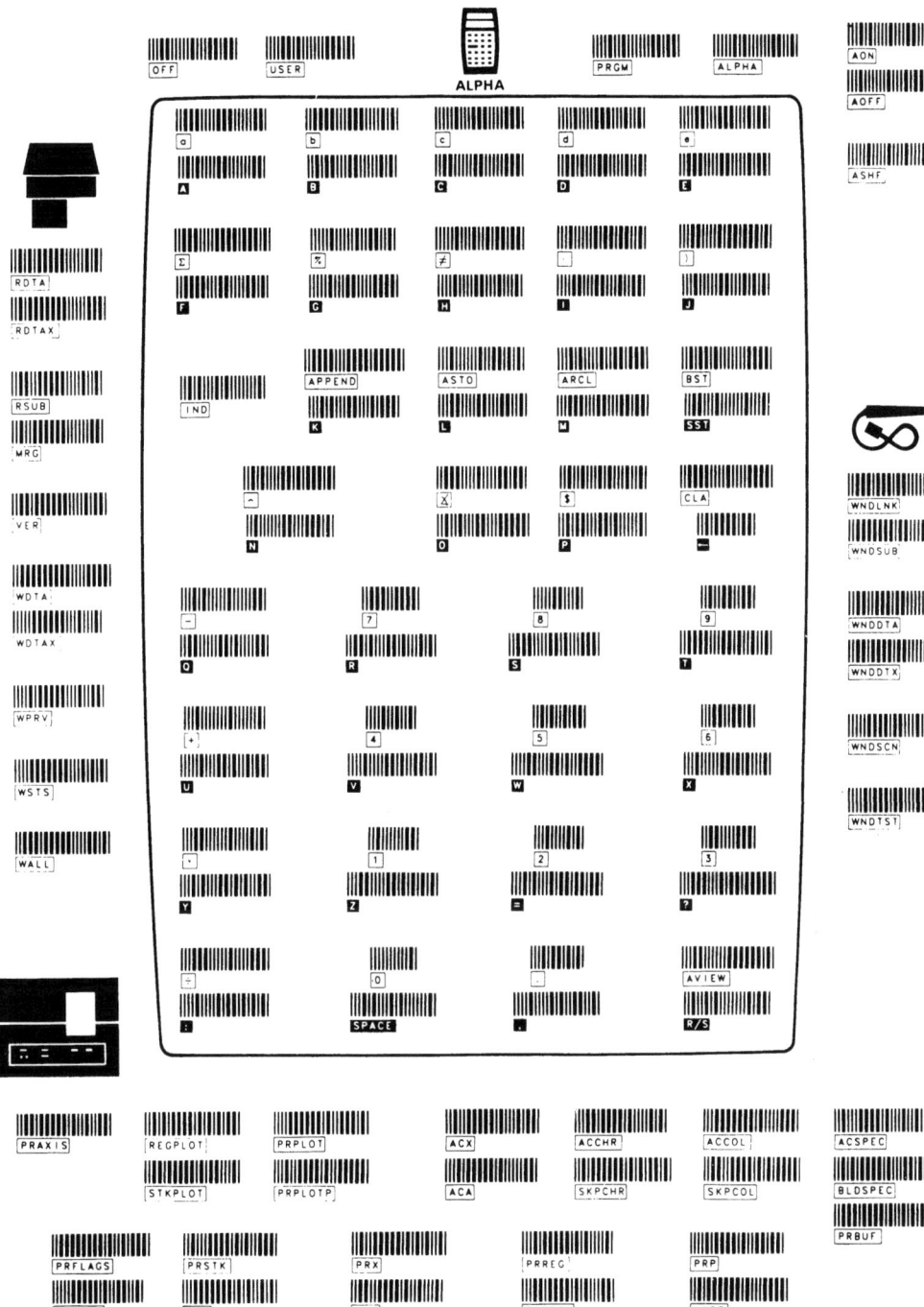

5.5 Programmauflistungen in Bar-Code

```
HYPERBOLISCHE FUNKTIONEN
PRGM REGS NEEDED:  7
```

```
ZINSESZINS-BERECHNUNG
PRGM REGS NEEDED:  7
```

EULERSCHE ZAHL
PRGM REGS NEEDED: 7

ROW 1 (1-5)

ROW 2 (6-16)

ROW 3 (16-19)

ROW 4 (20-21)

GROESSTER GEMEINSAMER TEILER
PRGM REGS NEEDED: 4

ROW 1 (1-6)

ROW 2 (7-13)

KREISBESTIMMUNG
PRGM REGS NEEDED: 36

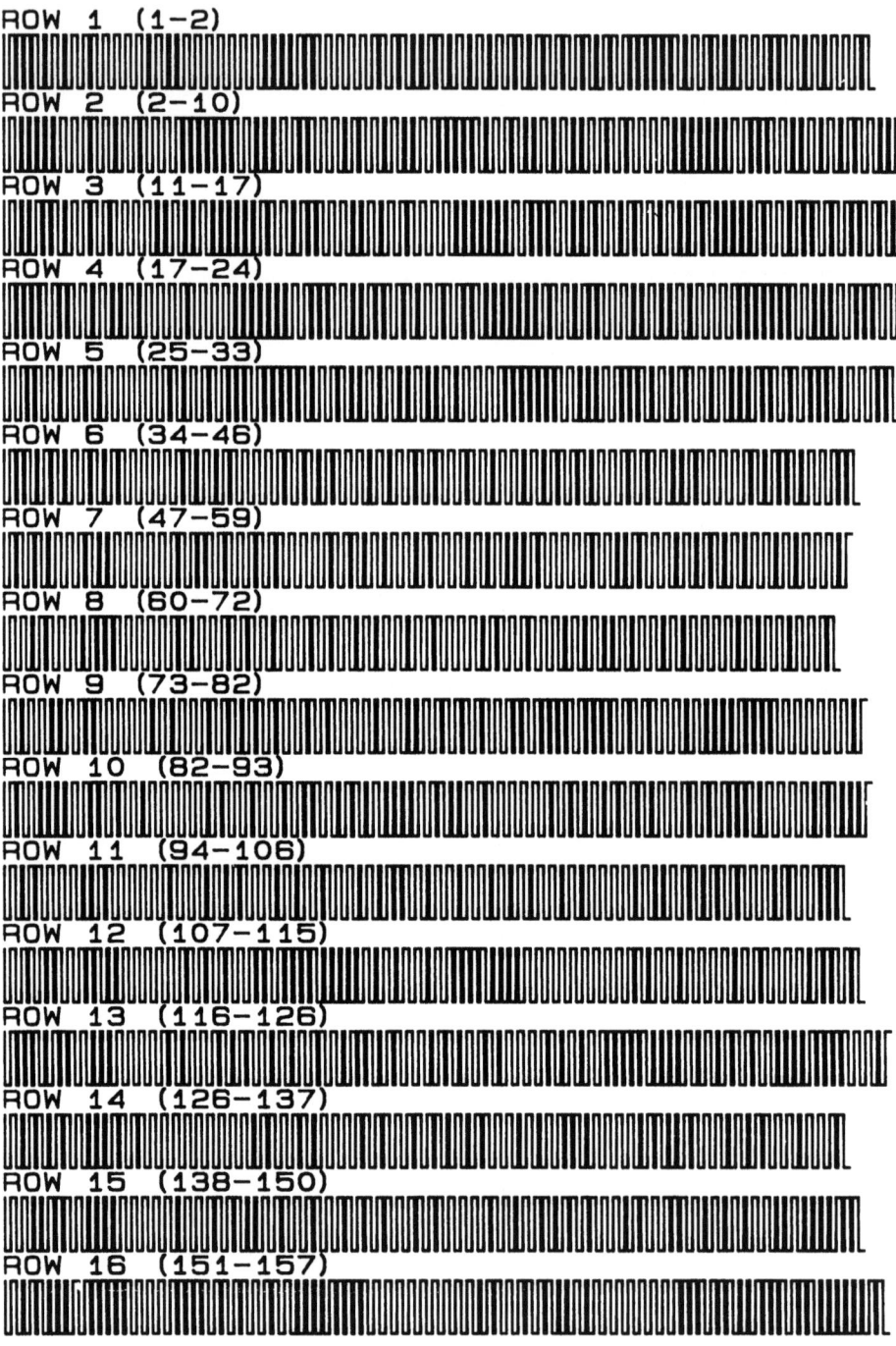

KREISBESTIMMUNG
PRGM REGS NEEDED: 36

ROW 17 (158-165)

ROW 18 (166-173)

ROW 19 (174-180)

ROW 20 (181)

MITTL. STEIGUNG EINES GRAPHEN
PRGM REGS NEEDED: 6

ROW 1 (1-5)

ROW 2 (5-14)

ROW 3 (15-24)

ROW 4 (25)

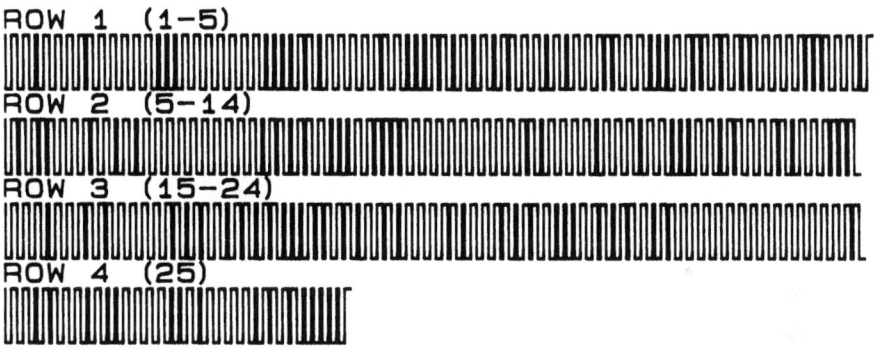

LOESCHEN VON DATENBLOECKEN
PRGM REGS NEEDED: 6

ROW 1 (1-6)

ROW 2 (6-10)

ROW 3 (11-15)

KOPIEREN VON DATENBLOECKEN
PRGM REGS NEEDED: 4

ROW 1 (1-5)
▌▐
ROW 2 (6-10)
▌▐
ROW 3 (10)
▌▐▌▐▌▐▌▐▌▐▌▐▌▐▌▐

SPEICHERBEREICHSVERTEILUNG
PRGM REGS NEEDED: 6

ROW 1 (1-4)
▌▐
ROW 2 (5-13)
▌▐
ROW 3 (14-19)
▌▐▌▐▌▐▌▐▌▐▌▐▌▐▌▐▌▐▌▐▌▐▌▐▌▐▌▐▌▐▌▐▌▐▌▐

DRUCKFORMATIERUNG
PRGM REGS NEEDED: 5

ROW 1 (1-6)
▌▐
ROW 2 (6-15)
▌▐
ROW 3 (15-18)
▌▐▌▐▌▐▌▐▌▐▌▐▌▐▌▐▌▐▌▐▌▐▌▐

```
FUNKTIONEN f1(X) UND f2(X)
PRGM REGS NEEDED:  7

ROW 1 (1-3)
ROW 2 (3-10)
ROW 3 (10-18)
ROW 4 (18-22)


PRGM. SYNTHETISCHE PROGR.
PRGM REGS NEEDED:  18

ROW 1 (1-7)
ROW 2 (8-15)
ROW 3 (15-23)
ROW 4 (23-29)
ROW 5 (29-38)
ROW 6 (38-44)
ROW 7 (45-54)
ROW 8 (54-60)
ROW 9 (61-66)
ROW 10 (66-69)
```

PLOTTEN VON ZWEI VARIABLEN
PRGM REGS NEEDED: 22

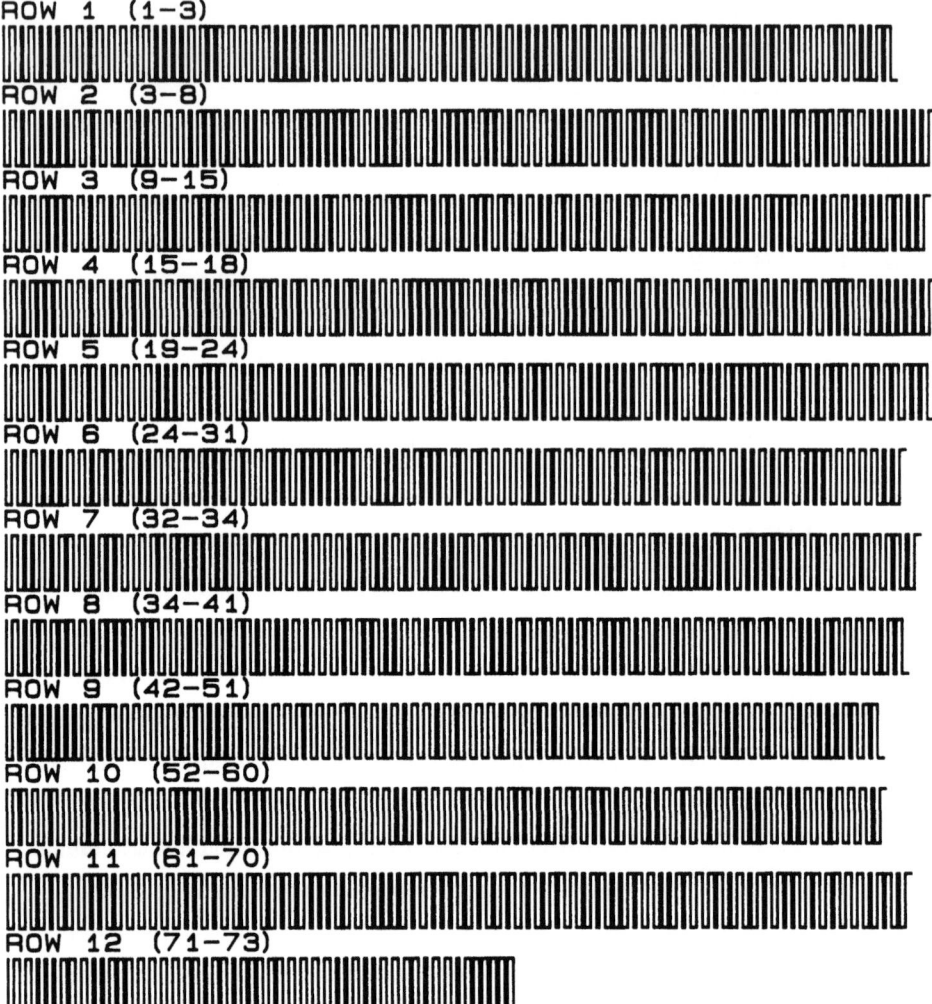

BIORYTHMUS
PRGM REGS NEEDED: 112

ROW 1 (1-4)

ROW 2 (4-7)

ROW 3 (8-10)

ROW 4 (10-11)

ROW 5 (12-16)

ROW 6 (17-24)

ROW 7 (24-27)

ROW 8 (27-30)

ROW 9 (30-32)

ROW 10 (32-35)

ROW 11 (36-44)

ROW 12 (44-51)

ROW 13 (51-57)

ROW 14 (57-60)

ROW 15 (61-63)

ROW 16 (64-70)

BIORYTHMUS
PRGM REGS NEEDED: 112

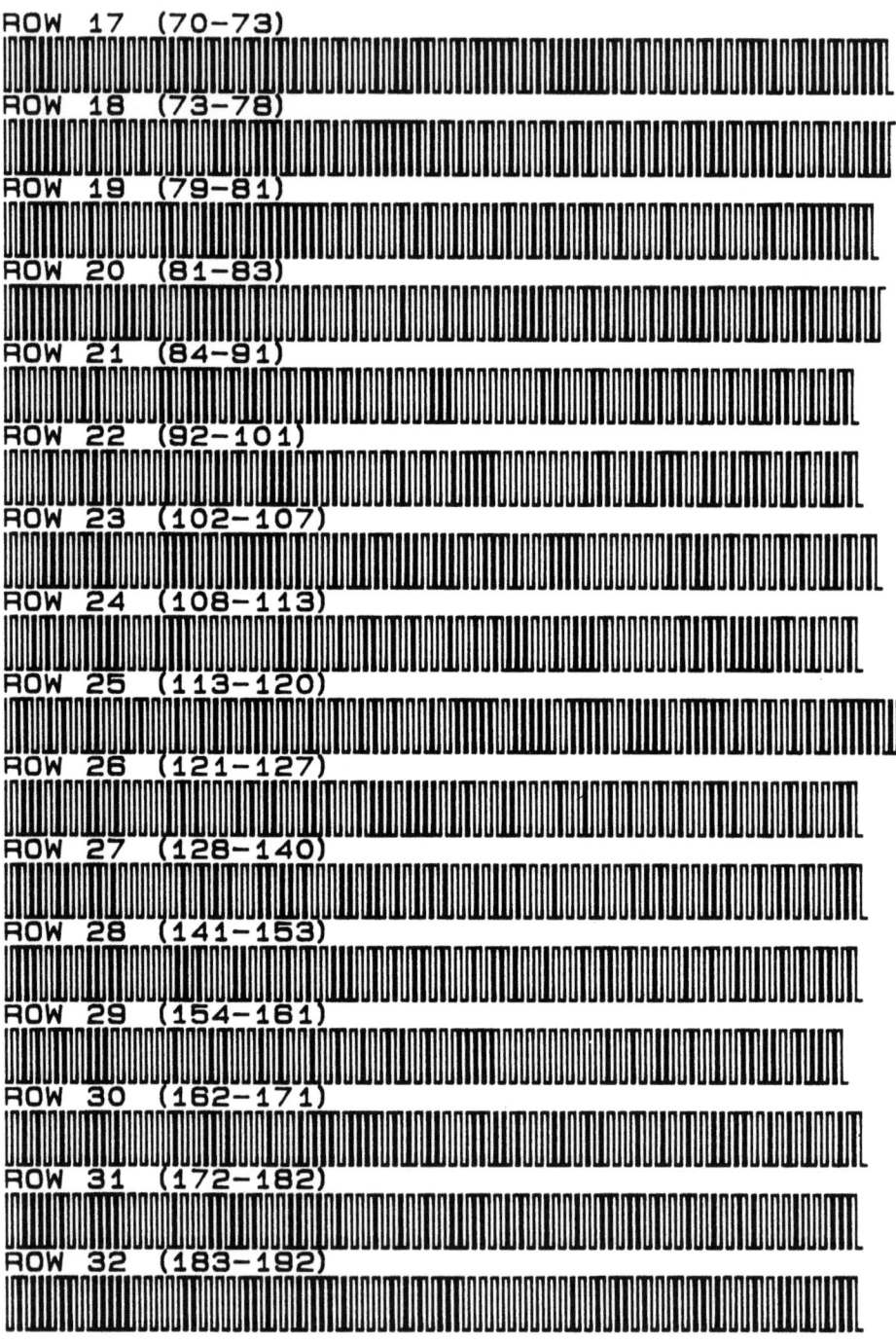

BIORYTHMUS
PRGM REGS NEEDED: 112

ROW 33 (193-203)

ROW 34 (204-210)

ROW 35 (211-219)

ROW 36 (220-229)

ROW 37 (230-237)

ROW 38 (238-247)

ROW 39 (248-254)

ROW 40 (254-261)

ROW 41 (261-269)

ROW 42 (269-278)

ROW 43 (278-285)

ROW 44 (286-292)

ROW 45 (293-299)

ROW 46 (300-306)

ROW 47 (306-312)

ROW 48 (313-322)

BIORYTHMUS
PRGM REGS NEEDED: 112

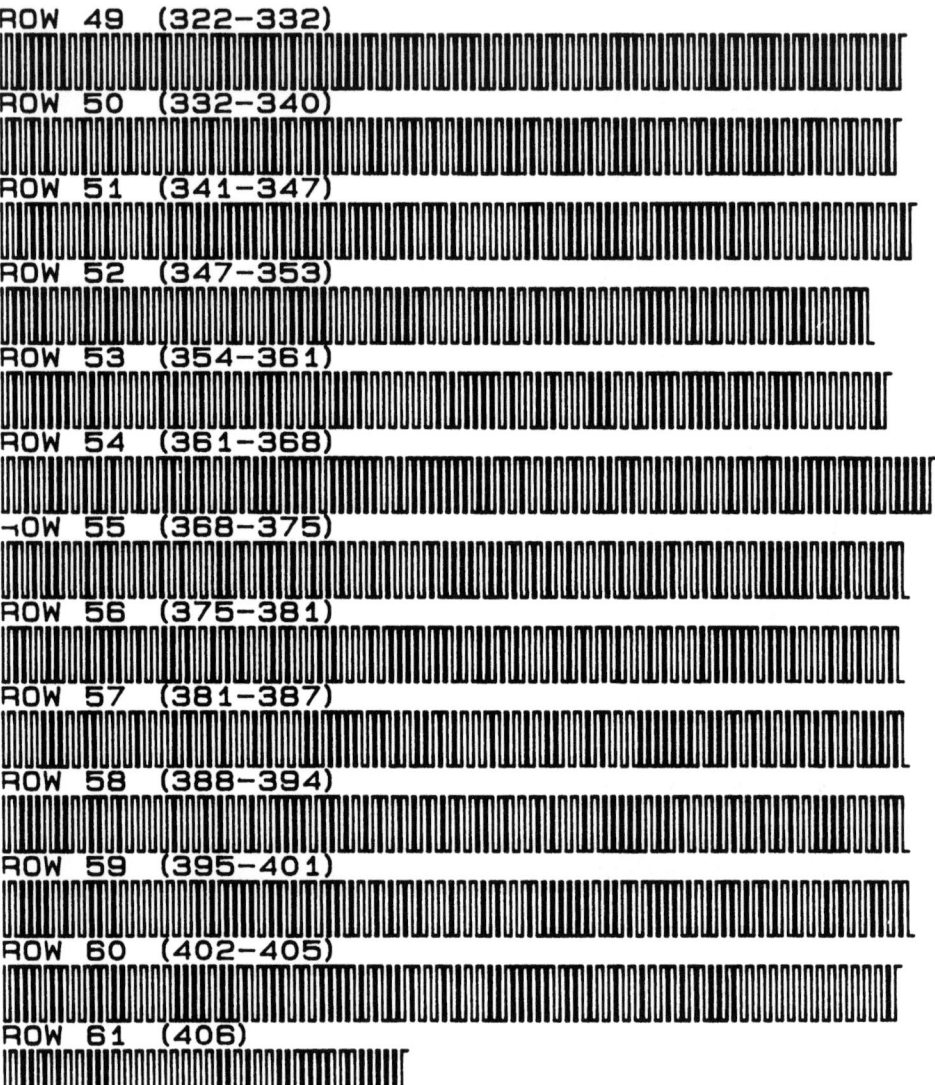

```
HENKER
PRGM REGS NEEDED:   109
```

ROW 1 (1)
ROW 2 (1-3)
ROW 3 (3-8)
ROW 4 (8-14)
ROW 5 (14-17)
ROW 6 (18-25)
ROW 7 (26-33)
ROW 8 (33-43)
ROW 9 (44-52)
ROW 10 (53-60)
ROW 11 (61)
ROW 12 (62-71)
ROW 13 (72-79)
ROW 14 (80-87)
ROW 15 (88-95)
ROW 16 (96-103)

HENKER
PRGM REGS NEEDED: 109

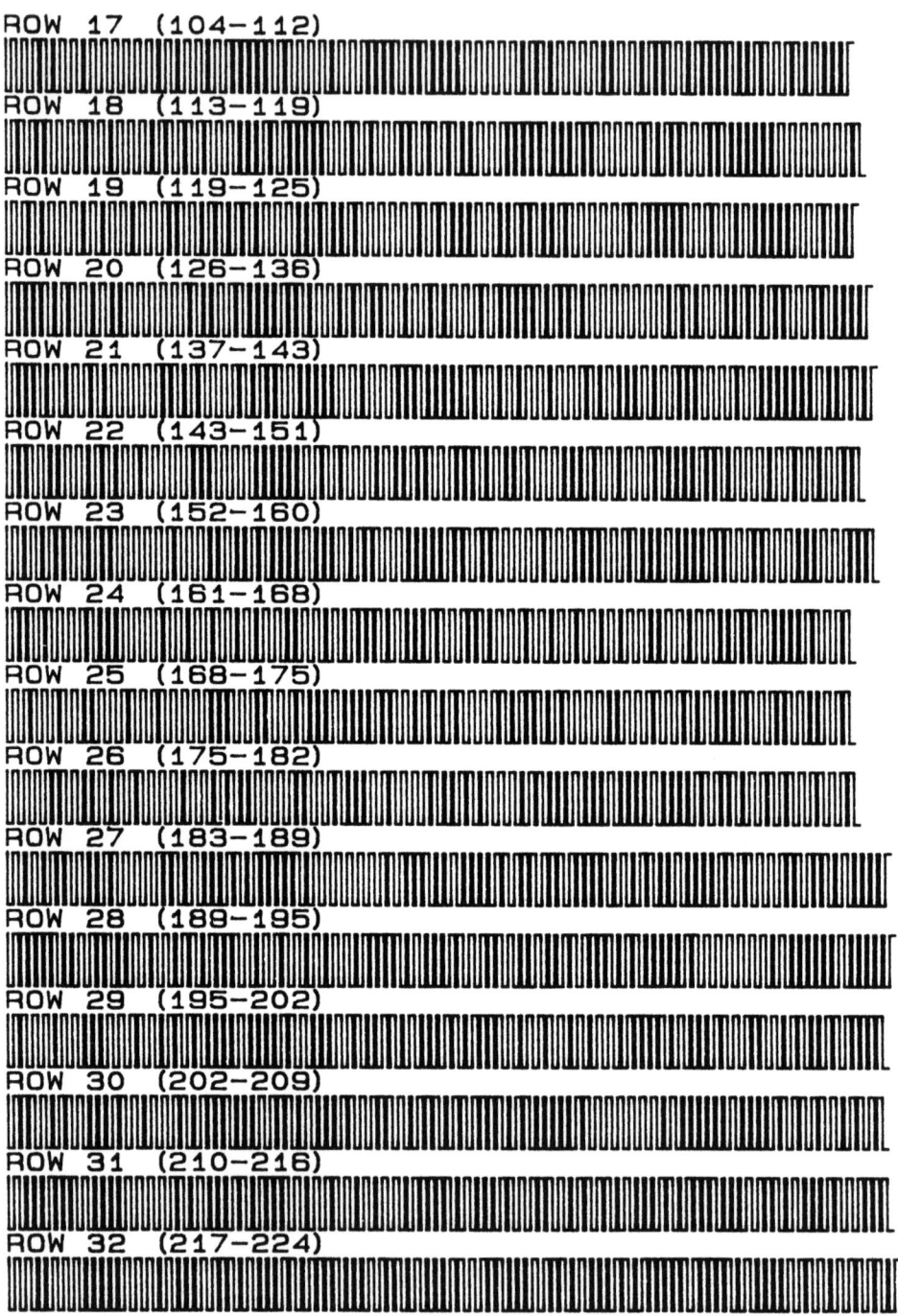

```
HENKER
PRGM REGS NEEDED:   109
```

ROW 33 (224-231)
ROW 34 (231-239)
ROW 35 (239-241)
ROW 36 (241-243)
ROW 37 (243-248)
ROW 38 (249-251)
ROW 39 (251-255)
ROW 40 (255-259)
ROW 41 (259-262)
ROW 42 (263-269)
ROW 43 (269-271)
ROW 44 (271-274)
ROW 45 (274-280)
ROW 46 (281-285)
ROW 47 (285-289)
ROW 48 (290-296)

HENKER
PRGM REGS NEEDED: 109

ROW 49 (296-299)
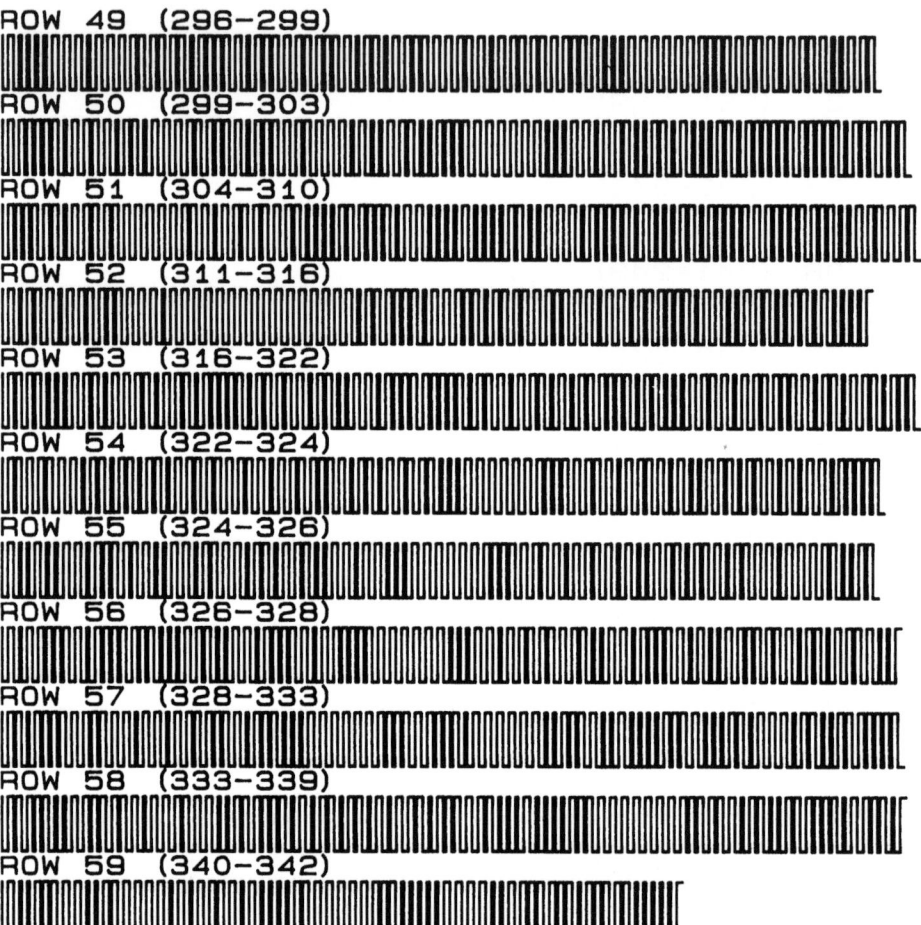
ROW 50 (299-303)

ROW 51 (304-310)

ROW 52 (311-316)

ROW 53 (316-322)

ROW 54 (322-324)

ROW 55 (324-326)

ROW 56 (326-328)

ROW 57 (328-333)

ROW 58 (333-339)

ROW 59 (340-342)

KALENDER
PRGM REGS NEEDED: 72

ROW 1 (1-4)
ROW 2 (4-7)
ROW 3 (8-15)
ROW 4 (15-17)
ROW 5 (18-26)
ROW 6 (27-36)
ROW 7 (37-45)
ROW 8 (46-53)
ROW 9 (53-59)
ROW 10 (60-66)
ROW 11 (66-73)
ROW 12 (74-82)
ROW 13 (82-89)
ROW 14 (89-95)
ROW 15 (96-105)
ROW 16 (106-114)

KALENDER
PRGM REGS NEEDED: 72

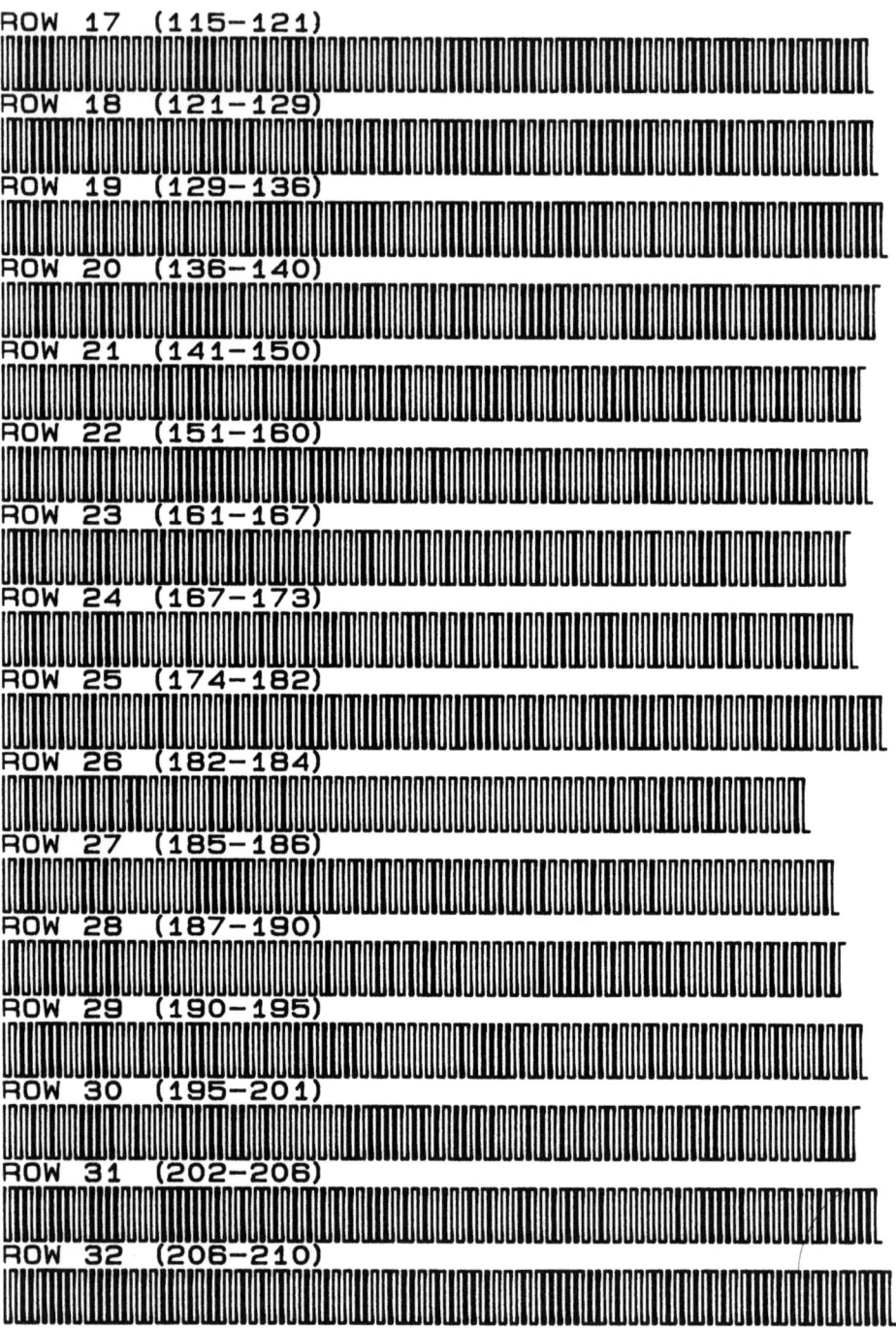

KALENDER
PRGM REGS NEEDED: 72

ROW 33 (210-214)
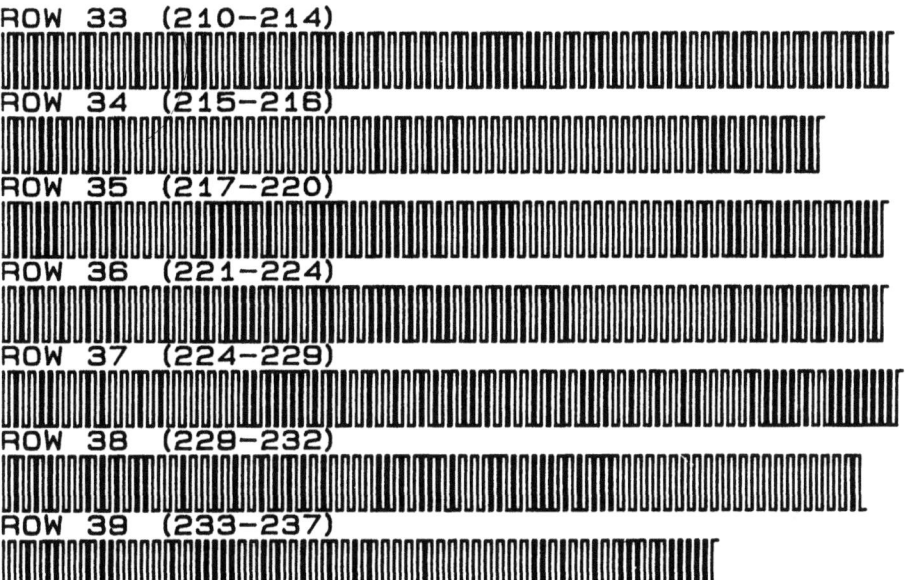
ROW 34 (215-216)

ROW 35 (217-220)

ROW 36 (221-224)

ROW 37 (224-229)

ROW 38 (229-232)

ROW 39 (233-237)

```
SORTIERPR.
PRGM REGS NEEDED:  45
```

ROW 1 (1-3)

ROW 2 (3-6)

ROW 3 (7-15)

ROW 4 (16-22)

ROW 5 (22-32)

ROW 6 (33-38)

ROW 7 (39-44)

ROW 8 (44-47)

ROW 9 (47-54)

ROW 10 (55-61)

ROW 11 (62-71)

ROW 12 (72-79)

ROW 13 (80-86)

ROW 14 (87-94)

ROW 15 (94-100)

ROW 16 (100-108)

SORTIERPR.
PRGM REGS NEEDED: 45

ROW 17 (109-110)

ROW 18 (111-114)

ROW 19 (115-120)

ROW 20 (120-123)

ROW 21 (124-130)

ROW 22 (131-135)

ROW 23 (135-140)

ROW 24 (140-143)

ROW 25 (144)

PRIMFAKTORZERLEGUNG
PRGM REGS NEEDED: 9

ROW 1 (1-2)

ROW 2 (2-12)

ROW 3 (13-20)

ROW 4 (21-31)

ROW 5 (32-36)

NUMERISCHE INTEGRATION
PRGM REGS NEEDED: 32

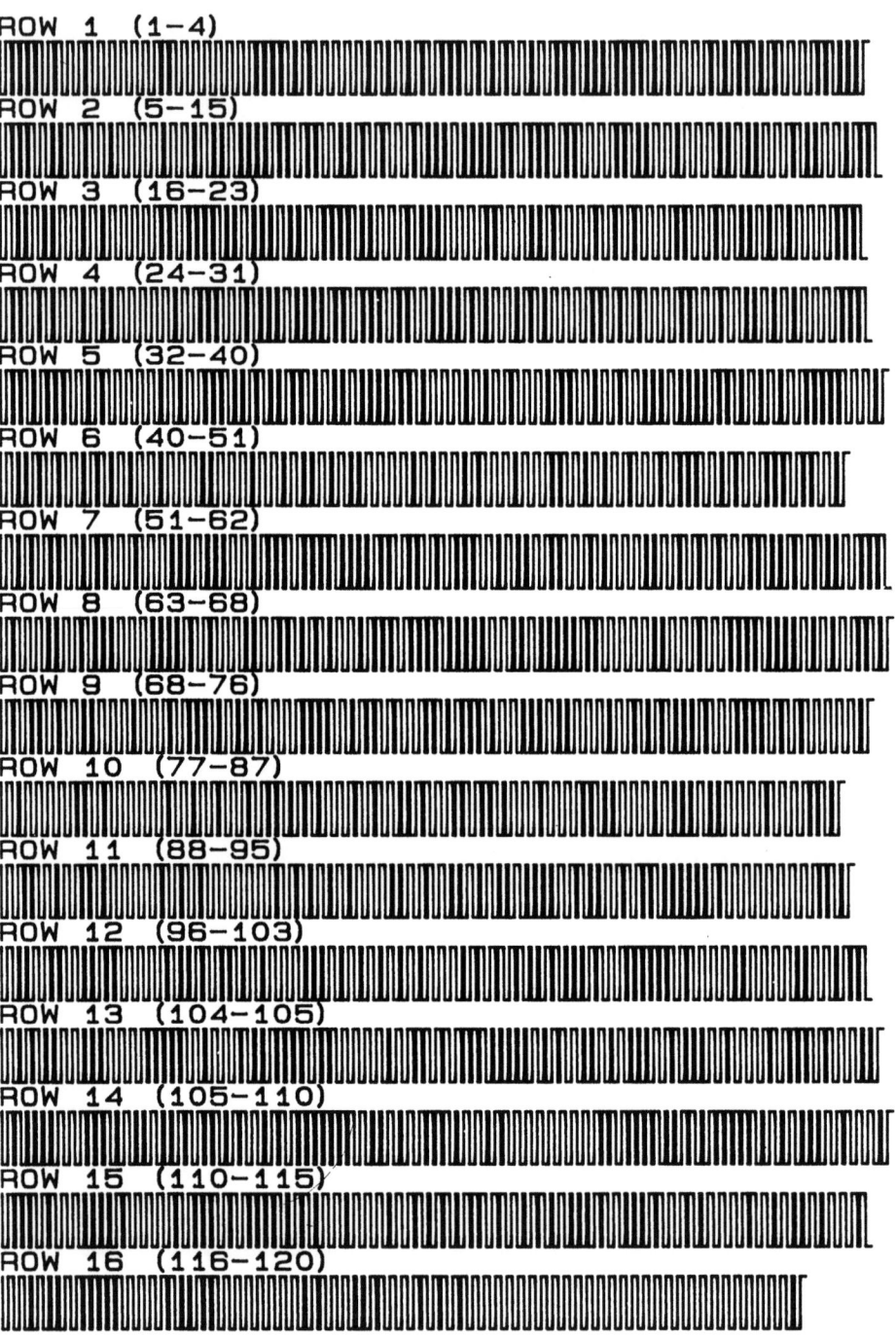

NUMERISCHE INTEGRATION
PRGM REGS NEEDED: 32

ROW 17 (121-120)
|||||||||||||||||||||||||||||||||||||||||||||||||||||||||||||||||||||||||||||||||||||||||||||||||||||

ROW 18 (121)
|||||||||||||||||||||||||||||||||||||||||

```
4 x 4   MATRIX
PRGM REGS NEEDED:   97
```

ROW 1 (1-5)

ROW 2 (6-14)

ROW 3 (14-21)

ROW 4 (22-27)

ROW 5 (28-36)

ROW 6 (37-43)

ROW 7 (44-50)

ROW 8 (51-57)

ROW 9 (58-65)

ROW 10 (65-71)

ROW 11 (72-79)

ROW 12 (80-87)

ROW 13 (88-94)

ROW 14 (95-104)

ROW 15 (105-113)

ROW 16 (113-122)

4 x 4 MATRIX
PRGM REGS NEEDED: 97

ROW 17 (123-130)

ROW 18 (131-138)

ROW 19 (138-146)

ROW 20 (147-155)

ROW 21 (156-163)

ROW 22 (163-168)

ROW 23 (169-177)

ROW 24 (178-187)

ROW 25 (187-194)

ROW 26 (195-201)

ROW 27 (201-208)

ROW 28 (208-216)

ROW 29 (216-222)

ROW 30 (222-226)

ROW 31 (226-232)

ROW 32 (232-241)

4 x 4 MATRIX
PRGM REGS NEEDED: 97

ROW 33 (241-249)

ROW 34 (250-260)

ROW 35 (261-270)

ROW 36 (271-280)

ROW 37 (281-290)

ROW 38 (291-299)

ROW 39 (300-308)

ROW 40 (308-315)

ROW 41 (316-324)

ROW 42 (324-332)

ROW 43 (333-341)

ROW 44 (341-350)

ROW 45 (351-359)

ROW 46 (359-364)

ROW 47 (365-371)

ROW 48 (372-379)

4 x 4   MATRIX
PRGM REGS NEEDED: 97

ROW 49 (380-387)

ROW 50 (388-395)

ROW 51 (396-403)

ROW 52 (403-408)

ROW 53 (409)

FOURIER-ANALYSE
PRGM REGS NEEDED: 48

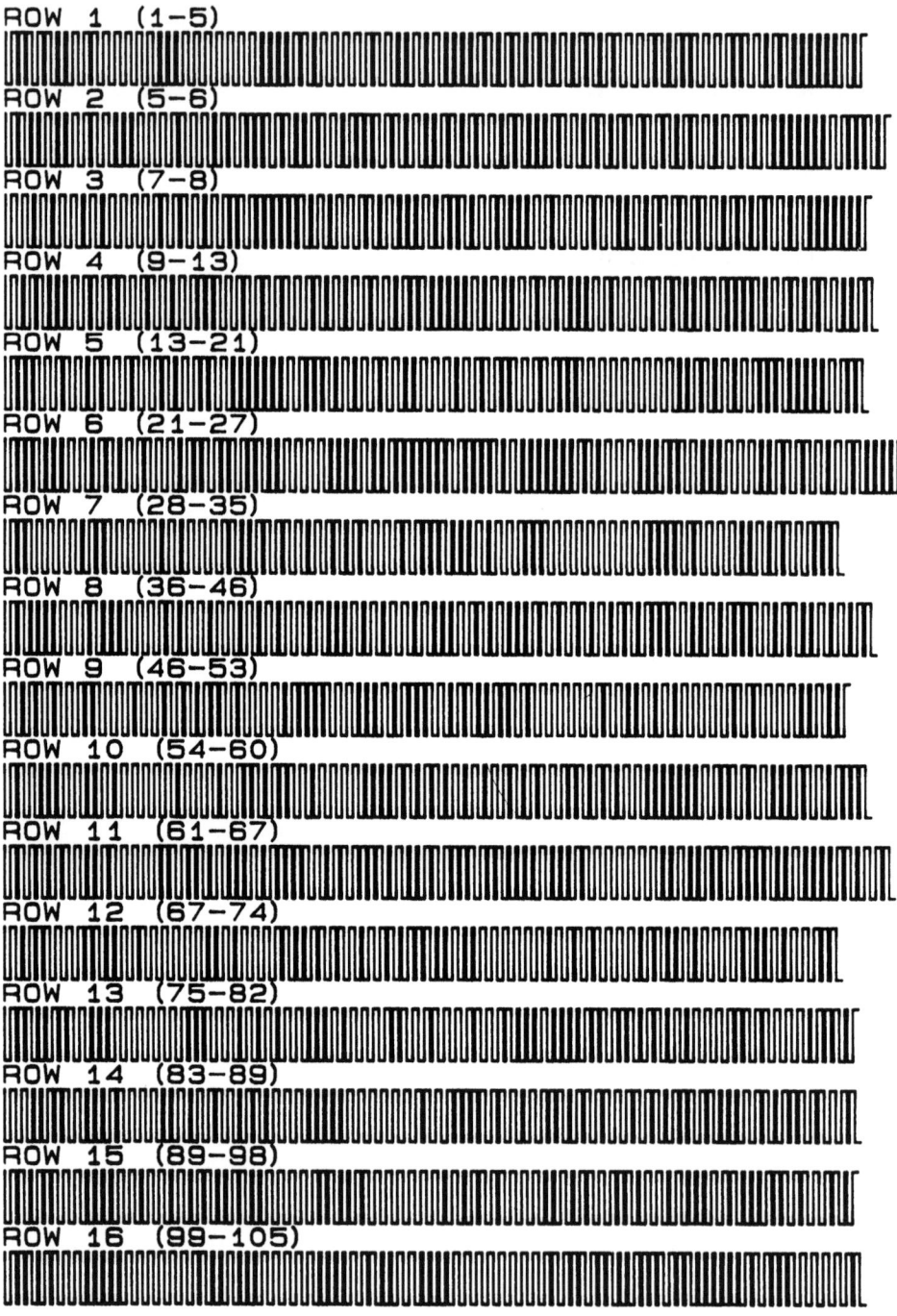

ROW 1 (1-5)
ROW 2 (5-6)
ROW 3 (7-8)
ROW 4 (9-13)
ROW 5 (13-21)
ROW 6 (21-27)
ROW 7 (28-35)
ROW 8 (36-46)
ROW 9 (46-53)
ROW 10 (54-60)
ROW 11 (61-67)
ROW 12 (67-74)
ROW 13 (75-82)
ROW 14 (83-89)
ROW 15 (89-98)
ROW 16 (99-105)

FOURIER-ANALYSE
PRGM REGS NEEDED: 48

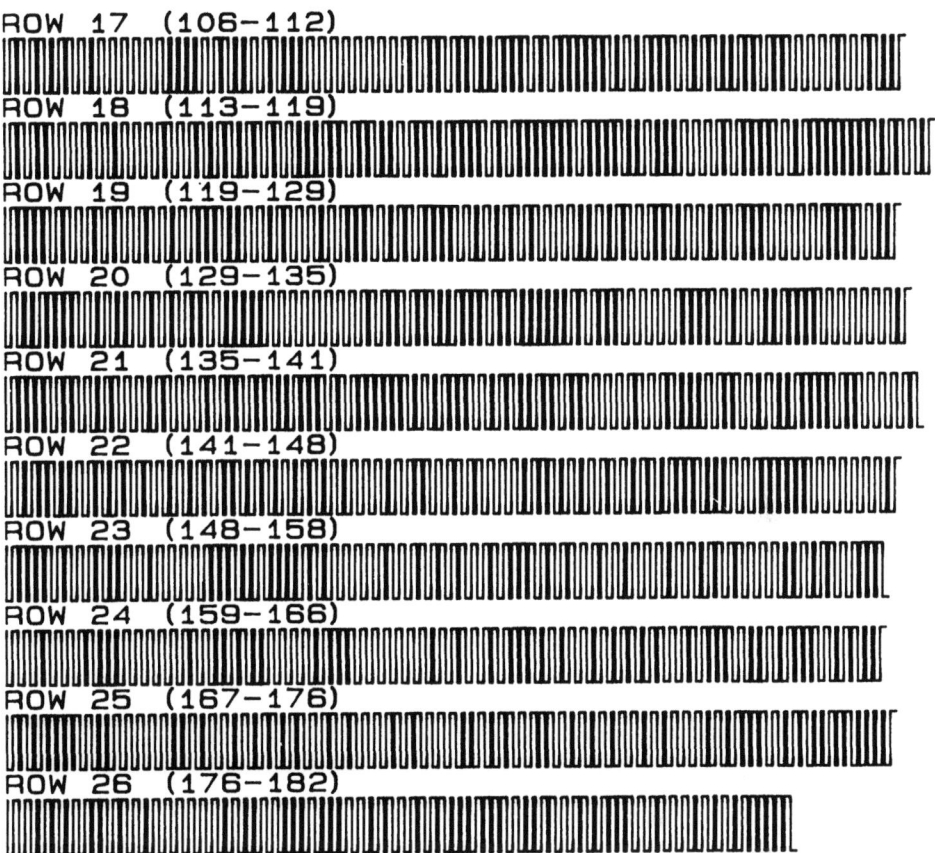

```
BODE-DIAGRAMM
PRGM REGS NEEDED:   39
```

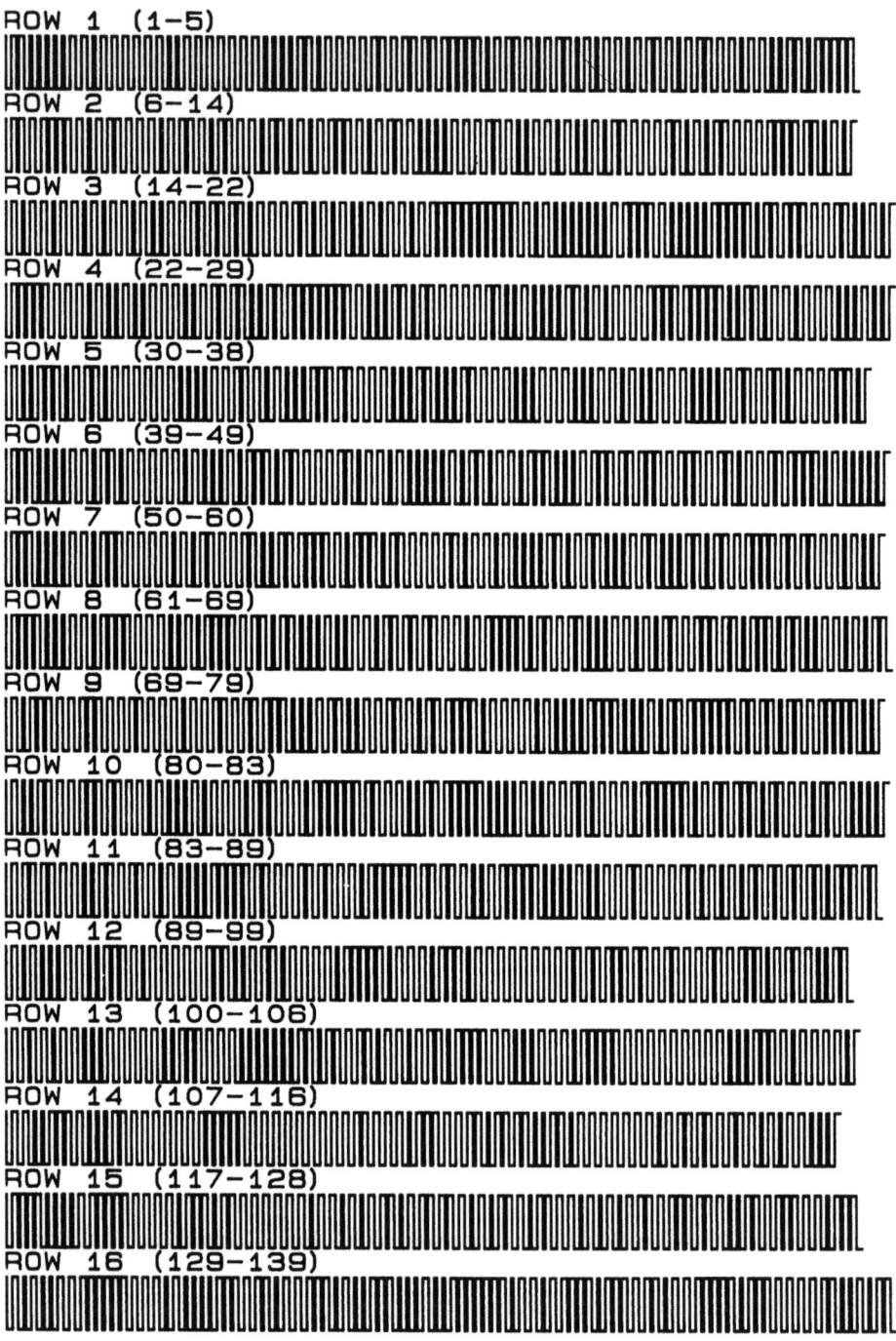

BODE-DIAGRAMM
PRGM REGS NEEDED: 39

ENTWURF VON BUTTERW.-FILTERN
PRGM REGS NEEDED: 43

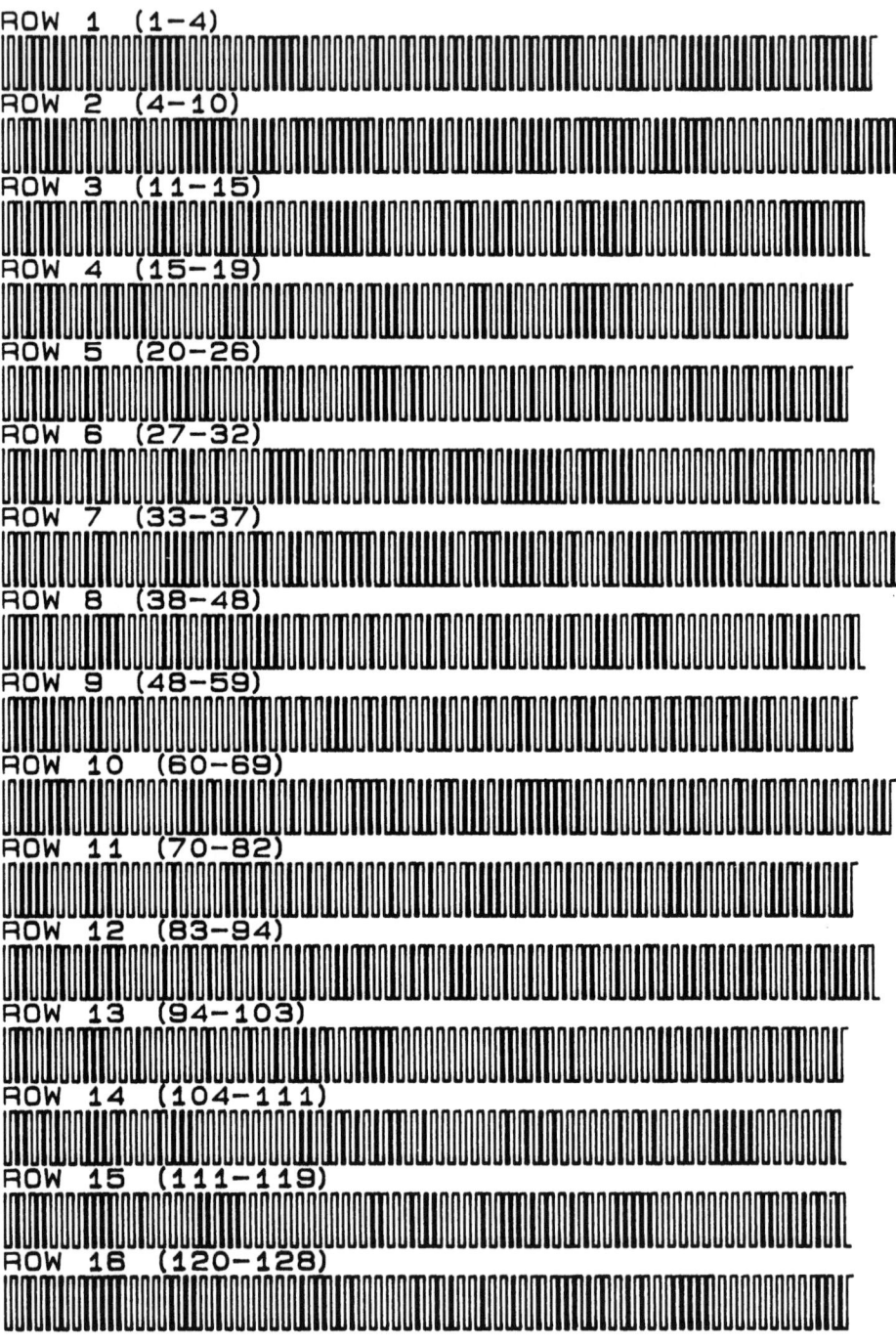

ROW 1 (1-4)
ROW 2 (4-10)
ROW 3 (11-15)
ROW 4 (15-19)
ROW 5 (20-26)
ROW 6 (27-32)
ROW 7 (33-37)
ROW 8 (38-48)
ROW 9 (48-59)
ROW 10 (60-69)
ROW 11 (70-82)
ROW 12 (83-94)
ROW 13 (94-103)
ROW 14 (104-111)
ROW 15 (111-119)
ROW 16 (120-128)

ENTWURF VON BUTTERW.-FILTERN
PRGM REGS NEEDED: 43

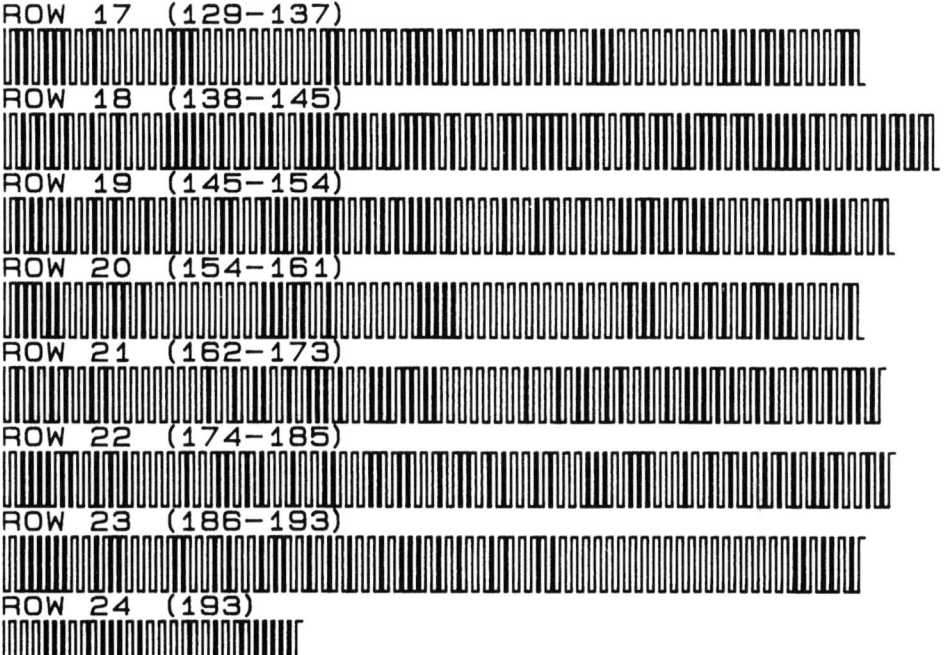

ENTWURF VON TSCHEB.-FILTERN
PRGM REGS NEEDED: 51

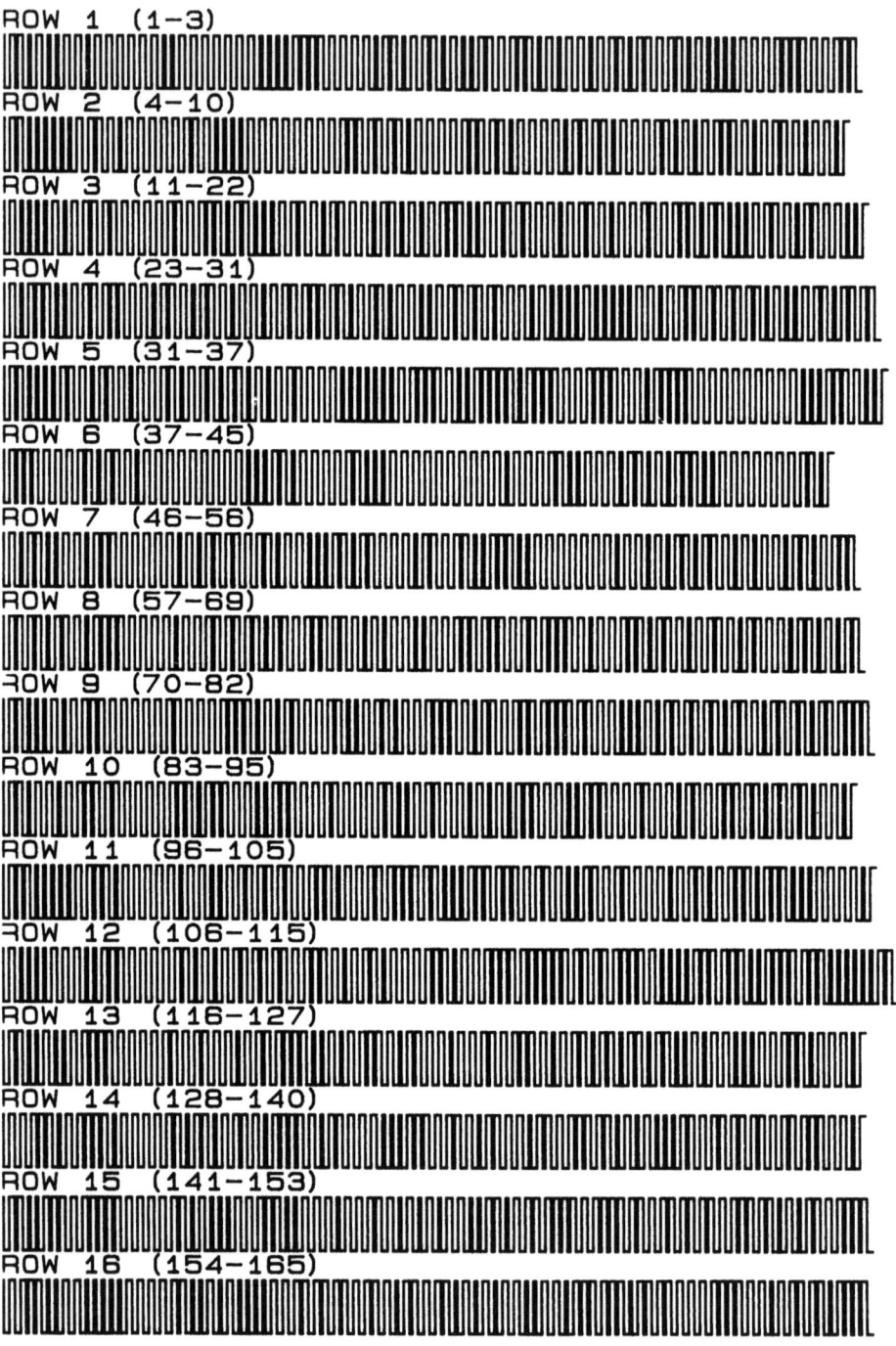

ENTWURF VON TSCHEB.-FILTERN
PRGM REGS NEEDED: 51

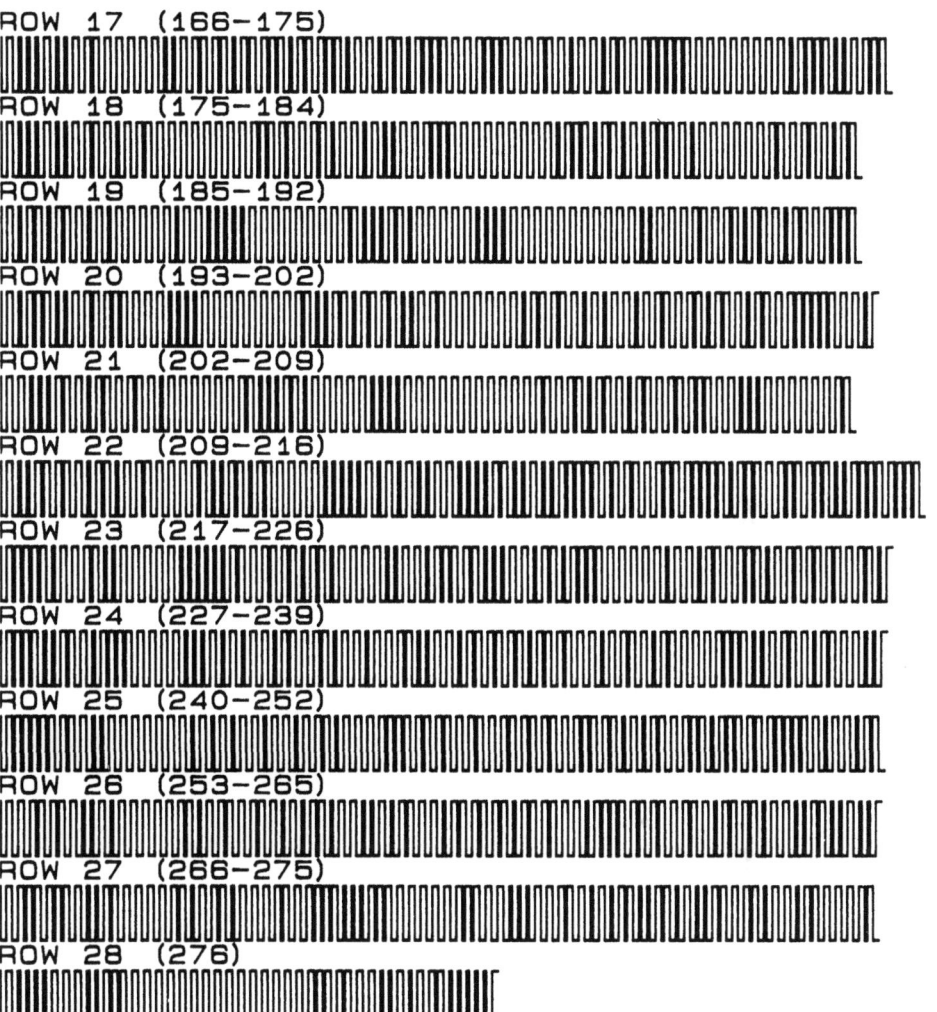

AKTIVE FILTER
PRGM REGS NEEDED: 35

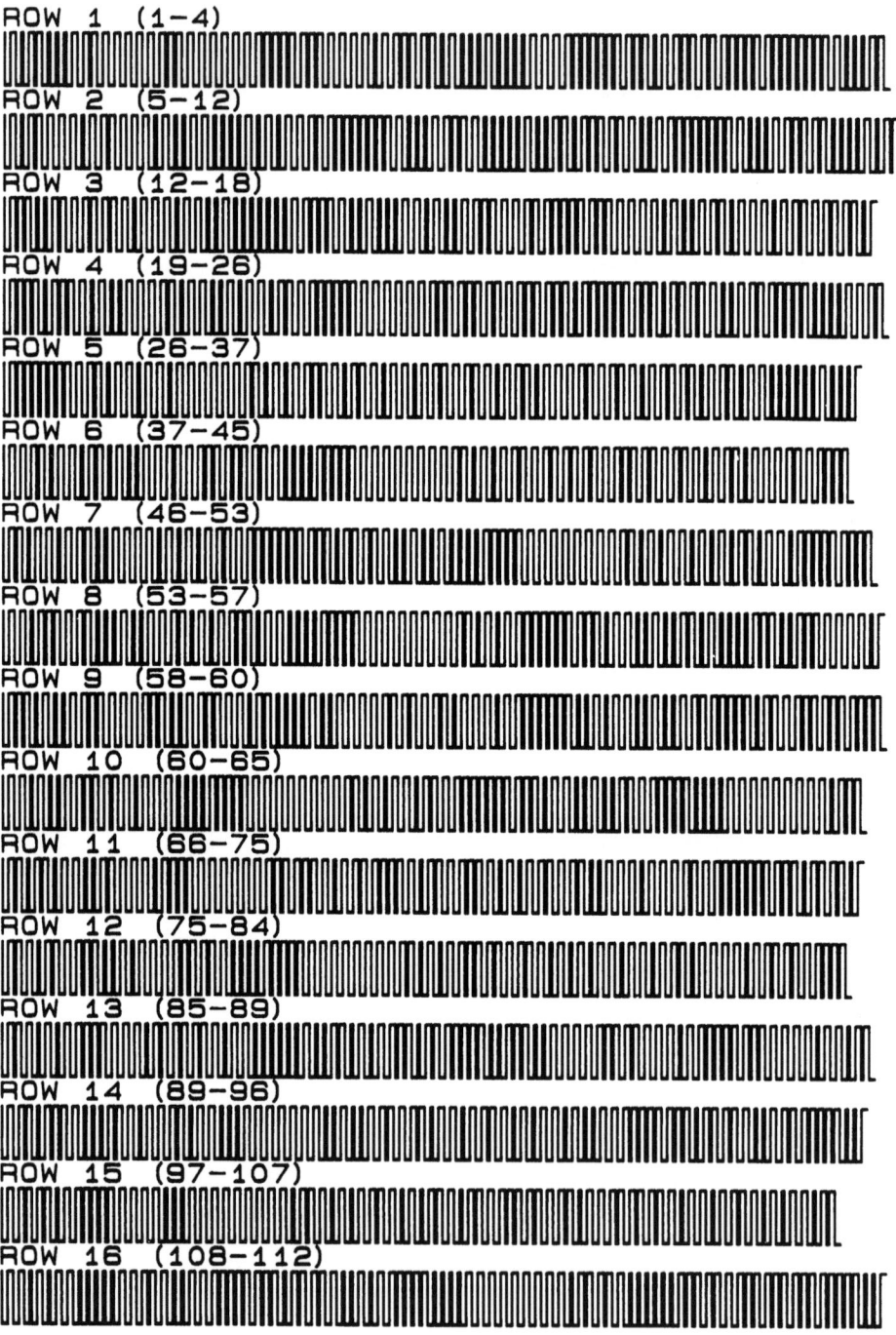

ROW 1 (1-4)
ROW 2 (5-12)
ROW 3 (12-18)
ROW 4 (19-26)
ROW 5 (26-37)
ROW 6 (37-45)
ROW 7 (46-53)
ROW 8 (53-57)
ROW 9 (58-60)
ROW 10 (60-65)
ROW 11 (66-75)
ROW 12 (75-84)
ROW 13 (85-89)
ROW 14 (89-96)
ROW 15 (97-107)
ROW 16 (108-112)

AKTIVE FILTER
PRGM REGS NEEDED: 35

EINGANGSIMP. UEBERTRLEITG.
PRGM REGS NEEDED: 45

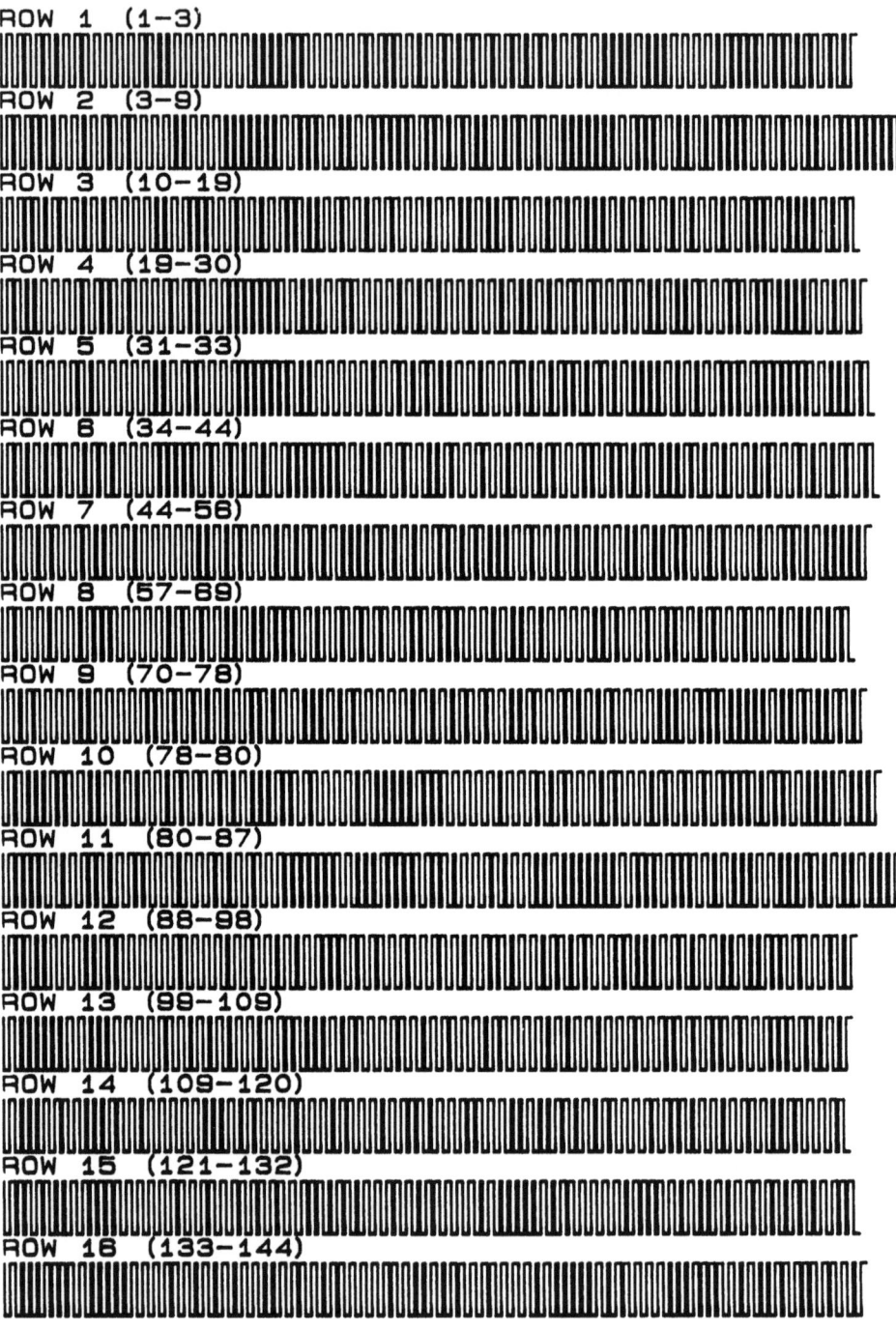

EINGANGSIMP. UEBERTRLEITG.
PRGM REGS NEEDED: 45

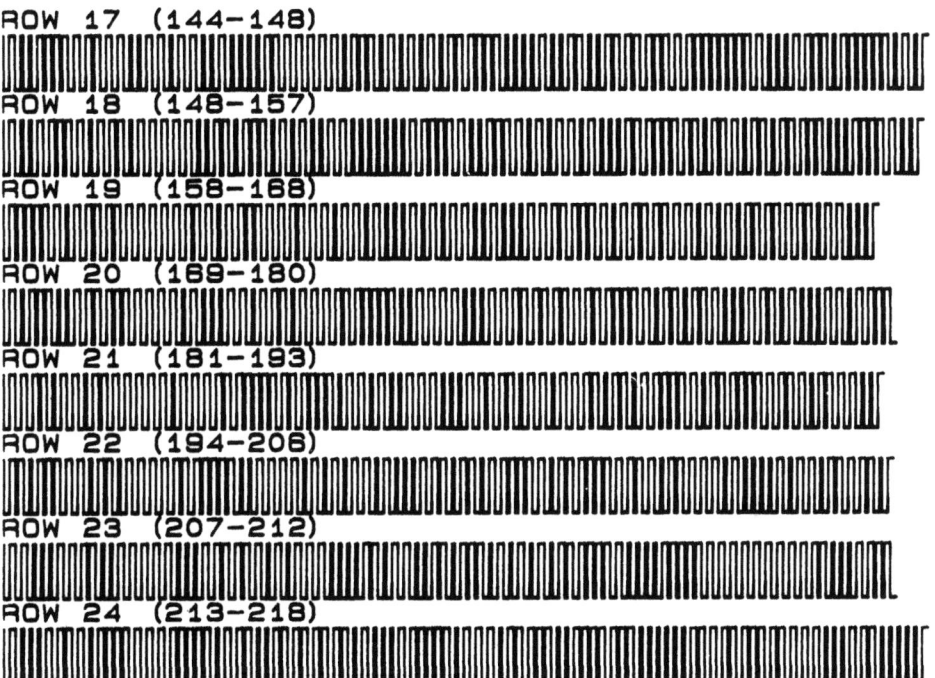

Literaturverzeichnis

[1] Helmut Alt: Anwendung programmierbarer Taschenrechner, Band 1 Angewandte Mathematik, Finanzmathematik, Statistik, Informatik für UPN-Rechner, Verlag Vieweg, 1981

[2] Paul Thießen: Programmieren von Taschenrechnern 4, Lehr- und Übungsbuch für die Rechner HP-29C/HP-19C und HP-67/HP-97, Verlag Vieweg, 1981

[3] Richard Eckert: Die Programmierbaren von HP, Oldenburg Verlag, 1980

[4] PPC Calculator Journal, 2541W. Camden Place, Santa Ana, California

[5] W. C. Wickes, Synthetic Programming on the HP-41C, Verlag Heldermann, 1982

[6] Bedienungshandbuch HP-41C/CV, Part-Nr. 00041-90012

[7] Software Modul Mathematik, Part-Nr. 00041-15014

[8] Programm Sammlung HP-41C/CV Elektrotechnik, Part-Nr. 00041-90379

[9] Bedienungshandbuch HP-Bar-Code-Leser 82153A

[10] Creating your own Bar-Codes (HP-Corvallis) 82153-90019

[11] HP-67/HP-97 Elektronik-Paket, Part-Nr. 00097-90059

Sachwortverzeichnis

■ 18
[←] 25
Ablaufdiagramm 26
Ablaufschema, UPN-Technik 3
Abschluß eines Unterprogramms 38, 39
absolute Adresse 54, 55, 60
Abtastrichtung für Bar-Codes 120
ACCHR 58
Adresse 55
—, absolute 54, 55, 60
—, direkte 57
—, indirekte 57
—, relative 55
Adressierung, indirekte 50
Adressierungslücke 55
Adresspointer 54, 59, 60, 61
—, Aufbau 60
aktive Filter 111, 168
allgemeine User-Flags 61
[ALPHA] 18
Alpha-Kette 18, 123
—, Korrektur einer 18
— -Marke, globale 21, 24, 39
—, globale, Einfügung einer 24
—, — Sprung zu einer 24
— lokale 21, 28, 38
— -Modus 18
— -Register 2, 4, 18, 54, 122, 124
—, Anzeige 25
—, Rückrufen in das 19
—, Speichern aus dem 18
—, temporäres 54
— -Taste 18
— -Zeichen 127, 56
Altgrad 12
Anweisung 22, 26
—, Einfügen einer 25
—, Löschen einer 25
Anweisungs-Bar-Code 124
Anwenderflags 45, 61
Anwenderspeicher 53
Anzeige 2, 4, 56, 57
— des Alpha-Registers 25

Anzeigeformat, Steuerung, indirekte 52
Anzeigekorrektur 1
Anzeigeregister 1, 2
AON 18
ARCL 19
ASHF 18
■ [ASN] 11, 12, 19, 22, 23
ASTO 18
[ASTO] ■ 51
Aufruf eines Unterprogramms 26, 37
Ausgabe von Daten 25
— — Teilergebnissen 25
AVIEW 18

Bandpass 105, 111
Bandsperre 105
Bar-Code 118, 120, 130, 131
—, Aufbau 120
—, Erzeugung 130
— für Folgedaten 123
— -Indikator 121, 122, 123, 124
— -Leser 2, 118
—, Streifenbreite 130, 131
— -Tastenfeld 132, 133
— -Typen 121
— -Zeile 120
bedingte Programmverzweigung 29, 45
bedingter Sprung 26, 59
Befehl 55
Benutzerspeicher 56
Benutzer-Übersetzer 55, 56
Binärdarstellung von Pseudo-Tetraden 64
Biorhythmus 73, 141
Bit 53, 61
Bitkombination 61
Bode-Diagramm 99, 162
Bogenmaß 12
Buchse 61
Buchsencode 60, 61
Butterworth-Filter 99, 103, 164
Byte 4, 5, 53, 61
— -Jumper 57

173

CAT 1 9, 21
- 2 9
- 3 9, 10, 11, 28
■ [CATALOG] 11, 24
■ [CF] 45
■ [CLA] 1
CLP 22, 24, 25
CLRG 7
■ [CLx] 1
■ [CL Σ] 13
Codierung 55, 56, 119
—, Ebenen der 55, 56

DATA 60
Daten, Rückrufen von 6
—, Sortieren von 82, 152
—, Speichern von 6
— -Bar-Code 122, 123
— —, alphanumerischer 123
— —, numerischer 122
— -ROM 61
Datenausgabe 25
Datenblöcke, Kopieren, Unterprogramm 42, 138
—, Löschen, Unterprogramm 41, 137
Dateneingabe 25, 26
—, Aufforderung zur 25
— mit Bar-Code 119
Datenspeicher 6, 53
Datenspeicherregister 4, 58, 60
—, Anzahl verfügbarer 4
Datenspeicherung in ROMs 60, 61
DEG 12
Dekrement 36
DEL 25
Determinante 90
Dezimal-Oktal Umwandlung 11
Dezimalwert 56
direkte Adresse 57
Direktzugriff auf ROMs 59, 61
Dreieck, gleichseitiges, Fläche 22
Druckausgabeformatierung, Unterprogramm 44, 138
Drucken von Text mit Ergebnis, Unterprogramm 43
— — Überschriften, Unterprogramm 42
Drucker 40, 57, 58, 70
Druckerzeichen 56
DSE 36
Duplizierregister 2, 4

Ebenen der Codierung 55, 56
Ein-Byte-Befehl 58
Einfügen einer Anweisung 25
— — END-Anweisung 22, 24
— — globalen Marke 24
Eingabe eines Programms 21
— von Daten 25, 26
Eingaberoutinen 59
Eingangsimpedanz 113, 170
END, permanentes 55
— -Anweisung 22, 24, 38, 39, 41
— —, Einfügen einer 22, 24
— —, Löschen einer 24
ENG 52
[ENTER ↑] 3
Ermittlung der Speicherbereichsverteilung, Unterprogramm 42
Erweiterungs-Module 2, 57
Erzeugung von Bar-Codes 130
Eulersche Zahl e, Berechnung 30, 135

FC? 46
FC? C
Festkommaformat 13
■ [FIX] 13, 52
Fläche eines gleichseitigen Dreiecks 22
Flags 45, 47, 48, 49, 50, 54, 61
—, Liste 47, 48, 49, 50
—, Löschen von 45
—, Prüffunktionen 45, 46
—, Setzen von 45
—, Verwendung von 46
Flagprüfung 29
Flußdiagramm 26
Fourier-Analyse 95, 160
Four-Level-Bar 119
■ [FS?] 45
FS? C 46
Funktionen 12
—, Ausführung von 11
— eines Veränderlichen 12
—, hyperbolische 23, 134
—, indirekte 127
—, nicht programmierbare 127
—, programmierbare 127
—, trigonometrische 12
— von zwei Veränderlichen 12
—, XROM- 128
—, Zuordnung zu Tastenpositionen 11, 19, 20

Funktionsbezeichnungen 54
Funktionstabelle 126
Funktionsverzeichnisse 9
—, Auflistung der 11

Gleichungssystem mit 4 Unbekannten 90
Globale Marke 21, 27, 28, 29, 60
GRAD 12
größter gemeinsamer Teiler 31, 135
■ [GTO] 24, 26, 27
— — [·] 24
— — [·] [·] 5, 22
— — — [EEX] 24

Halbbyte 60, 61
Hauptprogramm 37, 38
—, Rücksprung ins 37
Hauptspeicher 4
Header 121, 122, 123, 124
Henker 77, 145
Hex-Code-Tabelle 56, 68, 69
Hochpass 105, 111
hyperbolische Funktionen 23, 134

Indexregister 51
indirekte Adresse 57
— Adressierung 50
— Funktionen 127
— Steuerung des Anzeigeformats 52
Inkrement 36
Integration, numerische 85, 154
interne Darstellung von Zahlen 53
ISG 36

Kalender 80, 149
Kartenleser 2
Key-Assignment 54, 55
— —, geshiftete 54
— —, ungeshiftete 54
— — -Register 55, 57
komplexe Zahlen, geometrische Summe 13
Konstanten, Rechner mit 3
Koordinatentransformation 13
Kopieren von Datenblöcken, Unterprogramm 42, 138
Korrektur-Taste [←] 1
Korrektur von Programmen 24

Kreis, durch drei Punkte bestimmt 32, 136, 137
Kurzform-Marke 28

Label 21, 26, 59
■ [LAST x] 3
Last-X-Register 2, 3, 51, 54
Laufvariable 36
■ [LBL] 21
Lesestift, optischer 118, 120
Liste der Flags 47, 48, 49, 50
— — Funktionen 9, 10, 11
— — — und Programme der Peripheriegeräte 9
— — globalen Marken und End-Anweisungen 9
— — Standardfunktionen 9
Lokale Marke 21, 27, 28, 38, 60
Löschen 1
— des Alpha-Registers 1
— — Statistikregisters 14
— — X-Registers 1
— einer Anweisung 25
— — END-Anweisung 24
— eines Programms 22, 24, 25
— — Speichers 7
— — Zeilenblocks 25
— sämtlicher Register 7
— sämtlicher Speicher 7
Löschung von Datenblöcken, Unterprogramm 41, 137

Machine-Microcode 55, 56
— -Translator 55, 56
Marke 21
—, globale 21, 24, 27, 28, 29, 60
—, —, Einfügung einer 24
—, —, Sprung zu einer 24, 27
—, Kurzform- 28
—, lokale 21, 27, 28, 60
—, —, Alpha- 21, 28, 38
—, —, numerische 21, 60
—, numerische 28, 38
—, Suche nach 28, 38
Maschinen-Microcode 55, 56
— -Übersetzer 55, 56
Matrix 61, 90, 156
—, Elemente einer 61

175

MEAN 14
MEMORY LOST 1, 54
Mittelwert 14

Name eines Programms 21
Neugrad 12
nicht programmierbare Funktionen 127
NONEXISTENT 6, 11, 12, 24, 27, 39
numerische Integration 85, 154
— Marke, 28, 38

Operationen, Ausführung von 11
optischer Lesestift 118, 120

[P → R] 13
PACK 5
Packen 5, 22
PACKING 25
Pause-Anweisung 25
Peripherie 2, 61
Peripheriegeräte 2
Permanent-Speicher 6
permanentes END 55
Plotten von 2 Variablen 71, 140
Positionen 24
Postfix 56, 57, 58
Potenzbildung 12, 13
Präfix 56, 58
[PRGM] 21
Primär-Datenregister 6
Primfaktorzerlegung 84, 153
Programm, Anhalten 25
—, Eingeben 21
—, Löschen 22, 24, 25
—, Zuordnung 21, 22
—, — zu Tastenpositionen 19, 20
— -Bar-Code 121
— -Modus 21
Programmablauf 26
Programmadresse 21
—, Zuordnung 23
Programmaufbau 21
Programmausführung 22
Programmeingabe mit Bar-Code 119
programmierbare Funktionen 127
Programmierung, synthetische 53
Programmkorrektur 24
Programmlisting 55
Programmname 21

Programmschleifen 27, 32, 36
—, Steuerung von 36
Programmschritte 121
Programmspeicher 5, 21, 22, 53, 55
—, Packen 22
—, unbesetzte Register 22
Programmspeicherregister 4
—, Anzahl verfügbarer 4, 5
Programmspeicherverwaltung, automatische 22
Programmstart 22, 25, 26
Programmstop 25, 26
Programmunterbrechung 25
Programmverzweigung 26, 37
—, bedingte 29, 45
—, innerhalb eines laufenden Programms 27
—, zu jedem beliebigen Programm des Programmspeichers 27
Programmwiederstart 25
Programmzeile, Sprung zu einer 24
Programmzeilen 22
Programmieren, Grundlagen 21
Prompt 25
Prüffunktionen für Flags 45, 46
Prüfsumme 121, 122, 123, 124, 128
—, 4-Bit- 129
—, 8-Bit- 128
—, Bestimmung der 128
PSE 25
Pseudo-Tetrade 64
—, Binärdarstellung 64

Quadratwurzelberechnung 7
Quadro-Speichererweiterungs-Modul 5

[R ↓] 3
[R ↑] 3
[R → P] 13
RAD 12
RAM 2, 60
— -Bereich 55, 60
[RCL] 6
— ■ 51
RCL IND 51
Rechnerablauf, Speicherung 22
Rechenregister 2
REG 13
Register 2, 3, 5, 6, 8, 53, 55

—, Löschen sämtlicher 7
relative Adresse 55
ROM 2, 59, 61
— , Direktzugriff auf 59, 61
— -Bereich
— -Programm 59, 60
ROMs, Speichern von Daten in 60, 61
[R/S] 25
[RTN] 22, 38, 41
■ [RTN] 24, 41
Rücksprungbefehl 41
Rücksprung ins Hauptprogramm 37

Schrittweite 36
SCi 52
SDEV 15
■ [SF] 45
Shift-Taste 18
Simpson Regel 86
SIZE 4, 5, 6, 25, 41, 42
Software-Module 2
Sonderzeichen 58
Sortieren von Daten 82, 152
Speicher, Löschen sämtlicher 7
Speicherarithmetik 8
Speicherbereichsverteilung, Ermittlung, Unterprogramm 42
Speichererweiterung 4, 5
Speichererweiterungs-Modul 4
—, Anschluß 4
Speichern von Daten in ROMs 60, 61
Speicherregister 2, 4
Spezielle User-Flags 61
Sprung, bedingter 26, 59
—, unbedingter 26, 59
— zu einer globalen Alpha Marke 24
— — — Programmzeile 24
— zur Programmzeile 00 24
Sprungadresse 26, 27
Stack-Bewegung 3
Stack-Register 2, 3, 51, 54
Stack-Register 2, 3, 51, 54
—, Abspeichern in das 8
—, Rückruf aus dem 8
Standardabweichung 15
— einer Grundgesamtheit 16
—, Stichproben- 15, 16
Standardfunktionen, Liste aller 9, 10, 11
Standard-Unterprogramme 41
Start eines Programms 25, 26

Start-Marke einer Bar-Code-Zeile 120
Statistikregister 13, 14, 54
—, Löschen der 14
Statusregister 54, 55, 58
Steigung einer Funktion, mittlere 40, 137
Steuerung von Programmschleifen 36
[STO] 6
— ■ 51
— [+] mn 8
— [−] mn 8
— [x] mn 8
— [÷] mn 8
— [·] [L] 8
— − [T] 8
— − [X] 8
— − [Y] 8
— − [Z] 8
— IND 51
STOP 25
— eines Programms 25, 26
— -Anweisung 25
— -Marke einer Bar-Code-Zeile 120
Strichcodierung 119
Suche nach Marke 28
synthetische Programme 53
— Programmierung 53, 55, 139
— —, Anwendungsmöglichkeiten 58
Systemflags 45, 61
T-Register 2, 3, 8

Tastenfeld-Bar-Code 124, 132, 133
— -Funktionen 124, 125
Tastenzuordnung 11, 19, 20
—, Aufhebung einer 12
—, Überprüfung der 20
Teiler, größter gemeinsamer 31, 135
temporäres Alpharegister 43
Text mit Ergebnis, Drucken Unterprogramm 43
Thermodrucker 2
Tiefpass 105, 111
TONE 52
Trapez-Regel 86
trigonometrische Funktionen 12
— —, Umkehrfunktionen der 12
TRY AGAIN 5, 25
Tschebyscheff-Filter 99, 103, 166
Two-Level-Bar 119, 120

177

Überschriften, Drucken, Unterprogramm 42
Umwandlung Altgrad in Bogenmaß 12
— Bogenmaß in Altgrad 12
unbedingter Sprung 26, 59
Unterprogramm 26, 37, 38, 39, 40, 41, 54, 59, 61
—, Abschluß 38, 39
—, Aufruf 26, 37
—, Grenzen bei der Verwendung 40, 41
Unterprogrammrücksprungadresse 54, 61
[USER] 19, 23
User-Flags 45, 61
—, allgemeine 61
—, spezielle 61
— Modus 11, 19, 20
— -Translator 55, 56

Vergleichsoperationen 26, 29, 30

Winkelargument 12
Winkel-Modus 12
Wortratespiel 77, 145

[XEQ] 11, 22, 23, 37, 54
X-Register 2, 3, 8, 12, 60, 122, 123
—, Löschen des 1
—, Rückrufen in das 6
—, Speichern aus dem 6
XROM-Funktionen 128
$[x \rightleftarrows y]$ 3
WNDDTX 123

Y-Register 2, 3, 8
■ $[y^x]$ 13

Z-Register 2, 3, 8
Zahlen, interne Darstellung 53
Zeilenblock, Löschen eines 25
Zeilennummer 22, 59, 121, 122
Zinseszinsberechnung 27, 134
Zuordnung eines Programms 21, 22, 23
$[\Sigma +]$ 13, 14
Σ REG-Funktion 13

CORVALLIS TEAM
SEMINAR & SOFTWARE SERVICE GMBH

Seminare über die Anwendung der HP-Rechner im gesamten Bundesgebiet.

Software z. B. Lohn und Gehalt, Fibu, Lagerbuchhaltung, Karteiverwaltung, Fakturierung, Textverarbeitung, Statistik, Fensterbau etc.

Zubehör z. B. HP 41 Port Extender, Koffer für das vollständige HP 41-System, Netzteil mit 3fach-Stecker, CT-Ein-/Ausgabe Interface zum Anschluß einer Schreibmaschine am HP 41, HP 85, HP 87 und andere Kleincomputer.

Ausführliche Informationsbroschüren erhalten Sie von Ihrem autorisierten Hewlett-Packard-Vertragshändler oder direkt vom Corvallis Team (Schutzgebühr DM 3,– in Briefmarken).

CT-Koffer für das vollständige HP 41-System

Corvallis Team GmbH · Postfach 1125 · 6382 Friedrichsdorf · Telefon (06172) 79551

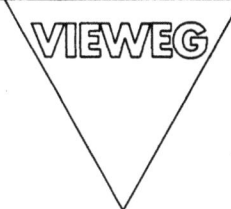

Dieter Lange

Algorithmen der Netzwerkanalyse für programmierbare Taschenrechner (HP-41 C)

Mit 52 Beisp. 1982. VIII, 116 S. DIN C 5 (Anwendung programmierbarer Taschenrechner, Bd. 12). Kart.

In diesem Band werden universelle, für programmierbare Taschenrechner besonders geeignete Verfahren zur Berechnung von Spannungen, Strömen und Widerständen elektrischer Netzwerke behandelt.
Die vorgeschlagenen und an 52 Schaltungsbeispielen gezeigten Algorithmen können als Input für Netzwerkprogramme auf beliebigen Rechnern dienen. Die Realisierung in zwei HP-41C-Programmen wird ausführlich besprochen. Diese Programme sind allgemein in der Weise, daß mit ihnen ausnahmslos alle linearen RLC-Netzwerke mit starren Quellen berechnet werden können.

131.000 Byte.
Betreten Sie Computergebiet
mit Ihrem HP-41.

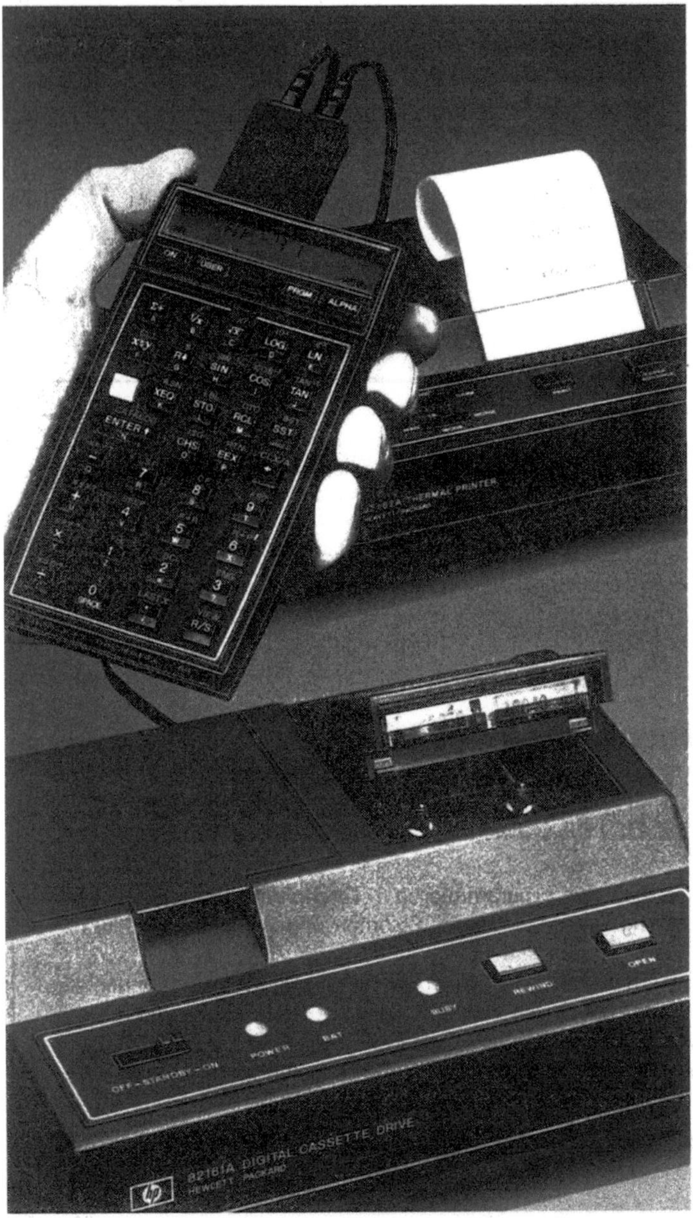

Der Taschencomputer HP-41 meistert jetzt Aufgaben, die bislang Tischcomputern vorbehalten waren.

Die volle Leistung entwickelt der HP-41 in Verbindung mit dem HP-IL, einem neuen Interface-Konzept von Hewlett-Packard. Über dieses preiswerte Interface können eine ganze Reihe leistungsfähiger Peripheriegeräte und Meßinstrumente gesteuert werden. Dazu gehören das HP 82161A Digitalkassetten-Laufwerk, mit dem auf einer Minikassette mehr als 131.000 Byte gespeichert werden können und der HP 82162A Thermodrucker mit erweiterten Funktionen für formatierten und grafischen Ausdruck.

Eine noch höhere Leistung erhalten Sie mit den HP-IL-kompatiblen Interface Modulen. Diese ermöglichen den Anschluß von Terminals, elektronischen Geräten und Datenfernübertragungssystemen. Sogar ein Monitor oder ein Fernsehapparat kann als Ausgabeeinheit mit dem HP-41 verwendet werden.

Neue Module – neue Möglichkeiten.

Die Leistung des HP-41 läßt sich mit neuen, vielseitigen Modulen noch weiter steigern. Dazu gehören das X-Function Modul, das X-Memory-Modul und das Time Modul.

In Verbindung mit dem HP-IL bringt der HP-41 außergewöhnliche Leistungen. Es liegt an Ihnen, wie weit Sie dieses Taschencomputer-System nutzen.

Interessiert? Dann überzeugen Sie sich von dem gesamten Leistungsangebot bei Ihrem nächstgelegenen HP-Vertragshändler.

Hewlett-Packard GmbH, Vertriebszentrale Berner Straße 117, 6000 Frankfurt (M) 5

HEWLETT PACKARD

MIX
Papier aus verantwortungsvollen Quellen
Paper from responsible sources
FSC® C105338

If you have any concerns about our products,
you can contact us on
ProductSafety@springernature.com

In case Publisher is established outside the EU,
the EU authorized representative is:
**Springer Nature Customer Service Center GmbH
Europaplatz 3, 69115 Heidelberg, Germany**

Printed by Libri Plureos GmbH
in Hamburg, Germany